杭商研究丛书

# 杭商与杭州经济竞争力

Hangzhou Merchants and Economic Competitiveness of Hangzhou

辛　薇 ◎ 主编

浙江工商大学出版社

**图书在版编目(CIP)数据**

杭商与杭州经济竞争力 / 辛薇主编. —杭州:浙
江工商大学出版社,2012.4
ISBN 978-7-81140-507-1

Ⅰ.①杭… Ⅱ.①辛… Ⅲ.①商业经济—竞争力—研
究—杭州市 Ⅳ.①F727.551

中国版本图书馆 CIP 数据核字(2012)第 054773 号

## 杭商与杭州经济竞争力

辛　薇　主编

| | |
|---|---|
| **责任编辑** | 赵　丹　蒋红群 |
| **封面设计** | 李　军 |
| **责任校对** | 周敏燕 |
| **责任印制** | 汪　俊 |
| **出版发行** | 浙江工商大学出版社 |
| | (杭州市教工路 198 号　邮政编码 310012) |
| | (E-mail:zjgsupress@163.com) |
| | (网址:http://www.zjgsupress.com) |
| | 电话:0571 - 88904980,88831806(传真) |
| **排　版** | 杭州朝曦图文设计有限公司 |
| **印　刷** | 杭州杭新印务有限公司 |
| **开　本** | 787mm×1092mm　1/16 |
| **印　张** | 14.75 |
| **字　数** | 320 千 |
| **版 印 次** | 2012 年 4 月第 1 版　2012 年 4 月第 1 次印刷 |
| **书　号** | ISBN 978-7-81140-507-1 |
| **定　价** | 48.00 元 |

# 目　录

序　言

第一章　杭商成长背景、群体特征及未来走向研究 ················· 1

一、杭商的成长背景 ·········································· 2

二、杭商的群体特征 ·········································· 5

三、杭商的未来走向 ·········································· 14

第二章　杭商文化的形成、特征及其在杭州城市经济发展中的
　　　　作用和意义 ·········································· 17

一、商业文化理论研究基础 ·································· 18

二、商帮及商帮文化研究 ···································· 26

三、杭商的渊源与发展 ······································ 32

四、杭商文化的内涵、特征与形成要素 ························ 43

五、杭商文化对杭州区域经济和社会发展的贡献 ··············· 52

六、对政府扶持杭商文化发展政策的建议 ····················· 60

第三章　杭商创业之道研究 ···································· 73

一、杭商创业理论基础 ······································ 73

二、 杭商创业类型分析 ............................................... 75

三、 杭商创业特征分析 ............................................... 89

四、 新形势下杭商创业新路径 ....................................... 93

**第四章　杭商和谐创新与杭州经济转型升级研究** ............... 98

一、 和谐创新：杭商核心特色 ....................................... 99

二、 杭商和谐创新是杭州经济转型升级的载体和依托 ......... 106

三、 杭商和谐创新推进杭州经济转型升级的内在机理 ......... 112

四、 对做好杭商和谐创新推进杭州经济转型升级的建议 ...... 117

**第五章　杭商竞争力及其提升研究** ............................. 128

一、 杭商竞争力及其形成机理 ....................................... 130

二、 杭商竞争力与温商竞争力比较 ................................. 139

三、 提升杭商竞争力的决定维度、互动关系与对策 ............ 146

**第六章　杭商经营之道研究** ..................................... 159

一、 杭商经营之道概述 ............................................... 159

二、 杭商经营之道之厚德笃行 ....................................... 165

三、 杭商经营之道之善捕商机 ....................................... 171

四、 杭商经营之道之和谐共赢 ....................................... 177

五、 杭商经营之道之开放大气 ....................................... 184

六、 杭商经营之道之善于借势 ....................................... 190

七、 新时期杭商的挑战与抉择 ....................................... 193

**第七章　杭商品牌发展研究** ..................................... 202

一、 杭商的由来与杭商品牌的构成 ................................. 202

二、 杭商品牌的生长基础及其与其他品牌的关系 ............... 207

三、 杭商品牌发展的基本原则、基本方略和重点举措 ......... 216

# 序　言

　　中国是后发现代化的大国,在经历了改革开放30多年,广泛利用后发优势而获得经济快速增长后,开始遭遇后发劣势,包括体制和制度、资源和环境、素质和能力等的限制与挑战。进入经济和社会的大转型时期,必须从单纯或过度的经济数量增长转向经济质量提高以及与社会、自然协调发展。与此同时,在经济全球化背景下的全国化向广度和深度发展,统一性和行政化面临的问题越来越多,竞争越来越激烈。这使个体、群体和区域,尤其是城市的重要性及其作用日益突出。正值此时,《杭商研究》丛书(包括《杭商与杭州经济竞争力》《杭商与杭州社会建设》等)即将出版,显得颇有意义。

　　杭州的历史源远流长,秦始皇过钱唐,隋开皇建州城;杭州的文化丰富灿烂,白居易、苏东坡留诗篇,岳飞、于谦添英气,周木创万松书院,康熙题西湖十景;杭州的山水多姿,风景优美,淡妆浓抹总相宜。江南好,最好是杭州。马可·波罗称杭州是"世界最美丽华贵之城","人处其中,自信为置身天堂"。乾隆六次下杭州,孙中山三临白云庵,毛泽东四十次到杭州。新时期杭州城区跨江发展,从西湖时代迈向钱塘江时代,着力打造东方休闲之都、生活品质之城、创业创新之园。杭州造就杭商,杭州文化塑造杭商品格。

　　杭商品格,既体现"精致和谐、大气开放"的杭州精神文化,也体现茶叶、丝绸、剪刀、中药和电子商务等杭州经济文化,更体现以人为本与顺应天时、生活享受与工作创造,以及人文与科学、传统与现代、实体与虚拟等杭州复合文化。杭商具有诚信与敢为、务实与谋略、沉稳与创新等品格。杭商品格不仅是杭州文化的体现和结晶，而且具有主体的能动性和创造性，特别是其多重的两极展开与统一的复合品格，具有很强的适应性、包容性、创造力、超越力，加上吸纳来自全国各地的经营管理人才和省内外浙商的精英分子，可以超越资本，对杭州经济社会转型发展具有很大的推进作用。

杭商推进杭州经济社会转型提升，以及与杭州协同发展，其核心是形成新的健全、协调的主体—生态关系。杭商不仅是市场和经济主体，也是社会和文化主体，其主体性能是比较健全的。不仅如此，杭商还在不断丰富主体内涵和提高主体性能。但是，经过改革开放30多年的经济快速增长后，杭商与整个浙商一样，已经成为企业财产所有者和社会富有阶层，即既得利益群体，他们可能自觉或不自觉变得保守起来，为了维护既得利益，而与现行体制和制度相安共处，甚至成为现行体制和制度的维护者，形成保守和趋于衰落的主体—生态关系。中国经济和社会要实现转型升级与持续发展，就必须突破现行体制和制度的障碍，形成新的公正有效的社会和政治生态。杭商主体性能的提高，必须突破自身与环境的双重限制，树立改革意识和增强企业家精神，成为新的改革者，超越自身既得利益的束缚，推进体制和制度的变革。只有持续、深入和彻底的经济和政治改革，才有真正的社会主义市场经济，才有民营经济和企业家的远大未来，才有新的积极向上和不断提升的主体—生态关系，才有中华民族的伟大复兴！推进改革，特别是与政府协同推进改革，是杭商和浙商当前以及今后一个较长时期内最大的社会责任。

同时，杭商要推进杭州经济社会转型升级和持续发展，还必须成为新的建设者。其核心与关键是要制定和实施新战略，即从经济数量增长战略转变为经济质量提高战略，从单纯的经济发展战略转变为经济与社会、自然协调发展战略，从手段战略转变为手段与目的统一战略，从竞争力战略转变为发展力战略。这其实也就反映了生态文明的规律与要求。生态文明集中和突出地反映后现代化的文明内涵，是超越于工业文明的先进的文明形态。杭商应该且可以成为生态文明的建设者，走在浙商和中国的前列。这就需要杭商有建设者的责任心，发挥"杭铁头"精神，也需要政府和社会的有效监督，尤其是来自社会民众的有效监督，以增进民众的价值感和幸福感。

浙江工商大学浙商研究院名誉院长、教授、博导

吕福新

2012 年 4 月

# 第一章　杭商成长背景、群体特征及未来走向研究

《周易·系辞上》中说:"富有之谓大业……生生之谓易。""易"亦即变化,"富有"即国富民强,"生生"是不断变化,一个民族、国家发展成国富民强,这就是"大业"。于是,在不断变化,勇于创新中成就大业谱写了历代炎黄子孙生存进取、进化成长的历史轨迹……

世界科技的飞速发展、中国政府的英明政策带来了有中国特色的经济环境。正在进行中的信息技术革命、信息化建设、全球化经济已逐步将我国社会、经济发展及投资环境推向一个前所未有的上升变化时期。经济、投资环境的优化,大大激发了人们创造财富、增长财富的愿望。随着创业春潮的涌动,我国境内出现了大批新创企业组织。如此之多的新创企业组织,不仅拓宽了我国经济环境发展、成长的空间,更有可能在未来成为增强我国经济实力、综合国力的一支强大生力军。而杭商(本书把杭商归为两类:一类为按经营者原籍划分,即经营者原籍为杭州;另一类为按经营地来划分,即长期在杭州经商的经营者)正是在这股经济发展潮流中脱颖而出的一批出色的商帮群体。他们在历经早期市场经济和短缺经济阶段的率先兴起和强势发展后,能否成为"百年老店",续写"大浪淘沙,沙去留金"的辉煌历史?本文将从一个研究者的视野,站在一定的理论起点和高度上,总结目前杭商的成功经验,希望能够对企业管理者、政府政策制定者提供借鉴和参考。

# 一、杭商的成长背景

近几年来,杭州人均 GDP 迅速增长,达到中等发达城市水平,经济总量居全国省会城市第二位(第一为广州),经济综合实力跻身全国大中城市前 10 位,成为中国民营经济最具有活力的城市,并连续 5 次荣膺《福布斯》中文版"中国大陆最佳商业城市"榜首。杭州之所以能在全国取得如此高的经济地位,杭商可谓功不可没,正如原杭州市委书记王国平所言:"企业家是杭州宝贵、稀缺的战略资源,杭州需要企业家,杭州人民尊重企业家。"[1]据 2010 年《中国亿万富豪调查报告》显示,杭州上榜的富豪有 110 人,上榜的企业有 84 家,主要涉及房地产、IT、投资、化工、建筑等行业。其中,涉足房地产业的富豪人数最多,有 50 人。著名人物有新湖集团的黄伟、李萍,娃哈哈集团的宗庆后,阿里巴巴的马云,万向集团的鲁冠球等。[2]为什么杭州能产生如此多的亿万富豪?杭州经营环境中有哪些历史和现实因素比较有利于杭商的生存发展?

## (一)杭商成长的历史背景分析

据跨湖桥遗址的发掘显示,早在 8000 多年前,杭州已有人类在此繁衍生息。目前,杭州全市总人口 870.04 万人,总面积 16596 平方公里,城区面积 3068 平方公里。其区位条件优越,市场经济发达,民间资本充裕,社会需求旺盛,一直就有着重商的区域文化传统,有"钱塘自古繁华"的美誉。因此,历史上杭州涌现出很多的著名商人,如春秋时期,范蠡在帮助越王勾践灭掉吴国后,开始在杭州一带从商,成为商业鼻祖,相传定居于今杭州桐庐县分水镇蠡湖村。[3]唐朝末年,大书法家褚遂良的九世孙褚载把广陵先进的丝织技术带到杭州并发扬光大,带动了杭州丝织业的发展,故褚载在宋时就被推崇为丝绸业之祖。早在北宋时,朝廷就在杭州设有专管海外贸易的市舶司,专门管理长江口东段至浙南沿海与福建交界处对外进出口船舶的检查和抽税,出海的商船都必须向设在杭州的两浙市舶司办理手续,商人们齐聚杭州,各类贸易非常繁荣。到南宋时,人口超过百万的杭州,由于是都城,各种资源汇聚于此而成为当时全国最繁华的商业城市,不仅国内的资源齐聚杭州,而且海外贸易的发展也加速集聚了杭州城内各类资源的交换。据《武林旧事》等书记载,南宋时,杭州商业有 440 行,各种交易甚盛,万物所聚,应有尽有。[4]杭州的对外贸易也相当发达,有日本、高丽、波斯、大食等 50 多个国

① 《首届杭商大会开幕》,[2009-09-29]. http://www.hangzhou.gov.cn/hzjb/hzxx/T299798.shtml.

② 《2010 中国各城市亿万富豪排行榜出炉,北京、上海、深圳和杭州堪称"创业之都"》,[2010-05-26]. http://www.cuaa.net/cur/2010ywfhdcbg/17.shtml.

③ 欧阳修:《欧阳修全集·居士集》,影印本,中国书店 1986 年版。

④ 周密:《武林旧事·小经纪》(卷六),中华书局 1991 年版。

家和地区与之有使节往来和贸易关系,那时的杭州,已经是全国的商业中心。有书记载,南宋都城杭州"户口蕃盛,商贾买卖者十倍于昔",城中酒肆、茶坊遍布坊巷间,商业繁荣,盛况空前。

元代的杭州是重要的消费市场和商品生产基地,也是出口商品吸纳地和钱塘江流域进出口商品的集散地。因此,在元代时,杭州成为江南都会,经商者将自己的各类商品积聚于此。由于有着便捷的交通,杭州可以通过船舶把汇聚于此的进出口商品,由钱塘江通过澉浦港入海,外地的富商大贾纷纷来此寻找商机,当时的杭州城内已有一定数量的外国居民,其中多数都是善于经营的穆斯林商人。

从明至今,杭州一直是浙江省省会城市。明清时期,杭州与苏州并称为江南两大都会,以杭州为中心,把太湖南段的杭嘉湖平原以及附近地区的经济联系起来,浙江各地的商品流向杭州,通过大运河输送到沿线各地。清朝中叶以后,杭商迎来了发展的黄金时代。特别是康乾盛世时,清统治者特别重视江南农业和经济发展。由于社会安定,朝廷重视,外来资本主义的影响开始波及长江三角洲,促进了杭州商业以及饮食业的发展。著名的红顶商人胡雪岩从小就在杭州当学徒,深受杭州文化和生意场上杭州人意志品质的影响,杭州是其生意的摇篮和发迹地。发迹于杭后,胡雪岩纵横官商两道,富甲天下。民国时期,虽然国内经济形势严峻,但是也阻挡不了杭州民族工商业的兴起,当时杭州涌现出了一批著名企业家,他们开创了辉煌的事业,如叶揆初、陈蝶仙、蒋抑厄、金润泉、徐新六、项兰生、项叔翔、朱光焘、吴受彤、朱紫光、吴季英、张子廉、都锦生等。

从历史的角度看,杭州具有的商业文化传统可谓源远流长。长期积淀的商业文化使得杭商在特定的历史时期可以有自己独特的判断力、远见和胆识,在推动商业文化滚滚向前的历史长河中坐收商业财富,表现出卓越的鉴别力。

（二）杭商成长的现实背景分析

1. 新中国成立后杭州的经济发展

中华人民共和国成立初期,实行社会主义计划经济体制,国民经济处于恢复时期,杭州工业通过接管、改造和新建等措施,产生了都锦生丝织厂等一批国营企业,构成杭州市社会主义国营工业的基础。新中国成立初期的杭州,由于受制于当时的计划经济体制和低生产技术,企业生产利润普遍不高。但是,企业的投产增强了杭州的经济实力,为后来经济的发展打下了坚实的基础,这一时期杭州经济总体由恢复逐步走向较快的健康发展轨道。

1978年后的杭州经济,随着改革开放的逐步推进,不断注入生机和活力,进入了高速发展阶段。改革开放后,杭州的产业结构出现新的变化,轻工业得到迅速发展,乡镇企业异军突起,尤其是第三产业发展迅速。在工业的11个部类中,冶金工业、电力工业、燃料工业比重明显下降,机械工业比重上升,机械电子、纺织丝绸、化学医药和轻工食品成为杭州市的四大支柱产业。1982年,国务院正式确定杭州为全国重点风景旅游城市后,杭州市新建和改造了一些宾馆、饭店等旅游设施,开发和充实了旅游风景点,增加了旅游商品的生产、供应,加强了交通、邮电、金融、保险、信息等事业的发展。通过不断改革,杭州的经济建设从封闭型逐步走向开放型,从高度集中的计划经济逐步走向中国特色社会主义的市场经济,社会主义建设进入新的历史发展时期。

2000年以后,杭州提出"城市国际化"、"工业兴市"、"服务业优先"、"软实力提升"、"环境立市"、"民主民生"六大战略,以创新体制为动力,以项目建设为支撑,以招商引资为突破,以优化环境为保证,走科技含量高、经济效益好、资源消耗低、环境污染少、人力资源优势得到充分发挥的新型工业化道路。

2. 新中国成立后杭州的区域发展优势

作为浙江省的省会城市,杭州是浙江省的政治、经济、文化中心。改革开放以来,整个浙江省的商业经济氛围对杭州的工商业运作无疑起着巨大的辐射、烘托和支撑作用,再加上借助长三角经济发展风气之先以及杭州较为优越的投资环境,创业者和投资者对杭州的工商业运作前景抱乐观态度,乐于将其企业总部迁入杭州或在杭州创业。如有人认为相比在互联网领域淘金的其他先驱者而言,阿里巴巴马云创业做对的第一件事情是,从北京南下把公司建在杭州,这里有着中国最庞大的和最活跃的民营企业集群,他们是中国商品走向世界的主力军,而阿里巴巴很快在这里证明了自身的价值。除此以外,广厦、康恩贝、美都、盾安、中义、吉利、圣奥、合盛、苏泊尔等百余家大企业(集团)也将其总部迁至杭州。

3. 杭商可持续成长的政策依托

杭州市政府出台的相关政策显示,杭州近年来大力推进"五大战略",形成了丰富多彩的文化科技含量较高的产业特色,提升了经济发展质量:一是把创造市场、引导市场与适应市场结合起来,形成了适度超前的产业发展模式;二是以产业、产品的高科技化、高艺术化来推进"工业兴市",提高了产品、产业档次;三是以环境优势构筑人才优势,形成发达的文化经济、知识经济和生态经济,提高软资源的配置效率,突破资源能源等制约,发展节约型经济,增强了可持续发展能力。

2010 年,杭州市全市生产总值达到 5945.82 亿元,三大产业比重调整为 4:49:47 左右,其中市区第三产业比重超过 50%;建成若干个国际性制造基地,规模以上工业中高新技术产业增加值比重达到 25% 以上,自主创新能力、经济发展后劲和主要产业国际竞争力明显增强,以高新技术产业和旅游业为先导、都市型农业为基础、先进制造业为支柱、现代服务业为依托的大都市新型产业体系初步形成。杭商在杭州这片肥沃的土壤里必定大有作为。

(三)杭商与温商、甬商、义商等的成长差异分析

众所周知,当前杭商这一称谓远不如温商、甬商、义商、台商这些著名浙商群体在全国乃至世界上享有盛名。杭州众多涉及房地产、电子产品、婴幼儿用品、餐饮、服务、副食品、日用百货、交通运输、电子商务以及工艺品、中药等老字号的杭商,他们普遍低调,不喜张扬,却又在自己耕耘的事业和产业中务实经营,大有作为。他们中不乏一年产销规模几亿甚至十几亿的大公司老板。由于杭商涉及众多产业和经营领域,且经营者来源遍布省内外,乃至国外,因此相对于仅从地域上来划分的商帮群体,不但杭商的称谓远不为大众所熟识,而且杭商的商帮群体特征也不够鲜明,他们既不具有以"小商品,大产业"发迹于专业市场的义乌商人"小商品的整合大师"的商帮形象,也不具有地处沿海城市的温州商人"走南闯北"的商帮形象以及港口城市宁波商人"四海为家"的商帮形象。杭商的特点与其经营地杭州的特殊行政区域位置,与杭州作为浙江省的政治、经济、文化中心的地位,以及长三角经济辐射区域有着本质的联系和渊源,所以大多数杭商研究者认为杭商群体来源复杂、成分多元,因依托杭州独特的经济发展环境优势和其自身特有的企业家素质而具有旺盛的生命力。

# 二、杭商的群体特征

## (一)强大鲜明的主动性个性

贝特曼和柯兰特认为主动性个性是主动性行为的个体倾向,它是影响环境变化的相对稳定的倾向。典型的主动性个性相对不受情景力量的约束

并影响环境变化。主动性个体善于识别且利用各种机会,主动采取行动,并且百折不回,直到有意义的变化发生。关于个体主动性行为的社会生态相,萧伯纳曾作过生动的比拟,他说世界上有三类人:一类是那些使变化发生的人;一类是等着变化发生的人;还有一类人还在困惑什么变化已经发生了。我们研究的杭商群体属于第一类人,即高主动性行为群体。

"国内互联网第一股"——浙江网盛科技股份有限公司董事长兼总裁孙德良就是一个典型的高主动性创业杭商,这位30出头的青年创业企业家用8年时间铸造出了互联网创业神话。孙德良,1995年7月毕业于沈阳工业大学计算机学院计算机及应用专业,1996年3月加盟中国首批互联网公司之一的讯业网络公司杭州公司担任系统工程师,成为我国最早从事互联网行业的专业人士。浙江是个服装大省,孙德良想做一个服装网。1997年10月16日,杭州武林广场举办一个时装博览会,不料一场突如其来的暴雨让博览会临时取消,准备去见服装商的孙德良没有如愿,无事可做的他于是走进某化工贸易公司办公室,去看望一个同学。在同学的抽屉里,孙德良看到了一抽屉的名片,都是化工厂的厂长、总经理之类的名片。孙德良从这里看到商机并开始创业,于1997年11月开通了国内第一个垂直专业网站"中国化工网"。随后孙德良带领网盛科技创造演绎了多个"中国第一"——创建了"中国第一个垂直专业网站",打赢了"中国入世跨国知识产权第一案",是"中国第一个赢利的互联网企业",缔造了"国内互联网第一股"……这些荣誉为我国互联网产业添上了浓墨重彩的一笔,被媒体誉为"创造了赢利奇迹"、"泡沫时代的亮点"和"中国互联网产业的另类标杆"。

主动性行为者善于改进当前环境或在创造新情景方面赢得主动权,他们不断挑战现状并创造有利条件去争取事业的成功。与孙德良类似的有万事利集团董事局主席沈爱琴。"农家女,背竹筐,拾桑叶,听蚕声"。祖上四代都是蚕农的沈爱琴从小就熟悉这首儿歌,对洁白、高贵的丝绸有着无法割舍的感情。1975年,当杭州市笕桥镇的领导让她去创办绸厂时,她兴奋地立即走马上任:"茧子是我们生产的,城里人能织绸,为什么我们不能?"办厂的全部家当是用卖旧楼板换来的3600元和8台从大厂退下来的旧机器。从此,沈爱琴带领着20多名职工开始艰苦创业。她带着职工到先进厂家去学习,拜师学艺;她招贤纳士,把国营绸厂的退休技术骨干和全乡有纺织技术及管理技术的人都请到厂里来。她既当厂长,又当销售员。1978年,那时绸厂还不会做服装,做的全是丝绸面料,大多是被面。她和厂里职工分赴全国各地推销这些被面,经常几天几夜坐着硬座的火车。从火车站下车后,就忙着去各个商场推销。晚上，就住 5 毛钱一晚的浴室大通铺。功夫不负有心人。从在当时的北京东安商场设下专柜之后，产品一举成名。当时杭州的丝绸产品无论在质量和花色上都比北方的产品要好，第一年沈爱琴就赚了 6 万元，在当时这可是一笔不小的数字。20 世纪 80 年代中期，丝绸业一片兴旺，产品供不应求。正当人们忙着扩大生产时，沈爱琴却看到潜在的危机：产品的档次低，即使出口的，也是半成品的坯绸。于是，她下决心开始生产真丝服装。2001 年，她以 6 亿元身价进入《福布斯》中国富豪排行榜，排名第 85 位。

对于主动性行为人，他们会秉持使事物现在比过去更好、将来比现在更好的理念而采取积极行动，从而令事物产生创新性变化。在遇到困难、障碍时，他们不否认资源禀赋、自然环境和社会环境对自身造成的影响，但他们会以科学的辩证观分析诸种不利因素的作用；尔后充分利用自身的心理资本、机会以及可操纵的自有资源、社会资源对事件或情境做出最佳选择、干预，以此超越环境的束缚，并最终产出具有创新性的社会实践活动方式、生产技术、方法以及思维活动方式。阿里巴巴的马云、娃哈哈的宗庆后无疑是这方面的典范。"吃别人吃不了的苦，想别人不敢想的事，就能赚别人赚不到的钱"，"中国网络之父"马云的创业史可圈可点。他于 1995 年创办中国第一家互联网商业信息发布网站——中国黄页，尔后成功加盟外经贸部中国国际电子商务中心；1999 年创办阿里巴巴网站，阿里巴巴是诞生于杭州的一个中国式胚胎的"全球最大的网上集贸市场"，它创造了许多中国式的产品和概念，如中国供应商、诚信通、支付宝等，使得无数中小企业摆脱了传统销售渠道的限制，用最低的成本进入任何一个开放的市场，提高了企业市场运作的能力和速度，就连最偏远的工厂主只要有好的商品就有机会向全世界吆喝。而淘宝网为无数渴望创业的年轻人打开了一扇大门，如果你要做生意，你甚至都不用去租店铺和雇用员工，只要有一台电脑，你就拥有了可能带来财富的机会。创业伊始，马云就发现互联网的本质是"分享"，因此阿里巴巴通过免费服务的方式让信息以最快的速度聚集在一起，这个战略帮助马云在互联网行业里很快处于全球领跑的位置上。今天的阿里巴巴已经拥有 5000 多名员工，年利润突破 10 亿元……占领了中国互联网行业最肥沃的土地——商用世界，成为中国互联网行业真正的老大级公司。阿里巴巴还成立了旨在帮助中国中小企业实行互联网化的阿里软件公司，如果马云的战略意图都实现的话，阿里巴巴将会是中国，甚至是全球利用互联网进行商务活动的最大公司。

宗庆后,浙江杭州人。1987年,他和两位退休教师组成了一个校办企业经销部,主要给附近的学校送文具、棒冰等。在送货的过程中,宗庆后了解到孩子食欲不振、营养不良是家长们最头痛的问题。1988年,宗庆后借款14万元,组织专家和科研人员,开发出了专供儿童饮用的营养品——娃哈哈儿童营养液。随着"喝了娃哈哈,吃饭就是香"的广告传遍神州,娃哈哈儿童营养液迅速走红。到第四年销售收入达到4亿元,净利润7000多万元,宗庆后完成了娃哈哈的初步原始积累。1991年,娃哈哈儿童营养液销量飞涨,市场呈供不应求之势。娃哈哈兼并了杭州罐头厂,盘活了存量资产,利用其厂房和员工扩大生产,三个月就使其扭亏为盈,第二年销售收入、利税均增长了1倍多。1996年,娃哈哈的产品已经从单一的儿童营养液扩展到了包括含乳饮料、瓶装水在内的三大系列。到2002年底,娃哈哈已在浙江以外的22个省市建立了30个生产基地。

### (二)企业家的远见与胆识

杭商群体的最突出的特点是企业家的远见和胆识,这种特点在马云、宗庆后、冯根生、徐冠巨、鲁冠球这些杰出的商人中尤为明显,我们能够从诸多的企业管理行为中看到他们经历种种风浪却总能立于不败之地的企业家素质。就企业家的远见和胆识的理解而言,我们首先要解剖的是国内外权威人士(包括一流企业管理者,研究企业的权威学者、专家)对企业家的认识,在此基础上我们才能分析企业家的远见和胆识。阿里巴巴总裁马云对生意人、商人、企业家进行了区分,他认为虽然在商场中运作的根本目的是为了赢利,但生意人为利润可以无所不为;而商人则是有所为,有所不为;而在商场中,最高境界的是企业家。所谓企业家,其经营目的不仅仅是为了获取利润,其志向更在于用商业来改变社会形态,而这种改变更多的是通过企业家的言行来做到的。从言行的角度,学者们对企业家有很精辟的定义,如熊彼特把企业家看成"富创造性的革新者",认为与日常工作和单纯的管理不同的"创新"是企业家的真正职能和必须具备的素质。不是所有经理人都有资格称为企业家,只有对经济环境做出创新的反应,从而实现生产要素的新组合者才能够被称为企业家。而哈耶克、柯斯纳和西蒙等人则强调企业家是决策者、"经济时机的发现者","企业家对利润机会的敏感反应,使得他在'市场过程'中起着关键性的作用"。本研究的杭商案例群体同时具有上述两类定义中所提及的企业家的素质,是当之无愧的企业家典范,如马云以改变社会形态的志向和目标愿景来引导整个阿里巴巴团队。作为新兴的电子商务型企业,阿里巴巴集团坚持用"东方的智慧,西方的运作,全球的大市场"的理念来经营、管理公司。这种独特的商业理念和模式在众多的电子商务网站中可谓是一枝独秀。马云被《福布斯》评论为拥有拿破仑一样伟大志向的人;他每年在全球 10 所大学里演讲,在哈佛大学讲台上与诺基亚总裁的激烈辩论,最终赢得了听众长时间的起立鼓掌;2003 年,英国首相布莱尔访华,点名要见马云,因为他正在改变全球商人做生意的方式;雅虎创始人杨致远对马云的评价是,马云拿走了中国互联网用户中最富有的那群人。马云给阿里巴巴的定位是以互联网为工具的服务性公司,认为决定阿里巴巴未来的关键是服务。与其说马云是总裁,不如说他是一个造梦者更为合适。他负责营造一个梦想,然后用这个梦想来引导公司前进。马云认为,中国绝大多数企业是在赚钱,而阿里巴巴是在做事业;赚钱很容易,能够做出一个商业模式来则很难,它必须强大,必须有可持续性,必须可规模化,而要做到这些,首先必须选对行业,然后建立起自己的核心能力。全球领先的哈佛商学院曾两度将阿里巴巴列入它的企业案例库。2004 年由 100 多位专家学者和媒体人士组成的评选专家团给马云和他代表的阿里巴巴这样的评价:他热心做媒,撮合百万意中人;他牵线搭桥,连接 200 多个国家和地区;你在他那里登记个名字,他让你挑选整个世界。[1] 2005 年,比尔·盖茨和沃伦·巴菲特邀请马云去美国一个叫圣山谷的地方,那里每年定期有一个没有记者,也不带助手的巨商私人聚会,马云是除了杨致远以外的第二个参加这个聚会的中国人。[2] 从上述这些事例我们可以充分肯定马云的企业家远见及胆识已经为国际商业社会所认同。

除马云外,杭商经营管理大师宗庆后也当属此类,宗庆后多次把自己的事业比作商业社会的"救国之战"。在管理实践中,他开创性地建立联销体经销体系,成为哈佛商学院的经典渠道创新案例。宗庆后曾说,一位成功的企业家要具备诗人的想象力、科学家的敏锐眼光、哲学家的头脑、战略家的本钱。凭借在饮料行业多年深入一线的行业调查经验并充分利用已有的资源、资金、知识积累、人生阅历,宗庆后进入了企业管理的至高境界——见招拆招,无招胜有招,最终成为了一代经营管理大师。

曾任中国(杭州)青春宝集团有限公司董事长的冯根生为清末红顶商人胡雪岩创办的胡庆余堂的关门弟子。1972 年,他白手起家创办了这家企业;1978 年,他率先研制出青春宝抗衰老片;1984 年,冯根生向旧体制发出挑战,率先在企业试行干部聘任制,全厂员工实行劳动合同制,成为国企改革的出头鸟;1988 年,全国第一届优秀企业家评选,冯根生是浙江企业家中入

①陈润:《理想是用来实现的》,天津教育出版社 2011 年版。

②郑作时:《阿里巴巴:天下没有难做的生意》,浙江人民出版社 2007 年版。

选的第一人;1991年,面对名目繁多的对国有企业厂长的考试,冯根生率先"罢考";1992年,为寻求一个好机制,冯根生与正大集团合资;1996年,冯根生在胡庆余堂制药厂濒临倒闭、负债近亿元的情况下,毅然接收了这块金字招牌;1997年,青春宝改制,实现"工者有其股";2000年,冯根生成为首个接受"贡献"量化评估的企业家。冯根生"把国有企业当做自己的企业来养、来经营",坚决地进行国有企业体制改革,为青春宝今天的辉煌作出了巨大贡献,为国有企业的改革树立了典型。退休前,冯根生一直是正大青春宝的总裁,他也因此成为近30年来最"长寿"的企业家。

浙江省政协副主席、浙江省工商业联合会会长、传化集团董事长徐冠巨在创业中表现的企业家远见和胆识也非同一般,他的创业起步于朋友不经意间提到市场液体皂紧俏,生产销售利润丰厚,提议他们办个小厂的建议。1986年10月,在一无资金、二无技术的情况下,徐冠巨的父亲徐传化斗胆借款2000元,从外地请来了一个"星期日工程师",办起了"宁围宁新合作净洗剂厂",凭着吃苦耐劳的精神和徐传化当年在磷肥厂当推销员的经验,徐氏液体皂很快在当地农村打开了市场。就这样,父子俩凭着一辆小板车,推出了一片液体皂市场。20世纪80年代末,国内纺织印染企业蓬勃兴起,而布匹油渍的清洗却是一个很大的难题。进口去油剂价格昂贵,国内又无合适替代产品。徐冠巨开始潜心试验去油剂。他开始学习研究,夜以继日地翻阅资料,高密度地在实验室里进行实验,每次失败之后,又从头再来。1990年的一天,经过上千次实验、倾心研制的特效去油灵终于成功了,这款产品奇迹般地攻克了难题,命名为"901"。1992年,该产品获得了北京国际发明与专利展览会金奖。

1988年,徐氏父子抓住市场机遇,租房扩大生产规模,"宁围宁新合作净洗剂厂"更名为"萧山化学助剂厂",同时一批亲戚加入企业,家庭作坊演变成家族式企业。1990年,"萧山化学助剂厂"更名为"杭州传化化学制品有限公司",企业规模快速膨胀。5年后,拥有传化化学制品有限公司、传化日用化工有限公司等多家子公司的"浙江传化化学集团"宣布成立。花甲之年的徐传化把经营大权交给了儿子徐冠巨。同时,传化冲破家族化管理枷锁,在全国吸纳博士、教授10余名,拥有中高级职称的专业人员70多名,大中专学生400多人,并让知识人才进入集团决策层。传化向社会展示出全新的健康、开放姿态。20世纪90年代末,年产7万吨的洗衣粉项目和年产8万吨的液体洗涤剂项目在萧山经济开发区先后投产,总投资额过亿元。随后,投资3亿元、占地340亩的科技工业园也正式启动。传化的生产规模进一步扩大,技术含量跃居国内一流和国际先进水平。2000年初,传化进军农业生物技术产业,成为"浙江省农业高科技示范园区"的运营主体。家族企业正脱胎换骨地向多元化的现代科技企业集团转变,传化走上了持续健康的发展之路。与此同时,随着企业的发展,徐冠巨的经营思想和企业理念也日趋成熟。近20年来,传化稳健发展,一步一个脚印,从2000元起步的家庭作坊发展成为目前以化工、农业、物流、投资四大领域为核心,资本运营与实业经营互动发展的民营现代企业集团。传化先后荣获"全国五一劳动奖状"、"全国优秀民营企业"、"全国光彩之星"、"浙江省文明单位"等荣誉称号,"传化"商标被认定为"中国驰名商标",传化产品获"中国名牌产品"称号。

从1969年鲁冠球和4个农民凑4000元创办的公社农机厂,到2007年营业收入达408亿元的跨国集团,万向集团成为改革开放30年民营企业发展的典型代表。它的创始人鲁冠球,被誉为中国企业界的"常青树"。对于万向集团的发展,鲁冠球说:"搞企业,阿拉伯数字是最有说服力的。"万向集团30多年持续发展,用一句话来概括,就是"奋斗10年添个'零'"。20世纪70年代,企业日创利润1万元,员工的最高年收入为1万元;80年代,企业日创利润10万元,员工的最高年收入为10万元;90年代,企业日创利润100万元,员工的最高年收入超过了100万元;2001年,企业日创利润300万元,员工的最高年收入为303万元。如今万向的发展正处于二次创业攻坚战的第一阶段,下一个"奋斗10年添个'零'"的目标是,到2009年实现日创利润1000万元,员工最高年收入1000万元。

1997年,李书福通过收购四川德阳一家濒临破产的国有汽车工厂从而获得了汽车生产牌照,并设法克服了汽车不能异地生产的限制,使得吉利的汽车项目获得批准。2001年,吉利再接再厉,卖出24万辆汽车,并且当年有4款车登上国家经贸委发布的中国汽车生产企业产品公告,从而成为我国首家获得轿车生产资格的民营企业。吉利作为民营企业在汽车行业的出现,首先,它突破了民营企业进入汽车领域的行政壁垒,破除了"民营企业造车等于自杀"的陈腐观念,为实现我国民营企业产业高级化,进入高资本、技术密集型产业建立了基础;其次,它冲破了国外汽车厂家的技术壁垒和市场垄断,证明了中国民营企业在资金和技术密集型领域也能很好地走出一条自力更生、自主创新的发展之路;最后,它示范和带动了浙江省一大批汽车及零部件制造企业的成长和发展,为优化产业结构,改变浙江省"小企业、小商品"的传统产业形象作出了重要贡献。

广厦集团30年前从浙江一支小小的乡镇建筑队起家,至今已经发展成为以建筑业和房产业为主、总产值 408.9 亿元、总资产 190 亿元的现代化大型综合企业集团,跻身中国企业百强,并多年荣列中国民营企业前 5 强和浙江省民营企业第一。21 世纪初,国家提出深化文化体制改革,浙江省也提出打造"文化强省"的发展战略,广厦积极响应号召,把眼光投入了文化体育产业。2001 年 4 月,广厦以 6000 万元控股浙江青年信息传播有限公司,负责团省委机关报《青年时报》的广告和经营;2004 年 12 月,广厦牵手浙江广电集团,合资组建浙江影视(集团)有限公司,正式进军影视制作产业。如同发展其他产业一样,文化事业要实现产业化,就必须实行市场化运作,引进外资、社会资金。民营资本进入文化产业,在活跃、丰富文化市场的同时,在一定程度上有助于推动国有文化单位转化机制,参与市场竞争,增强国有文化集团面向市场的活力,增强国有资本的控制力和影响力。

### (三)善于利用群体智慧

个人创业要成功,必须依赖群体的力量和智慧。杭商群体是一个善于利用群体智慧的商人群。翻开成功杭商的成长故事,更令我们对这一点坚信不疑。毕竟在企业运作过程中,只有依赖群体的力量,善于挖掘群体的力量,事业发展才能勇往直前。工作群体是为实现特定的目标由共同工作的两个或更多的个体组成的集合体。在企业管理中,由于各企业所处的产业、行业的差异,因此不同企业经营所依赖的群体形式和水平是有差异的。因此,如何根据自己的产业选择合适而又有效的群体形式,这不仅体现了一个企业的管理水平,更能展示企业决策者高明的管理能力。娃哈哈集团无疑是善于利用群体智慧的典型。该集团构建了符合中国国情的联销网络体系,并通过这个网络体系紧密团结了中国一批最有实力的经销商,将其共同绑上了娃哈哈事业的战车,整合了社会资源,避免了直营渠道巨大的资金风险、管理风险,降低了企业运作的成本。娃哈哈集团因此获得了"中国管理学院奖",并成为哈佛商学院"渠道创新"的经典教学案例。

现代企业要基业长青,必须依赖组织团队的力量。一个企业的工作群体如果具有高度团结性和社会进步性,那么这个群体就可被称为工作团队,它是群体发展的高级水平。"齐心协力开大船","众人拾柴火焰高","人心齐,泰山移","一箭易断,十箭难折"……数不尽的名言警句道尽了对团队精神的诠释。所谓团队精神,它是大局意识、协作精神和服务精神的充分体现。其基础是尊重个人的兴趣和成就。核心是协同合作,最高境界是全体成员的向心力、凝聚力,体现的是个体利益和整体利益的统一,进而保证组织的高效率运转。然而,怎样才能使企业建立的工作群体发展到团队水平,怎样培养工作团队的团队精神? 不同的杭商犹如八仙过海,各显神通。我们先看马云的团队。马云拥有一流的公司团队,整个团队是马云从无到有带出来的,其最早的创始人群体几乎无一人离开阿里巴巴;马云是以改变社会形态的志向和目标愿景来引导整个团队,在这个团队中马云负责琢磨干什么,团队负责怎么干并把它干出来。关于团队精神,阿里巴巴的阐述是:共享、共担,以小我完成大我,乐于分享经验和知识,与团队共同成长;有团队主人翁意识,为团队的建设添砖加瓦;在工作中主动配合,拾遗补阙;决策前充分发表意见,决策后坚决执行。而且马云总是从正面影响团队,使大家积极地朝着同一个方向前进。在利益机制方面,马云坚持通过股份来激励整个公司团队,以此维护团队成员的利益。在马云的商业战略构想一步步实现的同时也铸就和考验了公司团队钢铁般的执行力和创新力。

又如传化,要成就传化的一流事业梦想,就要有一流的队伍和团队,因此要加强组织队伍和团队建设,要打造一支优秀的队伍,打造一支能够实现传化事业的团队。传化的人员结构成功突破了地域性,科技、管理人员来自全国 24 个省市,形成了以教授、高级工程师、博士、硕士为核心的学术与管理带头人队伍;2010 年传化物流项目创新团队的传化公路港物流模式荣获第 16 届国家级企业管理创新成果一等奖。

(四) 富有社会责任的企业家

北京大学现代中国研究中心研究员韩勃认为,企业家的社会责任表现为企业家首先要以符合道义的方式积累财富,不生产、经营对人或对社会有负面价值的产品。向社会出售自己的产品是企业获得财富的重要途径,此外,企业出售的产品是广大民众生产资料和生活资料的重要来源。产品质量的好坏是衡量企业家是否具有责任心的最基本的标准。其次,创新也是企业的一个重要社会责任,企业家要以开创或提升所在行业的产业升级为己任,以试错机制鼓励员工、企业创新。

杭商不仅创富水平名扬天下,而且其社会责任感同样震撼全社会。2007 年 2 月 1 日,西子联合控股有限公司王水福对外发布了我省首份《企业社会责任报告》。这份报告作出了承担发展、诚信、守法、资源、环境、文化、慈善、就业、安全 9 项社会责任的书面承诺。

徐冠巨认为,企业不仅仅是一个赚钱的工具,更是推动社会文明进步的载体。因此,企业要做社会发展需要的,要做政府政策提倡和鼓励的,传化要做有社会责任感的企业。在徐冠巨的领导下,传化集团坚持稳健务实的发展战略,倡导以"社会责任感"为核心,以"诚信、务实、创新、发展"为主要内涵的企业文化,按照"人格、品德、智慧、意志"的要求,致力于富有社会责任感的员工队伍建设。事实上,在杭商群体中诸如徐冠巨等富有责任感的企业家不胜枚举,如2009年《福布斯》中国慈善排行榜中杭州有柴慧京、李书福、宗庆后、楼永良、沈勇民、黄伟、徐冠巨等著名企业家。

## 三、杭商的未来走向

### (一)不断超越自我的自主创新

在中国短缺经济时期,我们看到了杭商的强盛,但是要想继续辉煌,必须坚持超越自我,不断自主创新。能否不断结合本企业的实际挖掘新的商业模式,突破资源、环境的约束,成为杭商在新一轮经济发展竞争中能否持续胜出的关键。有许多杭商目前已认识到这个问题的重要性,正在探索企业的创新模式,并且有一些已经初见成效。如目前杭州市商业模式创新案例已有阿里巴巴网站的B2B电子商务平台模式、钢铁行业电子商务模式、农村市场B2C电子商务模式、医药行业电子商务模式、传化物流基地第四方物流模式等112种之多。

### (二)培育国际化大企业家

随着中国社会市场化、工业化、城市化和现代化的高速发展,中国企业走向世界已经是不争的事实,杭商有望在国际化进程中找到自己的位置。一方面因为成功的企业家乐于在国际化进程中寻找商机,把事业推向历史新高,如鲁冠球挂帅的万向集团,现已在国外收购和控股17家企业,建立起了跨国经营网络,并且成为通用和福特这两家世界最大汽车公司的配套商;汪力成领导的华立集团已在泰国罗勇工业园、坦桑尼亚、约旦建立了自己的跨国事业;开元旅业集团董事长陈妙林也在国外找到了自己的合作伙伴。另一方面是政府的支持,迄今为止,杭州市政府已经出台了一些政策,支持大型企业集团的发展,鼓励企业走出国门扩展自己的事业。相信不久的将来,我们会看到杭商中有大批国际化大企业家不断产生。

## 参考文献

[1] 杨轶清. 浙商的自然社会来源及其生存机制[J]. 浙江社会科学,2008(5).

[2] 丁栋虹. 制度变迁中企业家成长模式研究[M]. 南京:南京大学出版社,1999.

[3] 陈秀山,张诺. 异质型人力资本在区域经济差距中的贡献研究[J]. 经济学动态,2006(3).

[4] 范均. 区域经济发展环境与浙商战略转型:基于 IMD 对浙江的评价[J]. 商业经济与管理,2008(8).

[5] 张仁寿,杨轶清. 浙商:成长背景、群体特征及未来走向[J]. 商业经济与管理,2006(6).

[6] 吕筱萍. 基于合作营销的浙江企业集群竞争力培育[J]. 商业经济与管理,2005(8).

[7] 卫桂玲. 中国民营企业转型与提升的现实性研究[M]. 北京:红旗出版社,2006.

[8] 希望. 温州模式的历史命运[M]. 北京:经济科学出版社,2005.

[9] 何福清. 纵论浙江[M]. 杭州:浙江人民出版社,2003.

[10] 杨轶清. 浙江制造[M]. 杭州:浙江人民出版社,2003.

[11] 郑勇军. 内源性民间力量推动型经济发展[J]. 浙江社会科学,2001(2).

[12] 陶水木. 浙江商帮与上海经济近代化研究[M]. 上海:上海三联书店,2000.

[13] 刘博逸,夏洪胜. 基于领导理论的组织绩效研究[J]. 学术论坛,2006,186(7).

[14] 谢洪明,王成,吴隆增. 知识整合、组织创新与组织绩效:华南地区企业的实证研究[J]. 管理学报,2006,3(5).

[15] Farely J U, Webster J R. Corporate culture, customer orientation, and innovativeness in Japanese firms: a quadrad analysis[J]. Journal of Marketing,1993,57(1).

[16] Frese M, Fay D. Personal initiative: an active performance concept for work in the 21st century[J]. Research in Organizational Behavior,2001,23(1).

[17] Frese M, Fay D, Hilburger T, et al. The concept of personal initia-

tive：operationalization，reliability and validity in two German samples［J］．Journal of Occupational and Organizational Psychology，1997，70(1).

[18] Hitt M A，Bierman L，Shimizu K，et al. Direct and moderating effects of human capital on strategy and performance in professional service firms：a resource-based perspective［J］．Academy of Management Journal，2001，44(1).

[19] 韩勃.什么是中国企业家的社会责任［J］.中国商人,2010(2).

[20] 韦三水.乳业危机反思：回归企业基本社会责任［J］.中欧商业评论,2008(10).

# 第二章 杭商文化的形成、特征及其在杭州城市经济发展中的作用和意义

　　我国改革开放30多年来,在同等的政府经济制度条件下,经济却呈现出了区域化发展趋势。在区域化不平衡发展的背景中,凸显出的是一批有着鲜明区域文化特征的商人,他们以商人群的面貌出现,被冠之以浙商、闽商、鲁商等名称,他们与历史上辉煌过的商帮同名,但又有鲜明的时代特征。理论界研究这种现象的时候,有的人把视野转向新经济制度理论,从正式制度和非正式制度两个层面来解释区域经济发展的不平衡,把与商人群紧密联系的商帮文化精神归入非正式制度层面,以此揭示商帮文化内涵及其对区域经济的影响,这种理论很好地解释了同等经济制度下区域经济发展的差异性。

　　浙江作为民营经济大省,浙商的贡献很大,学术界对浙商的研究也较多,并对浙商作了温商、甬商等细分,对他们的经营模式、商帮文化有过多方面的阐述。在浙商这一大群体中,有一个群体在悄悄地成长,而且影响越来越大。这个群体就是杭州商人,他们包括杭州土生土长的商人,也包括来杭州创业的外地商人。在这群睿智的杭州商人的推动下,2008年杭州被评选为"中国民营经济最具活力城市","杭商"这个称谓也因此被人们提及并日益熟稔。2008年4月,杭州《每日商报》推出了关于打造"杭商"品牌的系列报道,"杭商"作为一个专用名词首次被媒体正式提出。从新经济制度考量,

杭州市政府出台的一系列推动杭州从民营经济大市向强市跨越的政策，是推动杭州区域经济发展的制度层面因素；而杭州区域文化、杭商文化、杭商精神等则是推动杭州经济发展的非制度层面因素。现阶段，在我国经济面临深化改革、结构调整的大背景下，一座城市要获得可持续发展的能力，保持发展活力和提升综合品质，文化软实力是重要保证，这种文化软实力包括杭州传统文化底蕴以及在此基础上孕育的新杭商的文化精神内涵。从红顶商人胡雪岩的"戒欺"，到如今以"梦想、激情、责任"为精髓的马云精神，杭商文化内涵在不断发展充实着。那么，杭商文化究竟有着怎样的内涵？它与杭州区域文化、传统文化、老杭商文化之间有着怎样的内在关联？这些内涵当中哪些是适合经济发展并能起积极推动作用的部分？哪些又是不适应经济发展的部分？这些问题都值得我们做深入、系统地研究。本章拟从杭商个案研究入手，对杭商文化的形成与内涵做初步的理论分析和探讨，并在此基础上探讨杭商文化在杭州区域经济和社会发展中的作用和意义，为政府推动杭商文化建设所作决策提供理论依据。

# 一、商业文化理论研究基础

## （一）国外商业文化理论研究

经济与文化之间的关系，一直是经济学家、社会学家、史学家们研究的重要课题。经济活动是人类利用资源改造世界的一种高级活动，在这一活动中，人们结成了各种复杂的经济关系、社会关系，也形成了很多维护这种关系的规则、制度，这些制度有正式的，如法律、法规等，也有非正式的，如植根于人们理念之中的行为规范、道德理念、价值取向、思维习惯等，从大的层面讲就是各种文化。文化对正式制度和非正式制度都有明显的影响，也进而影响着经济的发展。学界对此的认识也有一个发展的过程，现做如下梳理。

1. 一个国家、民族、地区的经济增长是由哪些基本因素决定的

（1）生产要素等外在因素影响说。

传统经济学家主要以亚当·斯密、萨缪尔森为代表，把影响经济增长的原因归于以下几个方面：一是自然资源禀赋（耕地的多寡、非再生矿物资源的丰富贫瘠、港口码头等水陆运输条件的便利与否）；二是资本积累和供给条件（国民储蓄率、外部资本投资潜在引进规模）；三是分工和迂回生产深化

程度(专业化水平、中间生产环链长度、专用工具和工艺的衍生数量);四是技术状况(教育水平、技术类型、研究和发展费用、专利申报数量);五是基本制度结构(界定权利和配置资源的产权和市场制度是否完善)。[①] 这个阶段的研究,主要从生产要素等外在因素来研究经济增长问题,而对于经济发展这一历史过程背后的动因很少做深入的探讨。重物轻人,是早期经济学家的基本特点。

(2)文化伦理、精神文化等内在因素影响说。

20世纪初,著名社会学家马克斯·韦伯开创了从文化伦理角度研究经济发展的理论先河。他在《新教伦理与资本主义精神》一书中,分析了基督教新教伦理与资本主义生产方式兴起的关系。他解释资本主义兴起时,认为资本主义兴起基本上是一种植根于宗教信仰的文化现象。因为西方通过宗教改革而形成的新教文化,孕育了一种"资本主义精神",而这种精神对近代资本主义的产生和发展起了巨大的推动作用。特定的文化对经济的发展起着基础性的作用,即特定文化(特别是新教教义)是促进资本主义产生与现代经济发展的最重要因素。他把精神文化因素对经济过程的影响作为研究经济增长的另一途径。[②] 这以后,从文化的视角来观察诠释经济发展的路径规律,成为学界研究的重要方向。

2. 内在因素文化如何影响经济发展

(1)从宏观角度。

①不同文化背景催生不同经济制度。新经济经济史学的代表人物之一阿夫纳·格雷夫在用制度经济学的方法研究10—14世纪地中海地区马格里布商人和热那亚商人的交易方式时,也得出了经济制度与文化信仰必然相连的观点。热那亚商人和马格里布商人在地中海进行环海贸易,需要在一个城市组织货源,然后把货物发到另一个城市,再在该地找代理人将货物卖出。在与代理人之间的关系采用什么样的合约方式上,热那亚商人和马格里布商人采取了不同的制约机制。马格里布商人利用血缘关系,找当地的马格里布商人,依靠部落内部的机制进行约束,这种机制叫做多边的声誉机制和惩罚机制。也就是说,一个人有好的声誉或做得不好,有整个的群体来表扬或惩罚。而热那亚商人选择非热那亚人作为代理人,并建立一套关于契约制定和执行的法律制度,并由第三方法院来执行。为什么同一地区两群不同的商人,会发展出两套完全不同的经济制度选择,格雷夫的结论是:经济制度必然与文化信仰相连,商人们不同的文化背景会内生出不同的经济制度。②文化作为非正式制度通过影响正式制度推进经济发展。新制度

① 保罗·萨缪尔森:《经济学》,华夏出版社1999年版。

② 马克斯·韦伯:《新教伦理与资本主义精神》,陕西师范大学出版社2002年版。

① 道格拉斯·诺斯:《制度、意识形态和经济绩效》,上海人民出版社 2000 年版。

② 道格拉斯·诺斯:《西方世界的兴起》,华夏出版社 1999 年版。

经济学家诺斯、林毅夫①在进一步研究了由历史文化环境熏陶形成的人的基本素质潜能,如价值取向、行为范式、道德准则等对经济发展的影响,提出了包括道德意识形态、价值观念、文化旨趣、行为习惯在内的非正式制度的概念。诺斯从新制度经济学的理论视角,把道德意识形态作为制度演化和经济发展的重要相关变量。他在《西方世界的兴起》②中提到,制度,有效率的制度,是经济发展的基础。新制度经济学的研究表明,旧制度的消亡、新制度的确立,需要社会中人们的共识及相应的行为来支撑,制度的维系也需要人们的共识和行为支撑。而能达成这种共识,其背后的因素就是文化。因为文化是社会中人们所选择的生存方式,是社会中任何一个人都回避不了的。

(2)从微观角度。

③ 约瑟夫·熊彼特:《经济发展理论》,商务印书馆 2000 年版。

①文化通过影响经济主体——企业家的创新精神推动经济发展。20 世纪初期,经济学家约瑟夫·熊彼特提出了以"创新"为核心内容的经济发展理论。③他认为:发展主要在于用不同的方式去使用现有的资源,利用这些资源去做新的事情,而不问这些资源的增加与否。熊彼特揭示了经济发展的真谛是资源使用方式的进步——创新。熊彼特同时也指出:创新的主体是企业家。企业家是推动经济增长的"灵魂",是"创新"和"经济发展"的主要组织者和推动者,企业家是把实现新的生产方法组合作为自己职能的人。企业家之所以能推动经济的发展,关键在于企业家具备一种不同于常人的品质,即"创新精神",亦叫做"企业家精神"。所谓企业家精神,主要包括:首创精神和甘冒风险的大无畏精神,成功欲,以苦为乐的精神,精明理智和敏捷,事业心。企业家本身的素质决定了他自始至终是实施创新的人。正是在他们的支配作用下,不仅有创新能力的企业能够发展壮大,而且通过其影响产生了一批追随者和模仿者,从而带动区域经济从低水平的均衡陷阱中摆脱出来,从传统的自然经济走向现代的工业经济。②文化通过影响经济主体——劳动者人力资本要素推动经济发展。20 世纪 60 年代末期,经济学家舒尔兹④研究发现:曾经起重要作用的土地和资本等物质生产要素在生产过程中的作用下降,而曾经依附和被支配于土地与资本的人的技术知识水平和文化素质对生产过程起着越来越重要的作用。因此,他把发展教育与科学,提高劳动者知识与技术素质,作为与现代经济发展至关重要的人力资本投资活动。他主张扩大教育和 R&D 投资,提高劳动者的技术知识和文化素质,以此作为现代经济增长重要途径。

④ 舒尔兹:《报酬递增的源泉》,北京大学出版社 2001 年版。

（3）内在因素文化影响经济发展的具体途径。

人们无论是进行生产、交换，还是分配、消费活动，总是需要一个特定的价值观体系来帮助判断决策，而文化就是指人们所习惯的与遵从的特定价值观体系，它构成了人们的主观模型。从文化的内容看，它不仅包括非知识性的价值信念、伦理规范、道德观念、宗教、思维方式、人际交往方式、风俗习惯等，也包括知识性的科学技术知识。经济学家舒尔兹和诺斯等人把人力资本对应地归结为两个基本的方面：知识人力资本和素质人力资本。

知识人力资本由一个人所具有的系统或局部的知识构成，可以通过教育和培训来获得与传承，也能够通过文字和图形来外化、传递、保存。素质人力资本由一个人的信仰、习惯、价值观等非知识性的因素构成，不能通过一个简单的知识传授和信息交流过程获得，而是在特定文化环境和知识传统长期培养和熏陶下形成的。知识人力资本主要提供正确的手段、方法、工具、途径，解决"怎样做"的问题。素质人力资本则主要给出行为与需求的偏好、方向、特征与风格，解决"做什么"和以多大的努力去做的问题。

素质人力资本源于传统文化的熏陶。传统文化是通过对人们一生都会产生影响的文化观念和习俗，来禀赋不同区域人群以不同特性，进而通过这些经济主体的不同行为来影响一个地区的经济发展的。

具体地讲，文化精神对经济过程的影响，是通过对经济主体行为的导向、规约、激励三种途径发生的。

①导向：文化精神为经济行为主体提供了明确的价值参照系，告诉人们应该做什么，把人们引向有价值的经济和社会活动。因此，不同文化精神背景下的人群会出现不同的社会经济活动取向。

②规约：特定的文化精神构成经济行为主体的潜在的行为规范，告诉人们不应该做什么，使不同文化精神背景下的人群的社会经济活动呈现不同的秩序风格。

③激励：文化精神往往构成社会行为主体从事经济社会活动的内在动源，为他们提供克服困难、解决疑难、忍受劳苦的心理暗示与信念支撑。

综上所述，影响经济发展的因素众多，作为其中之一的人的因素影响力越来越大，不论作为有效率的经济制度制定者，还是作为人力资本，对于推动现代经济发展的作用都是巨大的。人力资本不仅仅指知识技能，还包括源于传统文化的素质潜能。而素质潜能对于经济发展作用更大。文化作为非正式制度因素通过对正式制度以及经济主体企业家和人力资源的影响，推动或者制约着经济社会的发展。

## （二）国内商帮文化理论研究

在中国改革开放的初期，人们普遍认为经济的发展与金钱、资本、储蓄、投资有极大的关系，而与文化，相对来说，关系并不太大。到了20世纪90年代中期，一些地方政府纷纷挖掘当地的历史文化资源，用这种资源来实现"文化搭台，经济唱戏"的社会效果。在当时，这种文化活动仅仅是被作为当地招商引资、集聚区域经济发展人气的一种手段。近几年，国内又出现了一股讨论经济和文化之间关系的新热潮。其源于中国经济发展的现状，在改革开放政策推出30多年后，国内的区域经济发展呈现出了极不平衡的状态。这种不平衡和中国不同地域崛起的新商帮有着密切的联系，粤商、浙商、温商、闽商、沪商等称呼频频出现在我们视野中，人们试图寻找这些地域发展以及地域商人群成功的原因。在政策大环境相同的情况下，自然资源处于劣势的地域，经济发展的速度远远超过资源丰富的地域，研究者发现在这个现象的背后，人的因素起到了决定性的作用。这些商人群有着鲜明的地域文化特征，而文化烙印成为他们获得成功的重要支撑。于是，文化，尤其是跟商帮紧紧联系在一起的各种文化，成为研究的主流。这种探讨主要是：明清两朝以来以晋商、徽商为代表的历史上的商帮，以及与之紧密相连的商帮文化；改革开放后出现的以新浙商、新粤商为代表的新商帮，以及与之相连的文化。

经总结归纳，主要是从以下四个方面进行研究和探讨的。

### 1. 商帮的定义及商帮文化定义

《论现代新商帮兴起的积极效应》一文是这样定义商帮的："商帮通常是指以地域为中心，以血缘、乡谊为纽带，以'相亲相助、共谋发展'为宗旨的对区域经济产生重大影响的商人群体。"《商帮是区域经济发展的基本力量》一文中的定义为："历史上的'商帮'，是以地域为中心，以血缘、地缘（乡谊）为纽带，以'相亲相邻'为宗旨，以会馆、公所为其在异乡的联络、计议之所的一种既亲密又松散的自发形成的商人群体。"

中国社会科学院经济研究所李成勋把对于商帮的定义归纳为两种：一种标准是按经营者原籍划分，如经营者原籍是浙江，就称作"浙商"；另一种标准是按经营地划分，即不管经营者原籍是何处，只要他在某地经营，他就是某地商人。第一种界定方法比较适合于行商，第二种界定方法比较适合于坐商。李的这种界定比较符合当代商帮的认知。

他指出，商帮文化是商帮在长期的经营实践中逐渐积淀而形成的。商帮文化并不能等同于商业文化,它是地区文化和商业文化的综合。在商帮文化中既有商业文化的属性,也有地区文化的特色。所以同为商帮文化,还要分为晋商文化、徽商文化、粤商文化。例如,在老徽商中有造诣的文人较多,所以,常怀仁爱之心,这是徽帮文化的特色,其他商帮文化未必尽然。他也总结了商帮文化的共同特征:第一,由于常年在外地长途跋涉,形成了特别能吃苦耐劳的精神;第二,由于经常到各地从事商品购销,见识广、经验多,所以富有创新精神,晋商首创汇兑业务就是一例;第三,由于常年结帮运销,商人之间互相支持、互相帮助,形成了一种团队精神。自古形成的上述商帮文化在今天仍不失其积极意义。[1]

**2. 商帮及商帮文化形成的影响因素**

吴慧在《中国古代商业》一书中,将传统商帮崛起的原因分为三类:第一类是部分地区山稠田狭、人多地少,自然条件恶劣,农业发展不能供应本地人的基本生活需求,人们迫不得已走去山外做生意糊口,逐渐做大;第二类是有些地区资源丰富、交通便利,乃天然商品集散地,人们经商并逐渐组成商帮;第三类是部分沿海港口地区人们利用地理优势开展外贸活动。[2]

李禄在《商帮兴衰的新制度经济学分析——以特定商帮为例》一书中,进一步用新制度经济学分析了商帮形成的正式制度原因。他认为,在新制度经济学中,官方政策体系是经济发展的正式制度,而中国历代统治者商业政策是"重农抑商"的,从明清开始才采取"厚商"政策,因此,传统商帮都是到了明清时期才开始快速发展,并攀上了中国古代商业发展的顶峰。在自然、地理环境都没有明显变化的情况下,除了技术进步外,是制度造就了传统商帮崛起的共同土壤。

同时,他在文中指出:非正式制度是晋商、徽商等在十大传统商帮中脱颖而出的主要因素。"非正式制度是相对于正式制度而言的,人们在长期的社会生活中逐步形成的习惯习俗、伦理道德、文化传统、价值观念、意识形态等都属于非正式制度。我国传统上是一个伦理社会,缺乏契约传统,伦理文化因素等非正式制度在社会生活中起着十分重要的作用,渗透在社会生活的各个方面,在明清时期更是如此。而商帮作为一种经济组织,其内在制度中对这种非正式制度的依赖达到了很高的程度,也成为一个商帮持续繁荣的制度保障。"[3]

关于商帮文化,邓俏丽、章喜为在《中国商帮文化特征综述》中总结的是:众多学者认为商帮文化以儒家文化为依据,主张用儒意通商,诚信是中国各地商帮共同信奉的一个原则。并且以晋商、徽商、浙商为例,分析了他

[1] 李成勋:《商帮、商帮文化和培育京商文化特色》,《北京财贸管理干部学院学报》2007年第3期。

[2] 吴慧:《中国古代商业》,商务印书馆1998年版。

[3] 李禄:《商帮兴衰的新制度经济学分析——以特定商帮为例》,山东大学2007年硕士学位论文。

们各自经商理念的核心价值：晋商文化以诚信为核心，"以义制利"是晋商经营的哲学基础；徽商信守儒家"己所不欲，勿施于人"信条，以义为利，义中取利，货真价实，童叟无欺，因而在生意场上处处受益；"义利并重"的价值观念是构成浙商文化的基本因子，诚实守信是浙商遵循的商业道德。[①]

3. 传统文化对商业文化、商帮文化及经济的影响

李永刚在《传统文化理性与浙江现代经济增长》一文里，归纳了浙江传统民间文化理性的内涵特征。他认为，不同国家、民族、地区，由于不同的自然地理条件以及不同的经济社会发展的历史路径，形成了不同的典章制度与物质器物；同时，还形成了不同的精神文化心理积淀——表现为不同的精神文化性格。如东方社会和西方社会的精神文化性格就有很大不同，同是东方的中国与日本的精神文化性格也各不一样。同是中国，南方与北方，东部与西部，文化性格亦有明显差异。浙江传统的社会文化则是一种更富于商业特色的文化类型。浙江人有史以来就头脑精明、处世灵活，偏好商业和手工艺。他把浙江传统文化理性的内涵特征归纳为九个方面：个体本位的经济理性，交易生财、商游四海的谋生传统，顺应环境、随机应变的柔性心理，博采众长、善于学习的开放心态，勤俭刻苦、劳作不息的人生态度，蚂蚁搬家、小中见大的务实精神，和谐中庸、隐忍自谦的处世态度，自然无为、绵绵似水、柔弱胜刚的商战技巧，不尚意气、工于算计、谋定而后动的行为范式。[②]

张佑林的《浙江传统文化与"浙江模式"的形成》一文从人文地理学出发，将中国文化划分为"中原传统农业文化区"和"东南功利商业文化区"两大部分。作者认为，中原文化中有着守旧观念、守成观念、守土观念、平均主义观念、害怕风险观念、宗法观念、不服气心态、看不惯心理、等靠要思想、懒惰习惯，以及等级观念、官本位意识、唯意志论等自然经济观念。这种观念在市场竞争中，表现为人们一方面缺乏强烈的致富冲动，偏安求稳，缺乏商业冒险精神，大家都不敢冒尖，都不创新，都不超前，固守中庸，明哲保身，随波逐流，随遇而安；另一方面对别人的致富又看不惯、不满、眼红。因此，得出结论：思想观念的守旧、保守是制约西部经济发展的主要原因。"东南功利商业文化区"主要集中在我国东南沿海一带，其主体构成是吴越文化，其范围包括江浙及其附近地区。作者认为：吴越文化自唐宋以来，经过了与中原文化的三次大融合，以及本土文化与西洋文化的广泛交流，从传统的农业文化日益转化为商业气息浓厚的商业文化，并且逐步发展成传统的伦理本位主义与现实功利主义两种性质的交流和融合。吴越文化的主要特征表现

① 邓俏丽、章喜为：《中国商帮文化特征综述》，《中国集体经济》2009 年第 10 期。

② 李永刚：《传统文化理性与浙江现代经济增长》，[2006-11-03]. http://culture.zjol.com.cn/05culture/system/2006/11/03/007968658.shtml.

在：第一，具有鲜明的"善进取，急图利"的功利主义色彩。第二，具有"富于
冒险、开拓进取"的海派文化传统。这主要是因为傍海而居，出海而航的生
活生产环境，培育出了江浙人的顽强的生命力和开拓冒险的精神。第三，具
有浓厚的工商文化传统。吴越文化自春秋末范蠡大夫弃政从商以来，就形
成了蓬勃的尚利文化，"工商皆本"的思想几乎是自始至终一以贯之的。第
四，具有"崇尚柔慧，厚于滋味"的人文情怀。吴越文化尊重人欲，重视家庭
和家族的血缘亲情关系，这与"存天理，灭人欲"的文化导向很不一样。浙江
文化蕴涵的自主创新精神与现代经济具有内在的兼容性，它对江浙企业家
阶层的形成具有内源性的影响。浙江传统文化通过对本区域人们长期的熏
陶和潜移默化，在民间积淀了一大批具有创新冒险意识的高素质人群。正
是这些潜藏在意识深处的传统文化精神在新的历史条件下的复苏，造就了
大批具有创新精神的民间企业家，从而为民营工业的发展做好了人力资本
方面的准备。[1]

4. 关于杭商、杭商精神的研究

杭商概念的提出，始于《每日商报》关于"杭商"的系列报道，不少学者也
对此作出了响应。著名社会学家、浙江省社会科学院杨张乔研究员曾在看
到"杭商"系列报道后指出：杭州的商业文化历史至少可以追溯到南宋建都
时期。在北宋，杭州当时人口已达20余万户，为江南人口最多的州郡。经济
繁荣，纺织、印刷、酿酒、造纸业都较发达，对外贸易进一步开展，是全国四大
商港之一。人口的增多，为社会生产力的发展和商业的繁荣创造了条件。
南宋时期的杭州，已经是全国的商业中心了，杭商也随之迎来一个活跃期。
从这个角度说，杭商的历史文化非常深厚。

杭商从历史到现在，都确实地存在，他们的文化精神内涵与浙商有着哪
些异同？杭商是一群异常低调的团体，对于他们的群体研究也很少。但是
发生在杭商身上的个案却值得剖析：比如，马云为什么会出现在杭州？市场
早已遍布全球的万向集团，总部为什么一直扎在杭州萧山？20年前的20位
首届全国优秀企业家中，为什么冯根生能成为罕有的"常青树"？当年生产
娃哈哈饮料的校办工厂，是什么力量驱使它兼并了"老大哥"——杭州罐头
厂，造就了"小鱼"吃"大鱼"的经典案例？土生土长的乡镇企业西子电梯，为
什么会在收获满满之时，要主动放弃自身的股份与500强合资？……这些疑
问都等待我们去深入研究。

[1] 张佑林：《浙江传统文化与"浙江模式"的形成》，《浙江经济》2004年第20期。

# 二、商帮及商帮文化研究

## (一) 文化及其基本属性

### 1. 文化的概念

关于文化的概念有很多,不同学科从不同角度对之有不同定义。美国文化人类学家 A. L. 克罗伯与 K. 拉克洪在《文化:一个概念和定义的考评》中做过统计,提到有关文化的定义有 161 种。近代关于文化概念的经典界说是 1871 年由文化学的奠基者泰勒在《原始文化》一书中定义的,他认为"文化是一个复杂的总体,包括知识、信仰、艺术、道德、法律、风俗以及人类在社会里得到的一切能力与习惯"[①]。

文化在中国历史上最早是指"以文教化"和"以文化成",从字面上理解,不论是"教化"还是"化成"都体现了一个行为过程。梁漱溟在《东西文化及其哲学》中把文化界定为"一个民族生活的种种方面"[②],其中主要包括精神生活、社会生活和物质生活三个层面。胡适把文化当做一种"生活方式"[③]。

文化在《现代汉语词典》中的解释有以下三层意思:一、人类在社会历史发展过程中所创造的物质财富和精神财富的总和,特指精神财富,如文学、艺术、教育、科学等。二、考古学用语,指同一个历史时期的不依分布地点为转移的遗迹、遗物的综合体。同样的工具、用具,同样的制造技术等,是同一种文化的特征,如仰韶文化、龙山文化。三、运用文字的能力及一般知识:学习文化、文化水平。不论哪一种定义,都说明文化是人类特有的,是人类在改造自然时调整各类关系产生的。总结起来,各类定义主要有广义和狭义之分,表 2-1 归纳了几种主要的分类法。

①爱德华·泰勒:《原始文化》,广西师范大学出版社 2005 年版。

②梁漱溟:《东西文化及其哲学》,商务印书馆 2010 年版。

③邵汉民:《中国文化研究 20 年》,人民出版社 2003 年版。

表 2-1　文化的类别

| 内容　分类 | 广　义 | | 狭　义 |
|---|---|---|---|
| 两分说 | 物质文化、精神文化 | | 含语言、文学、艺术及一切意识形态在内的精神产品 |
| | 显性文化、隐形文化 | | |
| 三层次说 | 物质、制度、精神(观念) | | |
| | 信息文化、行为文化、成就文化 | | |
| 四层次说 | 物态文化、制度文化、行为文化、心态文化 | | |

本章研究的杭商文化应该属于制度文化、行为文化和心态文化范畴。

2. 文化的基本属性

文化是千差万别的,但千差万别的文化具有共同的属性。

第一,文化不是先天的遗传本能,而是后天习得的经验和知识文化。

第二,文化是人创造的,在群体内部协调人与自然、人与人、人自身发展的过程中长期累计而形成的,对成员的行为具有强大的约束作用。

第三,文化变革只能靠"培养",不能靠"移植"。正如钱穆先生所说:"由欧美近代的科学精神,而产出种种新机械、新工业。但欧美以外人,采取此项新机械、新工业的,并非能与欧美人同具此科学精神。"① 文化精神只能通过培养逐步形成。

第四,文化的表现形态是多元的,根据不同的划分标准可分为不同的次文化。如根据宗教信仰划分,可分为道教文化、佛教文化等;根据地域划分,可分为中原文化、吴越文化等;另外,还有农文化、商文化之分。

本章从区域文化影响区域经济的模式研究出发,研究区域文化对商帮以及商帮文化形成的影响,进一步落实到对杭商及杭商文化的形成和特征及其对区域经济影响的研究。

① 庞朴:《文化的民族性与时代性》,中国和平出版社 1990 年版。

（二）商帮文化的形成和特征

1. 商帮文化的内涵

商帮起源于我国宋代。主要是远离家乡外出经商的商人,为了途中安全和在外地能够相互支持结成帮伙,渐渐形成了以地域命名的商帮。如晋商和徽商。电视剧《白银谷》就是描写晋商的。历史上除了这两大商帮外,较有名的还有潮(汕)商、浙商、苏商、粤商、鲁商。人们并非为了加以区分而简单以属地命名这些商帮,而是这些商帮的经营理念、经营模式、行为风格上有着明显的地域文化烙印。

这些传统商帮主要是行商,从事贸易业务或者金融业。这和我们今天所说的商帮有着很大的区别。也有学者提出,"商帮"这一古老的称呼是否合适,建议可以改称"商团"或"商群"。传统商帮多以宗族血缘关系、地缘关系为纽带,这与当代的商人群体也有很大的不同。因此,现在提出某地商人(如浙商)的时候,其实包括了本地籍在当地经商的商人,也包括了外地籍在当地经商的商人,还包括了本地籍在外地经商的商人,更多的是以他们带有某地区域文化特征的经营理念、经营模式、行为风格作为主要区分依据的。从这个意义上来看,本文所说的杭商包括在杭经商的所有籍贯商人,杭州籍在外经商富含杭州地域文化烙印的商人。

商帮文化是伴随着商帮的产生而产生的,它是属于商业文化下属的次文化,但是商帮文化并不能等同于商业文化,它是地域文化和商业文化的综合。在商帮文化中既有商业文化的属性,也有地域文化的特色。

商帮文化是在规范商帮内部关系以及商帮和外部社会的关系中形成的群体意识,它不仅以规章(如帮规)的形式存在,也以一种隐形存在于商帮内部的群体价值观的形式存在,表现为商帮特有的经营理念、经营模式、行为风格。

2. 商帮文化的构成要素

商帮文化是一个复杂的系统,由许多要素构成。它们从不同侧面对商帮的生存和发展产生作用。具体包括:(1)观念与价值系统。商帮文化是一种成套的行为系统,所有行为的驱动来自于观念和价值系统,这种观念和价值系统是得到商帮群体认同并且共同信仰的。不同的观念、价值观,决定了商帮在经济活动过程中采取什么样的行为,从而引起不同的结果。这也是商帮兴衰的根本原因。(2)商帮伦理。商帮伦理在商帮内部是一种特殊的行为规范,它与正式规章不同,是存在于每个成员观念中的约定俗成的协调互相之间利益关系的行为准则。它以公正与偏私、诚实与虚伪、勤奋与懒散等相互对立的道德范畴为标准来评价成员各种行为。(3)商帮制度。商帮作为民间组织,为了一致对外,必须抱团增强抗压、抗风险能力。作为一个组织,必然有一定的规章制度,让每个成员在制度下通过放弃自己的一小部分权利,来获得组织的更大赢利,从而在商场上站住脚。作为当代商业群体,相对在组织上较为松散,多以商会的形式存在,更多的作用是宣传、研究,因此在规章制度上没有像传统商帮那样明确。这也是我们后文要说到的,政府对于商会这样的 NGO 组织,可以有一些作为,通过正式的规章制度规范商会,突出商会群体优势,使其有更大的竞争力。

从以上商帮文化的构成可以看出,商帮的具体经营行为及获得的赢利从外部就可以看得见,而支持这些具体行为的是深层次的东西,即看不见的观念、共有价值观和伦理行为标准。这些是商帮文化最核心的东西,只有从研究核心文化入手,我们才能更好地理解和解释表面的、看得见的东西。

3. 商帮文化的形成

商帮文化是商帮在长期的经营实践中逐渐积淀而形成的。按地域划分的商帮文化是地域文化因素和商业文化多元复合与传承演化的结果(见图 2-1)。

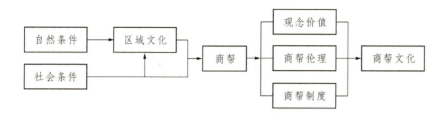

**图 2-1　商帮文化形成演示图**

商帮文化,既是客观的实际存在,又是文化认识中的观念形态。不管是实际存在或观念形态,都是在历史的发展过程中形成的。

4.商帮文化的基本特征

众多学者认为诚信是中国各地商帮共同信奉的一个原则。因为中国的传统文化主要是儒家思想,儒家思想文化成为商帮文化的重要依据。儒家"义利并重"的价值观念不仅是构成各个商帮文化的基本因子,也是各商帮所遵循的诚实守信商业道德的根基所在。同时,商帮在长期经营实践中形成的商帮文化还具有其他一些特征,主要表现为:

第一,由于常年在外地长途跋涉跑商,形成了吃苦耐劳精神。

第二,中华民族勤俭持家的美德代代相传,形成不怕艰苦、不畏风险的创业精神。

第三,由于经常参与商业竞争,要获得赢利,必须经常创新,同时跑商的经历使商人们见识广、经验多,所以富有创新精神。

第四,商帮的形成有一个重要的原因,就是由于常年在外运销,需要互相支持、互相帮助,因此,团队精神也是商帮文化的重要特征。

第五,从商的路充满了艰辛和曲折,百折不挠的拼搏精神和坚韧不拔的顽强意志是每一个成功商人的必备本质。

归纳起来,商帮文化主要特征有:诚信守义,吃苦耐劳精神,不怕艰苦、不畏风险的创业精神,创新精神,团队精神,百折不挠的拼搏精神和坚韧不拔的顽强意志。

正如文化有着明显的区域特征一样,同样受区域文化影响的商帮文化也有着各自的区域特点。区域文化在商人们的经营特色、经营手段与策略等方面都烙下了深深的印记。如:晋商学而优则贾;徽商贾而好学,贾儒结合;粤商敢为天下先,内涵丰富……

## （三）商帮文化与区域经济发展的关系

### 1. 不同商帮文化影响下区域经济发展差异

文化精神可以通过影响经济主体的行为模式去影响经济,同样,不同的商帮文化会带来区域经济发展差异。例如,在当代中国有三个具有代表性的区域经济发展群体,即粤商、苏商、浙商,与之相应的是三种区域经济发展模式:"华南模式"、"苏南模式"和"温州模式"。

表 2-2 将我国当代的五大商帮的文化特征以及区域经济发展模式做一列举。

表 2-2　中国当代五大商帮的文化特征以及区域经济发展模式

| 商帮名称 | 山东商帮（鲁商） | 苏南商帮（苏商） | 浙江商帮（浙商） | 闽南商帮（闽商） | 珠三角商帮（粤商） |
|---|---|---|---|---|---|
| 地域分布 | 青岛、威海、烟台、济南等地 | 苏州、无锡、常州等地 | 温州、宁波、台州、杭州、绍兴等地 | 泉州、漳州、厦门等地 | 广州、深圳、东莞、顺德、中山等地 |
| 文化基因 | 儒商文化、鲁商文化 | 吴文化 | 永嘉文化（浙东文化）、越文化 | 客家文化 | 南粤文化 |
| 商帮文化特征 | 关心国家民生,经世致用,与政府关系密切 | 乡土宗族意识强烈 | 超越自我的突破意识、"合"意识 | 团结、奋进、敢闯的海洋商业文明 | 敢冒风险、敢为天下先以及善避风险的权变精神 |
| 区域经济模式 | 国营模式为主 | 以乡镇企业集体所有制为特色的"苏南模式" | 民营企业为主的"温州模式" | 零售业为主的模式 | 外向型发展的"华南模式" |

从表 2-2 中可以看出,不同的商帮文化对经济主体行为模式选择产生了不同的影响,进而对当地的区域经济发展模式产生影响。比如:鲁商受传统的儒家思想伦理的影响,重义重利,把义放在利前,就是经商也是讲经世致用,实业报国,因此他们与政府的荣辱结合密切,主要在国有企业施展拳脚,也形成了在当地以与政府结合密切的国有企业为主的发展模式;浙商受江

南超越自我突破意识的影响,敢于闯荡,敢为人先,"温州模式"应该是个人创业强烈愿望推动政府制度创新下的产物,同时"合"的思想产生了浙商独特的"结义经济"。所谓结义经济,是指实力不等的各种商人依靠血缘、宗族、同乡的传统关系紧密连接,一旦发现商机整体出动,利用盘根错节的关系网络,迅速渗透到市场的每一个角落。[①]合作、联合、整合、合力、和合成为浙商在商战中脱颖而出的有力保证。

① 李勇:《论现代新商帮兴起的积极效应》,《商业时代》2007年第28期。

2. 商帮文化对区域社会经济发展的影响

商帮文化对区域经济发展的影响具体有哪些方面?

(1)通过商帮发展区域产业集群,形成区域竞争力。

乡族观念、共同的文化认同,使得商帮都拥有回报桑梓、反哺家乡的责任感与使命感,他们在事业取得成功之后,用不同方式反馈乡里:回家乡开办企业、捐资兴学、修桥铺路、为家乡政府招商引资等。基于区域文化的商帮文化使商帮成为区域经济发展的重要支柱。如长江三角洲和珠江三角洲地区的繁荣都离不开浙商、沪商、苏商和粤商的重大贡献。浙商、闽商、粤商等商帮都是通过发展产业集群形成各自竞争优势的,由此带来的区域经济也相当发达。在浙江超亿元的产业集群有500多个,如绍兴的纺织产业集群、温州的皮鞋产业集群、杭州的网商销售产业集群、永康的五金产业集群和嵊州的领带产业集群等。福建也有60多个各具特色、竞争力强的大小产业集群,如安溪的茶产业集群、晋江的旅游鞋产业集群等。这种集群式的产业模式可以降低交易成本和形成专业市场。目前我国在国际上最具竞争力的产业群有闽南的运动鞋、浙江的皮鞋和服装、珠三角的电器。

(2)通过强势商帮的示范作用,带动商帮所在区域和周边其他区域经济的发展。

浙商、闽商、苏商等强势商帮的成就,对其他商帮有很大的示范与促进作用。他们不仅推动了区域经济的发展,也带动了周边其他区域的经济发展,从而推动我国经济整体的和谐发展。比如,目前在河南的浙商有35万人,总投资超过450亿元,为当地直接解决就业岗位60万人次,其中浙商已经成为推动河南经济发展的一支重要力量。

(3)通过商帮强化社会管理,提供公共服务,弥补政府"失灵"、市场"缺陷"。

在现代社会中,商会作为商帮主要的组织形式和交流平台,有强化社会管理,提供公共服务,弥补政府"失灵"、市场"缺陷"的功能。通过商会的管理,不仅可以减少企业交易成本和社会管理成本,而且可以通过为商会成员提供公共服务,成为市场竞争和秩序规范的维护者。

# 三、杭商的渊源与发展

从存在的时间上看,杭商有新杭商和老杭商之分。这主要以改革开放为时间节点,改革开放之前一直追溯到宋代的杭州商人,都可称为老杭商;改革开放之后的都成为新杭商。关于新杭商的范围,也有两种不同的区分法:一种是按经营者原籍划分,原籍是杭州的经营者,称作"杭商";另一种是按经营地划分,即不管经营者原籍是何处,只要他在杭州经营,他就是"杭商"。也就是说,只要是杭州户籍的商人或者商人集团以及来杭州发展创业的外籍工商人士都可称为"杭商"。我们的研究包括这两种杭商,即以独特的地域特点和悠久的历史传统为依托,有一种前瞻性的眼光,独辟蹊径,能传承杭商精神,不断创新,勇于开拓的杭州商人和杭州籍商人。

官方对"杭商",有一个精确的定义:

从内涵上看,杭商是与杭州城市创业文化呈现高度相关的商帮群体,他们在创业中呈现出相同的文化与精神,其经营行为表现出相同的价值取向;

从外延上看,杭商包含杭州籍在杭州创业、杭州籍在外地创业、外地籍在杭州创业三类群体;

从文化精神特征上看,杭商与杭州城市人文精神高度融合,体现出"精致和谐、大气开放"的城市人文精神和价值取向。[①]

杭商的成因有着制度的和非制度的原因,表 2-3 是对新、老杭商成因的比较。

①《首届杭商大会昨日举行 20 位品质杭商十大金牌老字号受表彰》,[2009-09-29]. http://www.hangzhou.com.cn/2009-09-29.

表 2-3　新、老杭商成因比较

| 杭商 成因 | 老 杭 商 | 新 杭 商 |
|---|---|---|
| 自然因素 | 1.运河交通便利成为商品集散地,杭州湾的地理位置使杭州成为对外贸易港口;<br>2.自然资源缺乏无优势,需要以工商求生存;<br>3.南宋建都人口增长为生产力发展和商业繁荣创造条件;<br>4.西湖风景秀丽吸引中外游客,酒肆茶楼、艺场教坊、驿站旅舍等服务性行业兴盛。 | 1.交通便利地处长三角核心区域,成为区域经济的重要一隅,现代物流更为便利,促进对外贸易;<br>2.自然资源缺乏无优势,需要创新创业求生存;<br>3.省会城市人力资源丰富;<br>4.西湖风景及人文资源带来旅游服务经济、房地产业、文化创意产业兴盛。 |

| 杭商<br>成因 | 老 杭 商 | 新 杭 商 |
|---|---|---|
| 制度因素 | 1.中国传统的经济政策是"重农抑商",杭州长期远离中国传统政治文化中心,对商品经济政策执行上相对宽松;<br>2.从宋代开始采取"官方控制为主、市场开放为辅"的商业政策;<br>3.明清时期,"厚商"代替"抑商"政策。 | 1.改革开放的大制度环境;<br>2.政府对民营经济的政策倾斜:<br>《关于进一步促进个体私营经济发展的若干意见》(2000),<br>《关于进一步加快民营科技企业发展的实施意见》(2003),<br>《关于进一步促进民营经济发展的若干意见》(2004),<br>《关于进一步鼓励支持和引导个体私营等非公有制经济发展的实施意见》(简称"杭州新24条")(2006),<br>《杭州市促进个体私营等非公有制经济发展规划(2006-2010年)》(2006)及相关配套政策;<br>3."弱政府、强资本"的模式营造了良好的投资环境。 |
| 文化因素<br>(非正式制度因素) | 1.长三角吴越文化传统理性中与生俱来的工商文化因子:开放性和突破性,是孕育商业的极佳土壤;<br>2.对传统儒家文化的创新——注重经世致用、崇实黜虚、义利并重,成为区域经济发展中不可或缺的"遗传因子"。 | 1.精致和谐、大气开放"的杭州人文精神创造区域人力资本优势,塑造了杭州创业者、杭州企业家、杭州商人追求卓越的品格和大气开放的气质,为创建"和谐创业"模式奠定了人文基础;<br>2.杭州作为浙江省文化和科教中心,高新创新创业资源丰富和创新创业文化氛围浓厚。 |

下面就对新、老杭商进行文化溯源。

## (一)老杭商文化溯源

### 1.老杭商的代表人物及创业历程

杭州作为隋朝京杭运河的一个端点,较早孕育了商业活动;到了北宋,对外贸易进一步开展,是全国四大商港之一;南宋时杭州又成为王朝的建都地,人口的增多带来了商业的繁荣。日本、高丽、波斯、大食等50多个国家和地区与杭州有使节往来和贸易关系,朝廷专设"市舶司"以主其事。明清时期,杭州商人将丝绸、瓷器、茶业、工艺品等源源不断地运往京城和全国各地,甚至通过丝绸之路和港口远销中亚及欧洲大陆。同时,以清河坊为中心辐射形成了独具风格的商业街区。从这个角度说,杭商的历史非常久远。

杭州商业传承至今,仍有很多有着几百年经营历史的老字号,2009年,杭州评选出了十大"金牌老字号"杭州老企业(见表2-4),这些老字号便是杭州传统商业的代表,他们拥有的独特商业文化便是其经久不衰的立身之本。

表 2-4 2009 年杭州十大"金牌老字号"

| 老 字 号 | 企 业 名 称 | 所属行业 |
| --- | --- | --- |
| 方回春堂 | 杭州方回春堂国药馆有限公司 | 中 药 |
| 毛源昌 | 杭州毛源昌眼镜厂 | 工艺品 |
| 王星记 | 杭州王星记扇业有限公司 | 工艺品 |
| 西泠印社 | 杭州西泠印社有限公司 | 工艺品 |
| 张小泉 | 杭州张小泉集团有限公司 | 日用百货 |
| 张同泰 | 杭州华东大药房连锁有限公司 | 医 药 |
| 知味观 | 杭州知味观食品有限公司 | 餐 饮 |
| 胡庆余堂 | 杭州胡庆余堂国药号有限公司 | 中 药 |
| 景阳观 | 杭州景阳观调料酱品有限公司 | 副食品 |
| 楼外楼 | 杭州楼外楼实业有限公司 | 餐 饮 |

笔者在对现存老字号进行走访的过程中发现:杭州老字号大多集中在餐饮、服务、副食品、日用百货、工艺品、中药等行业,并且大多起步于家庭作坊,靠着独家手艺"祖传秘方",保持了产品的独特性和经久不衰。如杭州市河坊街的弹棉花作坊潘永泰号,一脉相传,全杭州仅此一家。他们都秉承"戒欺"的经营理念,并且一直践行着这一理念,因此在业内、社会上有着很好的口碑。

杭州老字号人物代表——红顶商人胡雪岩,是杭商的典型代表和杭商精神的最佳诠释。从胡雪岩的成长足迹看,他从一个钱庄跑堂的小伙计到一品红顶商人,从白手起家到富可敌国,与其母亲对他传统的教育休戚相关。这从他的"办实业以兴国、办药店以济民"的行为中可见一斑。而胡庆余堂的堂训"戒欺"二字,成为这家老店百年不衰的秘诀,也成了杭商精神的最早诠释。

应该说,"诚信、戒欺"就是老字号常青的秘密、老杭商的根源、杭商精神的奠基。

2. 老杭商的文化内涵特征

(1)杭州老字号文化内涵解析。

传统的杭商文化属于商帮文化,正如大多数中国传统商帮文化一样,杭商文化也是以儒家文化为依据,主张用儒意通商,诚信是传统杭商最基本经商原则。这从他们的核心价值经商理念可以看出:传统杭商信守"义利并重"的价值观念,以义为利,义中取利,货真价实,童叟无欺,因而在生意场上处处受益。[①]

老字号不仅是一种商贸景观,而且是一种文化现象。在长期发展中,老字号形成了独特的文化氛围,其经营方式、店规店训、商店格局、字号招牌等都反映出传统文化的鲜明色彩。老字号是一个行业发展的历史见证,它与城市的发展交融在一起,形成了代表这座城市甚至代表中华文化的诱人魅力。

老字号在长期经营中逐渐形成了以人为本、以顾客为核心、诚信戒欺的经营理念。如"药业关系性命,尤为万不可欺","采办务真,修制务精"。胡庆余堂的戒欺牌匾,反映出老字号的经营之本和治店之道;又如"良钢精作"——张小泉理念深入人心,都是实实在在的为商之道。

(2)杭州老字号文化精神调研。

杭商文化除了体现在老字号的经营理念上外,作为一种观念文化可以从人们对之的认知度、认可度上得到印证,据此,我们特别在市民及老字号商家中作了专项调查。根据调查显示,与史料整理对比可知,两者关于杭商的诠释完全吻合,杭商精神的最本质特征就是戒欺,也就是诚信。老杭商对于杭州的贡献不仅在于其对杭州经济的贡献,更在于其特殊的历史人文底蕴和文化传承。

调研地点选在杭州老字号集中区:河坊街和解放路。调研对象都是颇有特色和文化底蕴的老字号,涵盖手工业、食品业、餐饮业、日用品业等多个行业。调研采用采访、访谈、问卷调查相结合的方法,主要对象是老字号负责人、门市部经理、销售人员、市民、游客等,涵盖面广,涉及人群广,调研方法简单便捷而有效。

以下是对其中几家代表性的老字号的调研结果。

①采芝斋。采芝斋前身是做丝绸的,根据杭州人对传统小吃的喜爱转而做食品。采芝斋之所以能够不断发展,和许多因素有关:采芝斋前店后厂的模式,保证了食品糕点的新鲜;品种繁多,以糕点为主,还有糖果、蜜饯、炒

① 邓俏丽、章喜为:《中国商帮文化特征综述》,《中国集体经济》2009 年第 10 期。

货等,口味富有杭州特色,很多产品成为游客必买的杭州特产,如西湖藕粉。充满"和"文化的企业文化,保证了员工的稳定性,在这里,没有上下级的关系,每个人之间关系融洽,像一家人一样。为此,采芝斋在杭州食品界独占鳌头,成为食品界的领头羊。几十年以来,采芝斋生意兴隆,顾客不断。采芝斋的经营体制也和其他老字号一样,由私有制转为国有制,再到现在的股份制。

②豫丰祥。1925年,李奎光在杭州创办豫丰祥百货商店,最初经营糖果、卷烟以及零星生活用品,后发展成为包括绒线、橡胶、棉织、化妆、日用品等在内的百货商店。最初的豫丰祥面积不过10平方米,次年,由于经营有方,面积扩大为30平方米左右。接着又盘进丰乐巷余德兴杂货店,作为豫丰祥的又一分店。

豫丰祥的业务以零售为主,兼顾批发,经营方针有六句话:突出绒线,抓住橡胶,百货棉织,日用化妆,品种齐全,定价公道。开业后,因经营有方,发展很快,特别是在供应了高档品种后,营业额日趋上升,考其原因有如下几点:信息灵通,恪守信用,班子得力,快字当先,善于经营。李奎光独特的经营方式,使豫丰祥虽经历挫折,却不断发展,如今又恢复了老字号。现在的豫丰祥在经营上引进了现代管理理念:在用人上,实行扬长避短,根据个人的特点,分柜承包,责任到人;在经营商品结构上,锁定中老年顾客群,突出绒线、内衣、皮鞋、胶鞋等特色经营基础,走综合百货的路子,力求品种齐全,质量可靠;在服务上,以尽可能满足顾客需求作为标准,同时严格控制产品质量,通过发放质量跟踪卡的方式防止假冒伪劣产品进入。豫丰祥经历挫折、复兴,最终得以常青和传承,口碑和信誉是关键。

③张小泉。张小泉剪刀的制作已有300多年历史,明末清初就已出名。1957年,"杭州张小泉剪刀厂"成立。2000年,张小泉剪刀厂进行了改制,成立了杭州张小泉集团有限公司,变成了投资主体多元化的现代企业。

虽然该产业数易其主,但其经营理念却传承至今。张小泉剪刀创始人张小泉曾立下"良钢精作"的家训,300多年来,该家训由其后人身体力行传承至今,成为张小泉企业文化的核心理念。张小泉剪刀厂"质量为上,诚信为本"的经营宗旨和"用心去做每一件事"的精神即源于此。张小泉剪刀传统制作工艺有72道工序,正是"良钢精作"理念的最好诠释,如今张小泉剪刀精益求精,在继承传统技艺基础上不断创新,已成为我国剪刀行业中产量最大、品种最全、质量最好、销路最广的一家企业。

④胡庆余堂。1874年,胡雪岩在杭州吴山大井巷创办了胡庆余堂国药

号,由于胡雪岩坚持"戒欺"、"是乃仁术"和"真不二价"等撑门立户宗旨,成功地经营了胡庆余堂,使其达到了登峰造极的地步,成为江南药王。而胡雪岩的"戒欺"也逐渐被世人所挖掘和敬仰,"戒欺"便是老杭商精神的精髓所在。

## (二)新杭商文化的延续与发展

以上这些老字号不仅作为商号,而且作为杭州城市文化精神一直传承延续着。改革开放让杭州的民营经济得到了长足的发展,总量在全市经济中的比重不断上升,已经超过 50%。非公企业法人单位数、总资产、年营业收入三大主要指标均排名全省第一,并均占全省的 1/4 左右。从 2003 年开始,杭州企业入选全国 500 强在省会城市中一直居于前列(见图 2-2)。在全国工商联 2009 年公布的"全国上规模民营企业调研"排序结果中,杭州有 27 家企业进入"全国 500 强民营企业"行列,占全国的 16.2%,占浙江省的 43.78%。杭州上榜企业数连续 7 年蝉联全国城市和浙江省首位。

这些都标志着杭商之火被重新点燃,杭商成为影响中国经济的一股重要力量。

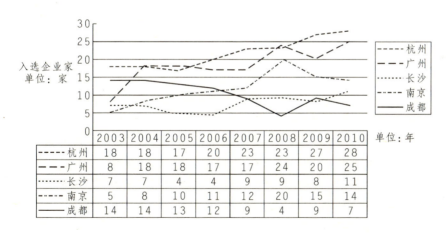

| | 2003 | 2004 | 2005 | 2006 | 2007 | 2008 | 2009 | 2010 |
|---|---|---|---|---|---|---|---|---|
| 杭州 | 18 | 18 | 17 | 20 | 23 | 23 | 27 | 28 |
| 广州 | 8 | 18 | 18 | 17 | 17 | 24 | 20 | 25 |
| 长沙 | 7 | 7 | 4 | 4 | 9 | 9 | 8 | 11 |
| 南京 | 5 | 8 | 10 | 11 | 12 | 20 | 15 | 14 |
| 成都 | 14 | 14 | 13 | 12 | 9 | 4 | 9 | 7 |

**图 2-2 2003—2010 年部分省会城市入选全国 500 强企业数比较**

1. 新杭商的代表人物及创业历程

马云是新时代杭商的代表。他的创业历程堪称传奇。他曾经是一名大学英语教师,出国后接触到了当时刚刚兴起的互联网,感受到了互联网发展的无限可能性,想要在这一领域创业,但经历了数次创业挫折。1999 年,马云从北京回到杭州,和18个朋友一起创立了阿里巴巴B2B贸易网站,这在当时被人看做是一群疯子的疯狂举动,但马云认准了的事就一定要坚持做下去。经过多年创新发展,阿里巴巴已经成为集B2B、C2C、网上广告交易、搜索引擎、第三方支付于一体的综合性电子商务平台,现在阿里巴巴B2B成为拥有500万中小企业会员,从2002年互联网最低谷时期赢利1元钱,到后来每天营业额100万元,再到每天利润100万元的成功企业。此外,马云还创造性地开发了第三方支付的支付宝,解决了网上交易安全和诚信问题,目前已拥有8000万用户,每天成交量达3亿人民币,并且打败了国际知名的网上交易平台eBay网,还成功收购了雅虎,成立了阿里巴巴商学院……现在阿里巴巴已经实现每天缴税100万元,成长速度惊人。

那么,是什么原因让马云和他的阿里巴巴发展如此迅速?马云自己在总结成功经验时认为,独特的企业文化和价值观是阿里巴巴生存发展的决定性因素。

表2-5　阿里巴巴价值观及其文化内涵

| 价 值 观 | 文 化 内 涵 |
| --- | --- |
| 1.客户第一 | 关注客户的关注点,为客户提供建议和资讯,帮助客户成长 |
| 2.团队合作 | 共享共担,以小我完成大我 |
| 3.拥抱变化 | 突破自我,迎接变化 |
| 4.诚信 | 诚实正直,信守承诺 |
| 5.激情 | 永不言弃,乐观向上 |
| 6.敬业 | 专业执著,精益求精 |

在这六项中(见表2-5),"诚信"、"激情"和"敬业"是员工首先要具备的素质,而"团队合作"、"拥抱变化"则位于第二层基石,最终达到"客户第一"。

马云说:"造就一个优秀的企业,并不是要打败所有的对手,而是形成自身独特的竞争力优势,建立自己的团队、机制、文化";"小企业成功靠精明,中等企业成功靠管理,大企业成功靠的是诚信";"一个公司在互联网时代要成功,一定要有自己的文化、自己的思路"。

马云的这种价值观并不仅仅停留在文字和口头表述,更是充分体现在他的经营管理实践之中。

"东方的智慧、西方的运作,面向全世界的大市场"是阿里巴巴的精髓。在组织管理方面,阿里巴巴采取类似大学的人事制度,公司的人员职位有两条线路,一条是官路,由Head、Manager、Director、VP、Senior VP、CEO组成;另一条是学术线,由 Fighter、Knight、Hero、Master、Chief 组成。这样的设置,充满了东方的智慧,从制度层面保证人尽其才,不仅保证了阿里巴巴的技术创新、创造能力,也保证了阿里巴巴高效的运作和管理。此外,马云在分配制度上也体现了中国人传统的重义的一面。马云在阿里巴巴的上市公司持股比例不到5%,而有4900余名员工持有阿里巴巴股票,成就了中国上市公司覆盖面最广的员工持股。阿里巴巴一上市,持股的员工一个个都成了"富翁",成了一次名副其实的"造富运动"。这种中国人"独乐乐不如众乐乐"的哲学和智慧,在马云的管理哲学里发挥到了极致。这种真正地让股权和财富由管理者、经营者和员工共享,正是充分调动参与者的积极性、主动性和创造性的不二法宝。

此外,马云的企业文化价值观中的"激情"内涵即是永不放弃,乐观向上,反映的是坚韧不拔的精神。这种精神来源于"杭铁头"精神,也就是认准了的事情一定要坚持到底的劲头,在阿里巴巴初创时,连家人都反对,正是这种坚持,让阿里巴巴有了今天的成功。他的企业文化价值观中的"拥抱变化"内涵是突破自我,迎接变化,反映的是勇于创新的精神,他的这种创新表现在:首创淘宝网网上购物平台及第三方支付平台商业模式,以及诚信精神、团队精神……尤其值得一提的是,马云等杭商自觉地认同这种文化价值观,并在企业管理中进行运用。

在2009年首届杭商大会上,很多杭商都表达了这样一个意思:企业比拼竞争到最后比的是文化,这种文化精神不仅能带来企业的创新,而且是企业发展的不竭动力。正是基于这种文化价值观,近年来,杭州在软件、网络、动漫、文化创意、医药、新材料、环保等高新技术领域,涌现了以阿里巴巴和马云为代表的一大批知识型企业和知识型企业家。

### 2. 新杭商的文化内涵特征

(1)新杭商的文化内涵特征。

杭商较其他地区的商人在做事、做人、创业上更有智慧,更有较好的文化、政治底蕴,视野广,且具有资源整合性(包括人力资源、土地资源,等等)。杭商务实、脚踏实地,和其他地区商人相比更大气、包容。由于杭州所处地域的原因,杭州人中大多数安于现状,但同时其文化驱动性较强。也就是这个原因,剖析杭州整个"不倒翁"式的经济发展,其发展是与文化前进速率成正比的。杭州应该大力发展以信息产业为主导的高新技术产业,大力发展文化含量高、市场前景广、无污染、技术密集型的都市型产业。在这些产业上,杭州有无可比拟的发展优势,也有巨大的发展潜力。只要杭州有正确的发展理念、发展思路,就能分到知识经济的"头杯羹",并且在创造品质杭州,推动自身素质等方面,以小见大,最终以强势文化同化弱势外来文化。

(2)在杭企业家(新杭商代表)调研。

2009年,杭州市评选出了20位"品质杭商",他们是改革开放以来杭商群体的杰出代表(见表2-6)。

表 2-6　2009杭州20位"品质杭商"

| 姓　名 | 职　务 | 姓　名 | 职　务 |
|--------|--------|--------|--------|
| 马　云 | 阿里巴巴集团董事长 | 宋卫平 | 绿城集团董事局主席 |
| 李邦良 | 华东医药集团董事长 | 沈爱琴 | 万事利集团董事局主席 |
| 陈妙林 | 开元旅业集团董事长 | 竺福江 | 民生药业集团董事长 |
| 陶晓莺 | 三替集团公司董事长 | 楼金炎 | 杭州大厦董事长 |
| 谢　宏 | 浙江贝因美集团董事长 | 费建明 | 达利(中国)有限公司执行总裁 |
| 王水福 | 西子联合集团董事长 | 郭华强 | 信雅达系统工程公司董事长 |
| 汪建敏 | 千岛湖发展公司总经理 | 戴天荣 | 祐康食品集团有限公司董事长 |
| 周自力 | 解百集团公司董事长 | 沈国军 | 银泰集团董事长 |
| 冯根生 | 青春宝集团董事长 | 宗庆后 | 娃哈哈集团董事长 |
| 聂忠海 | 汽轮动力集团董事长 | 胡季强 | 康恩贝集团董事长 |

现选取他们中间的代表作为镜像,来看一看新杭商在创业模式、经营理念、组织文化、回报社会等方面的具体特点。

①沈爱琴——万事利集团董事局主席。

杭州曾经是海上丝绸之路的起点,但到了当代丝绸产业,这种优势荡然无存,甚至中国产品要挂靠欧洲品牌才能获得国际价格,并且已经成为一种定式格局,这样的格局曾经让中国人感到无奈。万事利集团的前身正是生产丝绸的传统企业,在改革开放之初几乎濒临倒闭。沈爱琴在危机时刻,挑起了重新振兴这一传统产业的重担。面对丝绸销售现状,沈爱琴痛下决心:中国的丝绸要走科技之路、国际之路,借船出海、借梯登高。

多年的奋斗后,沈爱琴的万事利终于创造了自己的中国丝绸品牌,他们将文化传承和时代创新很好地融合在一起,设计制作了参加联合国"千年峰会"国家主席的服装;设计了APEC会议代表别致的"唐装";2008年奥运会上的礼仪服饰也出自万事利;他们的"黄河之梦"服装演示会,打进了纽约贾维茨展示中心,丝绸文化又一次陶醉了世界。

万事利的成功,在于把传统的民族产品丝绸放到世界的范围里去考量,用现代的经营理念包装了传统产品,而并非颠覆传统,恰恰相反,用一种现代世界可以接受的方式更好地推广了我们的传统民族产品。正如沈爱琴所说:"做企业要看得远,不能着眼于眼前,要以世界一流的标准来衡量。"这一点在杭州其他企业家身上也有体现。

②宗庆后——娃哈哈集团董事长。

宗庆后靠一瓶小小的儿童饮料发家的故事是杭商创业的另一个传奇。在1987年,宗庆后还是个拉着"黄鱼车"在杭州的街头推销冰棒的推销员,但在送货的过程中,他敏锐地发现当时很多孩子食欲不振、营养不良,是家长们最头痛的问题,从而感觉到做儿童营养液应该有很大的市场。虽然当时宗庆后已经42岁,常人看来已经错过了最佳的创业年龄,但他不管周围人怎么劝说,坚持要创业。1988年,宗庆后借款14万元,组织专家和科研人员,开发了第一个专供儿童饮用的营养品——娃哈哈儿童营养液。从此,娃哈哈成了80后、90后不灭的童年回忆。

1992年,娃哈哈的销售收入达4亿元,净利润2000多万元。到2007年,娃哈哈已经发展成为拥有100多家公司、2万多名员工、年收入超过200亿元的大企业。也是在这一年,法国达能集团和娃哈哈集团之间发生了那场著名的"达娃"之争,在强势的国际大牌面前,宗庆后没有退缩,坚决应诉,最终,娃哈哈不仅没有在这场纷争和金融危机中受到影响,反而出现逆势增长。2008年实现利润50.54亿元,2009年销售额突破500亿大关。

这一切成绩的取得,源于宗庆后一直坚持创业的初衷,坚持发现消费者需求第一,并发展成"需求扩容"、"研发需求"的产品战略。需求扩容是在单一品类中推出多种配方,消费者总会找到需要的一款;而"研发需求"最好的例子就是啤儿茶爽,这种带有啤酒味而不含酒精的茶饮料,上市一个月就带来5亿元的销售量。

另一方面,宗庆后在娃哈哈就像一位家长,员工对他充满感情且坚定不移地信任。可能在西方管理者眼里看来,这种组织文化并不符合现代企业的要求,但是在我们的企业当中,管理者带有感情色彩的"家长式"人格力量远远超过了西方冷冰冰的制度力量。在中国,历经千年的伦理亲情文化已经深深地印在人们身上,从娃哈哈的成长可以看出,中国企业的管理和经营绝不能忽视中国传统文化的影响力。从这个意义上讲,宗庆后的管理理念充满了中国智慧。

③王水福——西子联合集团董事长。

前面两位杭商从事的都是传统意义上的商业,而王水福生产和销售的是电梯。从一家村办的农机小厂到跻身行业内全国第六的西子电梯,华丽的蜕变见证了王水福怎样的管理经营智慧。

中国的传统文化里讲究借力,在1994年西子电梯集团成立之初,王水福也用了"合资借力"的办法,与世界电梯巨头——美国奥的斯电梯公司合资,解决了研发、技术、品牌等方面的问题,到2005年,自动扶梯产量成为世界第一。这些都不算是王水福的智慧,他的管理经营智慧表现在美方控股之后的管理上,西子奥的斯公司的董事长和总裁仍由中方担任,主要管理层也由中方委派,美方只派了一个财务总监和副总裁,这种管理让合资后的公司避免了美式管理的水土不服,也避免了人事制度动荡带来的损失,充满了中国智慧。王水福在后来的多次收购中都成功地消化、吸收了这一原则。

王水福的大智慧还不仅于此,2007年,西子联合控股有限公司对外公布了一份《企业社会责任报告》,此举在当时的民营企业中少有听闻。王水福定下了要做百年企业的远景,他认为实现这样的目标,企业必须有自己的道德底线和价值观,这种价值观就是一家企业必须承担的社会责任。他的这种认知不只停留在口头,而是以报告的形式向民众公开,目的是接受大家的监督。企业在创造利润、对股东负责的同时,也要对员工、消费者、环境负责,有着这样价值观取向的企业才能走得更远。

由于篇幅有限,我们前面只是对部分入选"品质杭商"的创业历程、经营理念做了简单的梳理,但"管中窥豹,可见一斑",可以在他们身上看到杭商及杭商文化的特征。

此外,前面所列举的杭商是属于传统创业,杭州另外有一个名称,即"天堂硅谷","知本"创业是另一类杭商的创业模式。如浙大网新系统工程有限公司的陈志武,是2009年杭州青年领军人物10强之一,是文化人成功创业的典型,先后与10余家国际著名企业建立了战略合作关系,通过"以大带小并购模式",2007年主营业务收入逾51亿元,位居中国软件百强第5名,中国软件外包企业第2名。还有聚光科技(杭州)有限公司,其CEO和CTO都是美国斯坦福大学毕业生,他们带来了硅谷的创新思维与先进技术,公司入选福布斯"2008中国潜力企业百强榜"。而大四开始与同学一起创业的田宁和他的盘石计算机网络技术有限公司创造了另一种传奇,3名员工,从DIY组装计算机开始,发展成为浙江省内最具规模的计算机网络产品、软件、研发代理中心之一,拥有浙江大学盘石网络技术有限公司、浙江东方赛博网络技术有限公司、杭州世纪非凡广告有限公司、浙江大学盘石信息技术有限公司4个子公司。是态度,是韧劲,让他们走到今天,并走向成功。这种"资本+知本",经济与文化的结合,改变了常人对商人追求利润最大化的印象,商人的高学历和高素质正成为杭商经营的新主流。

# 四、杭商文化的内涵、特征与形成要素

## （一）杭商文化的内涵和特征

### 1. 杭商文化的内涵

杭商文化精神在传承了浙江传统文化理性的同时，也有自己的鲜明特征。我们从新杭商的价值取向、经营理念、行为方式等做分析。

通过走访调查发现，在人们的观念中对新杭商的特点比较一致的看法是：精致和谐、大气开放、务实、脚踏实地。而对于杭商文化精神的分析，企业家们都认为杭商精神的精髓就是诚信、务实，这也是130多年前的杭州商人胡雪岩所说的"戒欺"。这是杭商文化精神的精髓所在，这种传统在新杭商身上得到了传承。

另一方面，作为"浙商"中的一分子，浙商精神同样也体现在杭商身上，如坚韧不拔的创业精神，奋发图强的自强精神，不图虚名的务实精神，敢为人先的创新精神，勇往直前的开拓精神，吐故纳新的包容精神。

此外，杭州城市人文精神也体现在杭商身上。"精致和谐、大气开放"的杭州城市人文精神，"宁静致远、淡泊名利、关注民生、以民为本"的杭州人精神，即"杭铁头"精神，是杭州发展的精神内核，构成了杭州生活品质的个性特征。[①] 这也是杭商精神的基本特征，体现了杭商的人文精神，彰显了生活品质的杭州特色，非常符合提高生活品质的基本原则之一——坚持以人文精神为支撑。杭商创业符合和谐创业的理念，这也是近年来杭州打造生活品质之城的要求，这促进了生活品质的融合和提升。[②]

如今，杭州提出创业在杭州。胡雪岩当年就创业在杭州，当时就创出了中国首富、富可敌国。传统的杭商精神最有代表性的就是这位130多年前的杭州商人胡雪岩讲的"戒欺"，戒欺就是诚信，而这也正是杭商精神的精髓所在。同样的，现在还有一个怀抱梦想、敢于追梦的创业者名字响遍杭州，他就是马云。而马云也不愧为杭州文化人创业的楷模，杭州"和谐创业"的典范，当代杭商的杰出代表。有梦想、有激情、有责任感，正是马云的成功秘诀，或者说是"马云精神"的集中体现。进而言之，"马云精神"乃是"杭商精神"的具体体现。从马云身上，我们看到了"精致和谐、大气开放"的杭州城市人文精神，看到了"敢为人先、敢冒风险、敢争一流、宽容失败"的杭州特色创业创新文化，也看到了"杭铁头"精神，这些都是杭商精神的最新

① 蒯大申：《城市以生活品质论输赢》，引自王国平：《生活品质之城——杭州城市品牌诞生记》，浙江人民出版社2007年版。

② 王国平：《以科学发展观为统领 推进和谐创业 提高生活品质》，引自王国平：《生活品质之城——杭州城市品牌诞生记》，浙江人民出版社2007年版。

体现。

纵观之,杭商的文化内涵是:贾而重诺、艰苦创业、坚韧不拔、不断创新、敢于冒险、富有激情、责任心强,更为重要的是,杭商的创造精神和学习精神,是得天独厚,难能可贵的。杭商的精髓就是诚信,杭商人文精神是诚信、戒欺的杭州老字号精神,是"有梦想、有激情、有责任感"的马云精神,是精致和谐、大气开放的"杭铁头"精神,是和谐创业、关注民生的杭州城市人文精神。

2. 杭商文化的构成要素

(1)杭商群体观念与价值系统。

正如前文所说,文化是一种成套的行为系统,所有行为的驱动来自于观念和价值系统。在杭商文化体系中,行为的驱动是得到杭商群体认同并且信仰的观念和价值系统。从杭商个案的分析不难看到,在每个杭商的创业行为的背后,几乎都有这样的一种价值观在支撑着:怀抱梦想,追逐梦想,认准了目标,不管怎样都一定去实现。如马云的永不放弃、永不言败;宗庆后42岁了在各种阻力前仍执著创业;而田宁的座右铭是"创业是一种态度,态度决定成败",直接把创业作为一种人生态度……

(2)杭商伦理。

杭商伦理是一种特殊的行为规范,它与正式规章不同,是存在杭商观念中的约定俗成的协调社会利益关系的行为准则。从胡雪岩的"戒欺",到新杭商们重义,讲究诚信、社会责任感,关注产品的品质和细节,"在商却不言商",是杭商共同拥有的行为准则。

(3)杭商制度。

杭商这一名称的最初提出,并非作为民间组织名称或者商会名称提出的,而是作为一种城市品牌提出来的。从严格意义上讲它和原来传统的商帮有着明显的区别,因此,杭商更多的是一种称谓、归属,而不是正式的商会组织。作为当代商业群体,在组织上相对较为松散,多以商会的形式存在,更多的作用是宣传、研究,在规章制度上没有像传统商帮那样明确。

3. 杭商文化的基本特征

根据上述对新杭商文化内涵特征的初步研究和梳理,笔者明确了一些杭商文化的特征,并就这些特征在市民中的认可程度进行了相关调研,具体情况如下。

(1)调查内容。

民众印象中杭商人物代表,杭商应具有的精神,杭商文化精神最具有的特征,杭商与其他商帮相比的优势。

(2)调查对象。

主要是百年老字号汇聚地河坊街群众、部分杭州市区住宅小区的群众、网上随机抽取的群众。

(3)抽样方法。

此次调查采用的是随机抽样。总共有751人接受了调查,回收有效问卷727份,有效率96.8%。

(4)调查的基本结果。

图2-3显示,多数人认为杭商精神最突出的特征是适应时代的需要,不断创新,但也各有1/4左右的人认为是运用高新技术,采用现代经营手段和形成独特的传统风格,只有少数人认为是团结合作。可见,创新是现代商家应追求的,也是加快企业发展所需的重要策略。适者生存,不适者淘汰,要使企业跟上时代的步伐,适应时代的需要,就得创新。当然运用高新技术,采用现代经营手段也很重要,形成独特的传统风格是许多商家所一直坚持的,但这些因社会的需要,将会成为各企业管理和发展的基础,而创新则会是统筹整个企业前进和发展扩大的命脉,因此,群众认为杭商精神最突出的特征是创新。

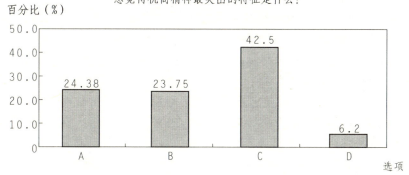

A.运用高新技术,采用现代经营手段　　　B.形成独特的传统风格
C.适应时代的需要,不断创新　　　　　　D.团结合作

**图2-3　杭商精神特征调查结果**

图 2-4 显示,在群众印象中,他们认识的杭商中主要以儒商和金融业为主的商人占的比例较大,这说明保持传统经营独特风格的儒商和搞金融事业为主的商人是杭商的重要组成部分,也是群众接触较多的杭商类型。适应时代的需要,不断创新是杭商最突出的精神,但调查显示杭州民众对这一类型的商人认知度不高,需要政府在这方面加强舆论宣传和政策倾斜导向。

您认识最多的杭商类型是哪类?

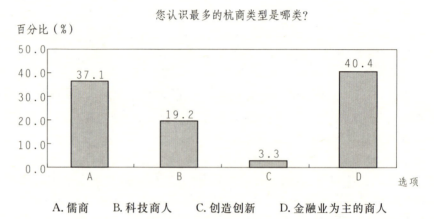

A.儒商　　　B.科技商人　　　C.创造创新　　　D.金融业为主的商人

**图 2-4　杭商类型调查结果**

　　此题(见图 2-5)涉及医药、食品、饮料、IT 等不同行业的杭商人物代表,是杭州著名行业的典型代表。从调查结果看,群众对阿里巴巴——马云印象最深,也就是说马云精神在群众中的影响很大,将近 70% 的人都对此有一定的了解和认识,马云所代表的 IT 行业已取得一定的成绩,杭州IT 行业的发展得到了广大群众的认可,随着社会的发展和需求,IT 行业越来越受民众的欢迎。但民众对中国丝绸创始人、万事利集团的沈爱琴和百年老字号代表之一王星记扇庄的王星斋的印象不深,了解这两大行业相关情况的人更是少,而且这些行业已在走下坡路。而对于这些食品、饮料、医药行业,或多或少有一部分人对此有印象。这几个行业一直处于发展的阶段,况且现在人们对吃越来越讲究,对身体健康的关注程度较以往也重视多了,随着生活水平的提高,这些行业在以后的发展前景良好,群众对此的关注也会更加多。不同行业被群众的关注程度不同,这与杭商精神也密切相关。

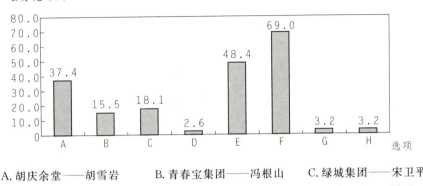

您印象最深刻的杭商代表人物是哪位?

A. 胡庆余堂——胡雪岩　　B. 青春宝集团——冯根山　　C. 绿城集团——宋卫平
D. 万事利集团——沈爱琴　　E. 娃哈哈集团——宗庆后　　F. 阿里巴巴——马云
G. 王星记扇庄——王星斋　　H. 其他

**图 2-5　杭商代表人物调查结果**

　　这两题(见图 2-6、图 2-7)主要是为了了解民众眼里的杭商应具备哪些精神? 以及他们的认识中杭商与其他商帮相比的优势又在哪里? 图 2-6 中数据显示,3/4 的民众认为创新是杭商所应具有的精神,它是统筹整个企业前进和发展的命脉,是现代企业追求的重要策略。当然除了创新这一重要精神外,大度包容、和谐、活力、有责任感也是杭商所应具有的精神,这样才能将企业管理得有活力、有生机,在激烈的竞争市场中能脱颖而出。杭商不像温商那样有强烈的草根性,而是脱离草根性,追求品质、富含文化底蕴、无草根性也是杭商的特点之一。现在杭商发展得如此迅速,这与它的优势分不开,从图 2-7 可知文化优势是杭商与其他商帮相比最大的优势所在,城市优势、地域优势、环境优势、人才优势、历史优势也是其优势。地处沿海地段,拥有悠久的历史和美丽的西湖,汇集了无尽的人才,又是浙江省的省会之地,这些客观条件无不彰显着杭商的优势,进一步加快了杭商的发展和扩大,从而为更好地创生活品质杭州提供了条件。

在您的印象中，您觉得杭商精神应该是怎样的？

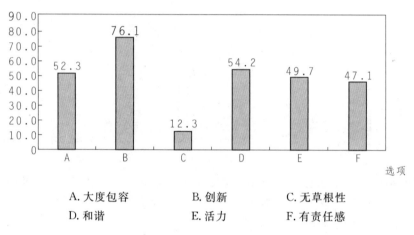

A. 大度包容　　　　B. 创新　　　　　C. 无草根性
D. 和谐　　　　　　E. 活力　　　　　F. 有责任感

**图 2-6　杭商精神调查结果**

您觉得杭商与其他商帮相比，最大的优势在哪？

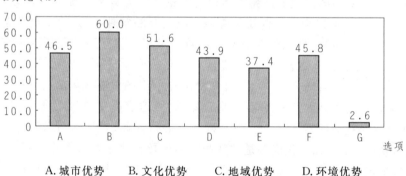

A. 城市优势　　　B. 文化优势　　　C. 地域优势　　　D. 环境优势
E. 人才优势　　　F. 历史优势　　　G. 其他

**图 2-7　杭商优势调查结果**

　　杭商对杭州的发展有不可忽视的重要作用，对创生活品质杭州的作用更是无可厚非，它促进了经济发展，带动了旅游，吸引了人才，创造了和谐生活环境，提高了人民生活质量，其中对经济发展的贡献最大（见图 2-9）。杭商为杭州人民带来了财富，打开了经商的大门，让更多的人投入其中，从而推动了杭州的经济不断发展，提高了人民生活水平，进而改善生活质量，最终拥有一个和谐的生活环境。此外，经济的发展，还能带动旅游业，因为旅游业的发展与对其投入的资本是成正比的,良好的旅游环境和齐全的旅游项目会吸引更多的游客前来观光,广纳众多游客的到来是旅游业量的保证,先进的旅游设备是质的保证,外加杭州西湖闻名遐迩,所以旅游业的发展前景十分美好。杭商的贡献促进了杭州各方面的迅速发展,进而吸引更多的人才来杭州发展,借助这些人才的智慧则可加快杭州的建设和发展。

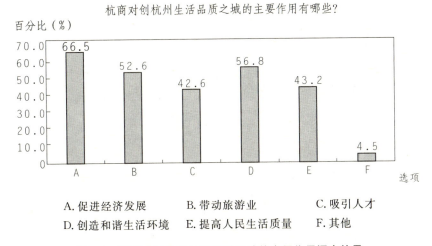

图 2-8 杭商对创杭州生活品质之城的主要作用调查结果

## （二）影响杭商文化形成的主要要素

### 1. 传统文化影响

杭商及杭商文化有着非正式制度文化伦理的成因。正如催生传统商帮的是明清正式经济制度的变化,而让晋商、徽商等商帮从众多商帮中脱颖而出的是文化伦理等非正式制度一样。不论是传统的杭商文化还是现在的杭商文化,都是杭商在长期的经营实践中逐渐积淀而形成的。杭商文化并不能等同于商业文化,它是杭州区域文化和商业文化的综合。

从区域文化讲,杭州地属长三角区域,其文化归属于吴越文化。据学者研究,吴越文化核心价值理念有:内在自觉的开放心态,超越自我的突破意识,以人为本的人文精神,简约朴素的平民风度,个体本位的经济理性,顺应环境、随机应变的柔性心理,勤俭刻苦、劳作不息的人生态度,和谐中庸、隐忍自谦的处世态度,自然无为、绵绵似水、柔弱胜刚的商战技巧,不尚意气、工于算计、谋定而后动的行为范式。

这种文化富含工商文化的特征,成为滋生杭商和杭商精神的精神土壤。尤其是这种传统文化蕴涵的自主创新精神与现代经济具有内在的兼容性,它对企业家阶层的形成具有内源性的影响。正是这些潜藏在意识深处的传统文化精神在新的经济制度条件下的复苏,造就了大批具有创新精神的民间企业家,从而为民营工业的发展做好了人力资本方面的准备。

2. 经济社会大环境的影响

(1)大的改革开放经济制度的影响。

当代杭商的粲然而出,是受改革开放制度影响。杭州城市的优势以及投资环境成为了杭州经济和杭商发展的肥沃土壤。杭州吸引了全省乃至全国的企业家来杭州发展经济,同时杭州周边县市区也涌现出了一大批有实力的企业,经济规模和企业影响力在全国都走在前列。杭商成为影响中国经济的一股重要力量。

(2)杭州市政府对民营经济的扶持。

杭商品牌的建设离不开外部环境。杭商的环境优势主要体现在市委、市政府对民营经济的高度重视和大力扶持上。

杭州市委、市政府分别在2001年、2004年和2006年召开了三次全市民营经济大会,采取了"扶优扶强"和"抓大不放小"等策略,出台了一系列促进个体私营等非公有制经济发展的政策措施,在2004年2月有针对性地制定出台了《中共杭州市委 杭州市人民政府关于进一步促进民营经济发展的若干意见》(市委〔2004〕14号,简称杭州33条),比《国务院关于鼓励支持和引导个体私营等非公有制经济发展的若干意见》(国发〔2005〕3号,简称国务院36条)早一年时间。在国务院36条出台后,根据"缺什么、补什么"原则和贯彻落实《浙江省人民政府关于鼓励支持和引导个体私营等非公有制经济发展的实施意见》,市委、市政府又在2006年3月出台《中共杭州市委 杭州市人民政府关于进一步鼓励支持和引导个体私营等非公有制经济发展的实施意见》(市委〔2006〕3号,简称杭州新24条),同时,市委、市政府陆续研究出台相关配套政策措施,使杭州市民营经济发展环境更加优越、政策更加优惠、举措更加有力。

(3)政策推动杭州金融资本市场的良好发展,民营企业融资环境优越。

2004年7月,杭州市政府制定《贯彻落实国务院推进资本市场发展的若干意见》,提出通过实施八大举措,加快杭州资本市场的发展,并制定《杭州市多层次资本市场建设的五年规划》,明确了2005—2010年杭州市资本市场发展的总体目标、具体措施、分步走战略和资本市场各要素发展战略。为了改善投资环境,除了政策制度保证以外,还在提升政府服务能力和效能方面采取很多措施:成立市投资项目集中办理中心,设立科技经济园区、孵化器,开通市党政机关服务态度和效能投诉公开电话,机关开展"满意不满意单位"评选活动。逐步形成了"弱政府、强资本"的吸引投资的模式。

在这些制度的保证和杭商的创业实践推动下,杭州实现了从国有经济大市向民营经济大市的跨越,再到民营经济强市的"三级跳"。此外,传统中富含工商因子的影响,杭商创业活跃,这使得杭州民营经济的发展,呈现出企业和政府"双轮驱动"的模式。即企业是主体,政府是牵引;企业是内因,政府是外因。

(4)政府打造"杭商"品牌,使杭商文化发展从原生走向自觉。

杭州市委、市政府积极反思文化对经济的推进作用,意识到杭商文化、杭商精神对杭州建设的积极作用,突出大力打造"杭商"品牌,弘扬杭商文化,通过政府的推动,整合杭商资源,明晰杭商文化,打造有利于杭州经济社会可持续发展的群体性思想观念,进而推动杭州区域经济的发展。2009年,杭州市委、市政府以"共树杭商品牌,共建共享'生活品质之城'"为主题,举行了千人规模的首届杭商大会,评选并表彰了"品质杭商"和"金牌老字号"杭商企业,举办了杭商发展论坛。这类活动本身就是一种思想观念的探析和传播,并且是一种将杭商文化推广到整个社会的一种方式。这种方式增加了区域文化新的内涵,标志着杭商文化软实力从原生自发走向自觉。

3. 内部制度的影响

杭商作为现代的商会组织,是一种与古代商帮有着明显区别的组织。在对杭州经济发展的总结反思中,人们看到了一群杭州商人在这中间产生的作用,看到了他们身上的共性,看到了蕴含在其身后的文化精神的推动作用。先是渐渐明晰了一种称谓,而后是对其内涵精神的提炼和明确。因此,杭商首先是一种概念上的存在,而后杭商自身以及社会都对其成立实体组织有了诉求,一种强烈的归属感、凝聚力的诉求。这种诉求在金融危机时候变得尤为强烈,杭商们提出要抱团"过冬",政府也意识到创新意识强烈的杭商对促进经济产业结构调整、推动经济转型的重要作用,内外因的结合催生了杭商组织。

因此,杭商组织成立的本身目的就很鲜明:整合杭商资源,打造"杭商"文化品牌,推动杭商创业创新,充分发挥杭商在推动杭州新一轮跨越式发展中的重要作用。这与传统商帮因为地缘血缘关系,为了在恶劣环境下求生存而形成的传统商帮截然不同。传统的商帮文化在意识和传承上都是自发无意识的,而新杭商存在的很重要的原因之一就是发挥杭商文化对经济的推动作用,这种行为是基于清楚认识基础上的自觉行为。

基于组织成立的目的和宗旨,杭商在制度上通过准入,对杭商成员加以界定,通过一些常规性活动和宣传加强杭商成员之间的联系沟通,互通资源,更重要的是通过宣传杭商成员的创业经历、成功经验,提炼和推广杭商文化,并推动形成范围更广的群体性观念,推动杭州的创新创业城市文化的发展,进而推动杭州品质之城的建设。

**4. 杭商个体素质的影响**

杭商文化作为一种群体意识的存在,是由杭商个体的经营理念、企业家精神综合而成的。杭商个体的企业家精神通过见诸文字制度的经营理念表现,也通过实际的创业、经营行为表现出来,并通过经济结果的成败来检验。我们对杭商个体所拥有的杭商文化精神进行提炼整合,可以形成对杭商文化整体的概念。比如,杭商身上不仅体现了中国的传统商业伦理的精髓,而且也表现出现代商业文明的特质,同时具有鲜明的地域文化特征——杭商多为知识分子、文化人,他们能谋善断,尤其善于在创新中创业;杭商不仅会创业而且懂生活,追求生活品质,善于享受生活;杭商在注重企业自身发展同时,又以人文情怀关注社会可持续发展,勇于承担社会责任。

个体的成功经历具有榜样示范作用,对杭商个体成功经历的宣传也是文化精神传播一种方式。杭州市政府在 2009 年还进行了 20 位"品质杭商"、十大"金牌老字号"杭商老企业、新锐企业品牌十强、青年领军人物十强的评选活动,把这些杭商的优秀代表展示给人们。这些榜样的树立,不仅有推进经济的意义,更有文化传承的意义。这些优秀杭商不仅是杭州和谐创业的示范引领者,更是杭州城市人文精神的丰富者和传承者。这种示范和传承,由于杭商个体经济实践的成功而变得更可信、更有说服力。

# 五、杭商文化对杭州区域经济和社会发展的贡献

## (一)杭商文化影响杭州区域经济发展的途径

### 1. 文化精神因素影响经济发展理论模型

学界通过总结各种经济影响文化的学说和观点,厘清了文化精神因素影响经济发展的途径,如图 2-9 所示。

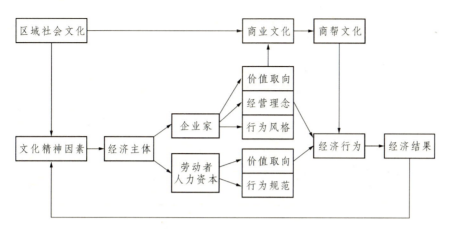

**图 2-9　文化经济因素影响经济发展理论模型**

经济发展即经济结果依赖于经济主体的经济行为,不同的观念文化影响下经济主体会采取不同的经济行为,从而产生不同的经济结果。经济主体包括企业家和劳动者人力资本,他们的行为都受到观念文化的影响,而一个区域社会文化所形成和包含的区域文化精神因素就是这个区域的观念文化。这种观念文化是传统文化在人生观、价值观、审美观等思想意识方面,主体通过心理积淀的途径而高度内化的结果。具体来说,观念文化通过影响企业家的价值取向、经营理念、行为风格来影响他的经济行为;观念文化通过影响劳动者人力资本的价值取向、行为规范来影响他们的经济行为。带有区域社会文化烙印的这种区域经济主体的价值取向、经营方式、行为风格形成一种群体性观念文化,即商业文化、商帮文化。这种商业文化、商帮文化又反过来影响经济主体的经济行为的选择,从而成为推动区域经济或者阻碍区域经济发展的重要因素。

商业文化和商帮文化是构成区域文化的亚文化之一,它们除了产生经济效益外也产生社会效益,会对区域文化的观念变革产生重要影响,经济和文化的这种互相影响形成一种循环,促进或者阻碍区域经济社会的发展。

在对文化形成的研究中,我们注意到不同的文化形成途径是不同的(见表 2-7),因此,我们可以通过对途径的影响来传承和传播适应经济社会发展的先进文化。

表 2-7　文化分类及形成途径

| 文化分类 | | 形　成　途　径 |
|---|---|---|
| 物质文化 | | 在文化技能方面,主体通过对某些文化技能和操作知识的反复学习、演练、运用,便十分熟练地掌握了这些技能和知识。 |
| 精神文化 | 观念文化 | 主要指文化的人生观、价值观、审美观等思想意识方面,主体通过心理积淀的途径,即世代传承的积淀而高度内化,把人对世界的认识转化为无意识。 |
| | 制度文化 | 主要指文化环境(社会关系和社会存在)等制度文化方面,主体通过适应文化环境的潜在制约而形成的文化无意识,这种适应通常在潜意识或无意识状态下完成。 |

**2. 杭商文化影响杭州区域经济和社会发展的途径**

前文对杭商及杭商文化的成因的探究,基本厘清了杭州区域文化和经济发展的关系。杭州区域吴越文化中的创新、事功等文化因子是工商发育良好的土壤,不仅孕育了以胡雪岩为代表的老杭商,也是改革开放后新杭商粲然而出的重要原因。杭州区域文化通过影响杭商的价值取向、经营理念、行为风格,进而影响杭商的创业经济行为,而对杭商经商成功的理性反思,又明晰了包括杭商们价值取向、经营理念、行为风格等内容的杭商文化精神因素,变无意识的文化传承为有意识的杭商文化精神弘扬和传承。

正是意识到了文化因素对于经济的巨大推动作用,现在地方政府在建设区域文化方面都不遗余力。在对杭商和杭商文化的研究和弘扬传承过程中,杭州地方政府成为有力推手。从组织媒体对杭商及杭商精神展开讨论,到组织召开首届杭商大会,政府的行为不是对杭商取得成功经验的简单总结,而是从杭商文化层面的一种凝练,并且这一过程本身也是一种社会群体观念的形成过程。这种源于杭州区域文化而体现于杭商的杭商文化精神,暗合了市场经济发育所需的价值观念,一旦变为群体观念,必将推动地方区域经济的更大发展。

此外,杭州地方政府在提供教育这一公共产品时,通过政策的倾斜及相应的规范,把创新创业教育纳为教育重要内容。比如,杭州市每年举办"赛伯乐"杯创新创业大赛,通过创业大赛,在学生中传播杭商创业文化精神。在鼓励大学生创业方面,更是出台了很多扶持政策:《杭州市大学生创业资助资金实施办法(试行)》规定市财政每年从市人才专项资金中安排一定数额的资金专项用于资助符合条件的大学生在市区创业;还有《关于免除大学生在杭自主创办企业相关费用的通知》、《杭州市人民政府关于鼓励和扶持大学生在杭自主创业的若干意见》《关于进一步鼓励科技人员创新创业促进高新技术成果转化的若干意见》《关于进一步促进科技企业孵化器建设和发展的实施意见》《杭州市高新技术成果转化资金管理办法》,等等。

在专门人才培养方面,杭州地方政府也有创新做法:由杭州市政府牵线并提供政策支持,充分利用杭商资源,在杭州师范大学创建阿里巴巴商学院,专门培养创新创业型人才;还在杭州师范大学成立了国内首个国际服务外包学院,培养具有国际服务外包能力的专门人才,充分利用了杭商资源,建立了实训基地,把教育和城市发展紧密连在一起。

杭州地方政府通过社会和教育两个途径构建杭州的社会文化,传承与重构市场经济有序可持续发展所需的文化核心价值观,即"精致和谐,大气开放"的杭州创新创业文化,形成文化与经济的良性互动,推动杭州区域经济社会的可持续发展。

根据上文的分析,我们可以构建杭商文化影响杭州区域经济和社会的途径如下:

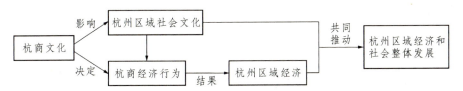

**图 2-10　杭商文化影响杭州区域经济和社会的理论模型**

在这个过程中,政府起到了关键的引导作用。

## (二)杭商文化对杭州区域经济和社会发展的作用

### 1. 杭商文化对杭州区域经济和社会发展的积极因素

(1)杭商文化对杭州区域经济发展的积极因素。

杭商文化对杭州区域经济和社会发展有不可忽视的作用,对创生活品质杭州的作用更是无可厚非,它促进了经济发展,带动了旅游,吸引了人才,创造了和谐生活环境,提高了人民生活质量。其中对经济发展的贡献最大的杭州三大产业中,第三产业发展最快;非公企业发展也很快,占杭州经济的比重连续多年超过 50%。

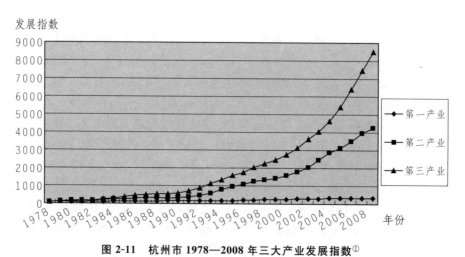

**图 2-11　杭州市 1978—2008 年三大产业发展指数①**

　　① 该指数是以1978 年产值为 100 换算的历年发展指数；从2001 年起市区数据包括萧山区和余杭区。

　　如图 2-11 所示,杭州的第三产业的发展指数远远高于其他两大产业,杭商已经成为杭州经济产值主体创造者,杭商和杭商文化为杭州人民带来了财富,打开了经商的大门,让更多的人投入其中,从而推动杭州的经济不断发展,提高了人民生活水平,进而改善生活质量,最终拥有一个和谐的生活环境。

　　具体从杭商文化蕴含的三个方面内容来看:杭商文化中最主要的内容是观念文化部分,也即杭商文化中的群体价值取向和伦理道德等方面的内容,如:不断创新求变的取向,诚信谋利、以利和义的商业精神,对社会和谐的追求,永不言败的"杭铁头"精神,注重经济、关注民生的事功价值观念等。这些精神和价值观念成为杭州经济发展的内源性根基和源头活水。精神是观念文化的最高表现,是凝聚人心、推动社会发展的主导力量。杭商的絮然而出,杭州经济在金融危机面前的强抗压力,正是得益于杭商精神的感召和激励。而杭州地方政府对杭商精神的提炼,以及对杭商商会组织的扶持,促进了杭州市民对杭商文化精神的认同,为杭州区域经济的进一步发展提供了精神支撑和精神动力,提升了文化软实力。

　　杭商文化中的制度文化部分,商业模式创新案例在杭州非常多,具体见表 2-8。

**表 2-8　杭州商业模式创新案例**

| 序　号 | 创新商业模式 | 类　别 |
|---|---|---|
| 1 | 阿里巴巴网站的 B2B 电子商务平台模式 | 电子商务类 |
| 2 | 三维仿真城市平台提供商模式 | 软件技术服务类 |
| 3 | 雅虎口碑生活服务平台模式 | 信息服务类 |
| 4 | "主题公园＋大型演艺"文化旅游模式 | 娱乐与文化旅游服务类 |
| 5 | 24 小时便利店连锁加盟模式 | 连锁经营与物流配送类 |
| 6 | "支付宝"在线支付服务模式 | 金融投资(电子支付)类 |
| 7 | 淘宝网 C2C 电子商务平台模式 | 网络与电视媒体虚拟店铺销售类 |
| 8 | 人力资源服务外包模式 | 人才服务类 |

这些商业模式上的创新,构成了杭商文化中制度文化的内容,在这里我们只是列举了部分商业创新模式。而在 2009 杭州评选的商业模式创新中,共有 8 个大类 100 多项商业创新模式。正是这种制度上的创新,让杭商以及杭州经济能在激烈的竞争中获胜。

杭商文化在科技创新方面则直接成为杭州区域经济新的增长点,如浙大网新科技股份有限公司是一家文化人成功创业的案例,它通过"以大带小并购模式"与 10 余家国际著名企业建立了合作关系,年主营业务收入超过 50 亿元,成为中国软件百强第 5 名,中国软件外包企业第 2 名。曾经入选福布斯"2008 中国潜力企业百强榜"的聚光科技(杭州)有限公司,以硅谷的创新思维与先进技术取胜。此外,杭州有"天堂硅谷"之称,作为浙江的文化中心,高校的科技创新资源丰富,在杭商创业文化的引领下,以科技创新技术创业的案例很多,而科技创新本身也成为杭商文化很重要的内容。科技创新是促进和推动杭州区域经济转型的重要力量:通过科技创新获得知识产权,增加产品的附加值;通过科技创新,开发新能源、新材料,保护杭州区域资源和环境,达到和谐创业和可持续发展。

(2)杭商文化对杭州区域社会发展的积极因素。

杭州区域社会发展主要目标是建设生活品质之城,杭商人文精神对杭州生活品质之城影响如何?

"大气开放,精致和谐,创新求精,诚信务实"的杭商文化特色宛如钱塘江水,汇四方之水而壮,入大海之怀而畅,遇海潮之涌而激;又如西湖闺秀,藏珍纳景,精致和谐,移步换景。"开放兼容,创新求精,诚信务实,闲情逸致",这既是杭州商业对昨天的总结与传承,更是对今天的鞭策和对明天的引领。

杭州商业文化的发展,将进一步围绕诚实守信、大气开放、自强创新、精致和谐、包容共享及彰显品牌等重点,创造有自己特色、经得起品味的内涵,切实以商业文化的发展引领商业的发展,以商业文化的发展助推覆盖城乡、全民共享的"生活品质之城"建设。[①]

树立杭商品牌极具现实意义,并且对杭州生活品质之城有着很高的价值。

首先,杭商是客观存在的。通过树立杭商品牌,可以创造出有利杭商发展的优良文化,引导杭商朝着良好的方向发展。杭商作为浙商的组成部分,有浙商特征。张小泉300多年前也有祖训,"良钢精作"。杭商有些个体的特征:低调、平和、走极端的很少。树立杭商品牌,需要深度挖掘。而杭商的文化是杭州历史文化的一部分,杭州生活品质之城需要杭商这个品牌的支持,杭商这个品牌的传承和推广需要杭州生活品质之城这样一个载体,二者是共存互利的。

其次,这是时代进步的必然产物,是与时俱进的体现。杭州商业文化历史至少有880多年,即至少可以追溯到南宋建都时期。那个时期的杭州,已经是全国的商业中心了,杭商也随之迎来一个活跃期。从这个角度说,杭商的历史文化非常深厚。如今,杭州吸引了全省乃至全国的企业家来杭州发展经济,同时杭州周边县(市、区)也涌现出了一大批有实力的企业,经济规模和企业影响力在全国都走在前列。可以说,改革开放以来,杭商已经成为影响中国经济的一股重要力量。

再者,这是迎合杭州发展的必然趋势。目前,杭州市正在着力推进城市品牌、行业品牌和企业品牌,杭州现在的确已经具备了打造"杭商"品牌的条件。杭州深远的商业历史是杭商发展的厚实底蕴。早在南宋时期,杭州就是当时最大的城市,人口突破百万。而宋朝指南针的改进与应用,使航海技术跨入了海洋时代,转向以商业经济尤其是远洋贸易为主的商业经济模式,并最终取得了商业经济的大繁荣。

更重要的是,杭商与生活品质有着千丝万缕的关系。杭州市着力推进城市品牌、行业品牌和企业品牌,其最终目的就是打造生活品质之城,这也进一步说明了杭商与生活品质密切的关系。

此外,浙商、徽商等早已耳熟能详,而杭商却很少被提起,"打响杭商品牌,有助于推广城市品牌",叫响"杭商"品牌是许多杭州本土商人和在杭创

① 张光忠:《中华民族商帮文化的全球意义——基于中国企业的国际化经营战略研究》,《中南财经政法大学学报》2008 年第 1 期。

业的外籍商人的强烈意愿。这也是对杭商对杭州经济贡献的支持和肯定。

杭商是"生活品质之城"品牌的一部分,杭商品牌的树立推广不仅是对杭州城市主品牌的深化和细化,更是为打造生活品质之城提供了坚强的经济基础,而生活品质之城的创建为杭商品牌的孕育和发展提供了良好的环境。

2. 杭商文化对杭州区域经济和社会发展的阻碍因素

在杭商文化中有许多很好的经商理念和经商方式,但是我们也不能因此就忽略了其中的一些负面影响。

第一,杭商文化中一个重要内涵就是杭商文化源于传统文化的"义利并重"、"诚信"经商理念,这种价值观对于维持市场经济的有序性是非常有用的,但是这种"诚信"的经商理念很大程度上是建立在人们的伦理道德认知基础上的,也就是要靠自己的良心来维系,这样的"诚信"概念很脆弱。虽然讲"义利并重",但在重利的诱惑之下,良心的天平很容易倾斜,因为不诚信的成本很低,只是受到道德舆论的谴责。这也是当今中国社会经济活动中不诚信现象屡禁不止的原因之一。

这并不是说,我们不提倡杭商文化中的"诚信"、"义利并重"价值观,而是说不能将它作为主要的规避市场经济对利益无限追求的手段,而是要靠完善的制度来保障,即我们的经济、合约的执行,应以法治为基础。

第二,杭商既然作为一种组织形式,这样的组织成立本身就有资源共享的目的,而杭商组织的命名本身带有地缘色彩,这种组织性质在一定条件下能够润滑交易,降低交易成本,但是它也会导致杭商成员一定的封闭性。同时,在组织内部也容易形成强强联手,或者成功模式的模仿复制,这不利于中小企业的发展,也不利于杭商多元化创新创业路径的形成。

第三,由于杭商文化中对个体企业家的成功比较推崇,但个别不能代表共性,有些成功是不能复制的,而且杭商企业的成功对企业家个人的人格依赖较大,特别在一些家长式管理的企业当中,企业文化更注重非制度的人文因素,这样容易因人员的更替导致企业的兴衰。保持企业的稳定持续发展,还需要与人的情感剥离的现代企业管理制度的形成,这对于现在的杭商文化来说,还是较为弱势的一面。

第四,杭商作为商会组织,可以通过商会内部制度形成团队竞争力,有可能形成一种新的经济垄断力量,同时,商会的主要成员也可以通过当选代表而参政议政,成为新的政治干预力量,从而影响公共利益。当然,这种影响可能是正面的,也可能是负面的。但整体看来,杭商的团队示范效应,更有助于形成自律意识,也有利于社会对其群体的监督。

总而言之,对待杭商文化,我们要有理性的审视。继承乃至发扬光大优秀的成分,同时警惕有害的成分。

要让文化真正成为现代市场经济的助推力,必须从正式制度和非正式制度即观念两个方面去挖掘。充实杭商文化中体现正式制度的内涵,整合原有的观念性内涵,使其发展成当代真正意义上的杭商文化,以此作为推进杭州区域文化和社会发展的精神动力。

# 六、对政府扶持杭商文化发展政策的建议

在杭州区域经济社会的发展中,杭商起到了举足轻重的作用。经过研究发现,在杭商的形成过程中,既有社会政治经济正式制度的影响,也有自然资源条件、传统文化、区域文化等非正式制度的影响。在相同的社会政治制度影响下,文化的非制度影响是杭商形成并发展的主要因素。而杭商商会的成立,杭商文化品牌的提出,是杭州市政府积极推动的结果。

杭商作为现代商会,可以成为杭商的交流平台,并为成员提供公共服务,一方面降低交易成本,另一方面弥补市场"缺陷",维护市场竞争和秩序规范。杭商文化的作用和影响不仅仅在推动杭商和杭州经济的发展上,更应该成为整个杭州社会发展的宝贵精神力量。杭商和杭商文化客观存在,现在杭州市政府提出打造杭商品牌,是对客观存在及经验的理性总结,并通过政策和文化宣传等行政手段把这种客观推向理论和实践的自觉。政府今后如何进一步推动杭商及杭商文化的发展,建议从以下几个方面考虑。

第一,合理定位杭商文化在区域经济社会中的作用,构建衡量区域经济社会发展的文化软实力指标体系,充分发挥政府的引导作用。

合理定位杭商文化在区域经济社会中的作用,首先要以促进经济社会科学、和谐发展为出发点和归宿,坚持以社会主义文化为导向,同时发挥杭商文化的能动性。地方政府作为引导区域文化的核心力量,应该对发展杭商文化有合理的规划,挖掘和弘扬其有利于区域经济发展的积极因素,促进经济、文化、社会的协调一体发展,充分发挥杭商文化精神作为软实力的特殊功能,使其成为杭州区域经济发展的助推器、社会和谐的黏合剂。同时,要分析杭商文化中不利于杭州区域经济发展的阻碍因素,通过政府行政职能的转变,改革体制和机制,规避杭商文化中的不利因素。如通过进一步厘清并构建衡量区域经济社会发展的文化软实力指标体系,更科学地发挥好

政府的引导作用。

第二,政府作为正式制度层面对杭商及杭商文化精神积极面的发掘、推广。

杭商品牌的提出是政府的行为。2009年,首届杭商大会是政府出面组织召开的。杭商商会成立之后,政府对杭商的扶持和杭商及杭商文化精神积极面的发掘、推广,应该以一种正式制度形式规定下来,形成长效机制。同时,在强化政府在文化方面的公共服务功能的基础上,构建以创新创业作为评判成功的标准价值体系。这可以从以下三个方面入手。

以主流舆论宣传教育的方式推广介绍杭商成功案例及杭商文化中的积极因素,努力营造出"凭劳动赢得尊重、让知识成为财富、为人才搭建舞台、以创造带来辉煌"的创业氛围,促进社会形成有利于市场经济运行的群体价值观。通过各级各类媒体、专题的宣传,还有充分发挥各类院校的科研资源,对杭商文化进行深入研究,从理性层面挖掘杭商文化的积极因素,使之从原生状态变成为理论自觉。

通过学校和社会教育手段把原发性的杭商形成变为自觉地培养。政府可以通过政策导向,在各级教育资源中,纳入杭商文化资源,提供各类创新、创业教育。从杭商形成和成功看,文化精神的作用不容忽视。很难想象,一个没有创新创业意识的人,会有创新创业的实际行动并取得成功。我们目前的创新创业教育更多的是在技能层面,更多的是一种模拟活动,而在创新创业的意识培养上很少有涉及。这种创新创业精神也就是前面总结的新、老杭商文化精神,我们应该充分挖掘和利用这一资源,作为创新创业教育的主要内容,并在大学生创新创业教育过程中充分挖掘当地企业家精神文化资源,在创新创业教育中引入杭商案例分析。政府可以通过对商会定位管理,要求杭商商会为创新创业教育提供企业家资源。此外,还可充分运用杭商企业优势,开发校企合作的课程运作模式,增加大学生运作企业的实践机会,为大学生的创业教育提供更加真实的舞台。

通过政治制度创新,给杭商提供参政议政的机会,进而提升杭商的社会地位、政治地位。这种提升也会成为人们效仿的原因。而杭商文化在人们中的认可度也会因为杭商社会政治地位的提升而增加,最终推动以和谐创业、不断创新为特征的杭商文化成为主流文化,让经济和文化形成良性互动。

第三,政府作为正式制度层面对杭商商会的合理监管,通过体制和制度上创新,更大地发挥杭商商会等非政府组织的作用。

杭商商会作为非正式组织,在政府之外发挥协调杭商内部和外部的关系方面,其作用不可小觑,而且有可能会成为新的垄断力量,因此,政府需要制定相关的政策法规,从正式制度层面对杭商商会的功能、性质、责任、权利进行规范,尽可能地规避不利社会经济发展的因素。

在市场经济体制下,由于微观经济主体具有很强的独立性,因此要求政府职能向服务型转变,变更多的直接管理为间接管理。杭商商会作为非政府组织,是实现政府间接管理的中介,政府应当将更多的行政职能交给商会来承担。

首先,政府可以通过委托、授权,让商会协助政府进行行业管理,而杭商个人也以会员的身份受到商会的约束。一方面,政府的相关部门可以通过商会将有关行业或者区域经济的发展规划、政策信息及时传达给企业,引导和规范杭商的经营行为,避免因市场失灵而造成的资源浪费。同时,商会也可将会员对政府的要求信息反馈给政府,从而形成有序的信息互动。另一方面,政府通过准入制度规范和授权商会依法民主自治,商会内部通过民主协商的方式协调各成员按照市场原则运作。

其次,商会完成政府部分服务职能。如商会应主动向政府反映情况,帮助解决困难。此外,还可为企业提供咨询、信息服务,开展各种培训、交流活动,进行维权活动,等等。

综上,杭州市政府通过正确定位杭商文化在杭州区域经济中的作用,可以从转变政府职能、规范商会行为、提供公共服务及产品这几个方面,规制杭商及杭商文化,弘扬其有利于经济社会发展的积极因素,规制阻碍因素,以推动杭州区域经济和社会和谐科学地发展。

## 参考文献

[1] 约瑟夫·熊彼特.经济发展理论[M].北京:商务印书馆,2000.

[2] 李成勋.商帮、商帮文化和培育京商文化特色[J].北京市财贸管理干部学院学报,2007(3).

[3] 余丽芬.浙江社会与文化[M].杭州:浙江大学出版社,2006.

[4] Johnston Alastair Iain. Culture realism: strategic culture and grand strategy in Chinese history[M]. Princeton: Princeton University Press, 1995.

[5] 杨轶清.从浙商演变看商帮文化[EB/OL]. [2006-11-03]. http://www.zjol.com.cn/05culture/system/2006/11/03/007968294.shtml.

[6] 朱荫贵,封越健,刘兰兮.中国历史上的商帮与商人精神[EB/OL].
　　[2003-07-01]. http://www. people. com. cn/GB/14738/14760/21871/
　　2391013. html.

[7] 史晋川.浙江变迁与经济发展:"浙江模式"研究[J].浙江社会科学,2005
　　(5).

[8] 谭崇台,邹薇,庄子银.发展经济学的新发展[M].武汉:武汉大学出版
　　社,1999.

[9] 舒元,等.现代经济增长模型[M].上海:复旦大学出版社,1998.

[10] 徐和雍,郑云山,赵世培.浙江近代史[M].杭州:浙江人民出版
　　　社,1989.

[11] 韩永学.浙江历史上的主要商帮及其经营思想研究[J].绥化学院学报,
　　　2009(1).

[12] 杨涌泉.中国十大商帮探秘[M].北京:企业管理出版社,2005.

[13] 邢伟,俞海山.中国传统商帮文化的当代诠释[J].特区经济,2009 (1).

[14] Erez M. Interpersonal communication systems in organizations and
　　　their relations to cultural values, productivity and innovation [J]. Ap-
　　　plied Psychology,1992(41).

[15] 王倩茹.突出重围——打造中国特色的"蓝海战略"[J].中外企业家,
　　　2006(5).

[16] 张光忠.中华民族商帮文化的全球意义——基于中国企业的国际化经
　　　营战略研究[J],中南财经政法大学学报,2008 (1).

[17] 道格拉斯·诺斯.制度、意识形态和经济绩效 [M].上海:上海人民出
　　　版社,2000.

[18] 马歇尔.经济学原理[M].北京:商务印书馆,1981.

[19] 马克斯·韦伯.新教伦理与资本主义精神[M].西安:陕西师范大学出
　　　版社,2002.

[20] 哈耶克.哈耶克论文集[M].北京:首都经济贸易大学出版社,2001.

[21] 舒尔兹.报酬递增的源泉[M].北京:北京大学出版社,2001.

[22] 吴慧.中国古代商业[M].北京:商务印书馆,1998.

[23] 辜胜阻.商帮是区域经济发展的基本力量 [J].董事会,2007(3).

[24] 吴根友.现代中国人际信任的传统资源——《论语》《老子》中的"信任"
　　　思想略论[J].伦理学研究,2003(3).

[25] 沈昌炜.弘扬中国海洋文化　发展国际闽商经济[EB/OL].[2011-9-30].

http://cn. china. cn/article/d40910,9060d0,d1181_3172,2. html.

[26] 文婧,韩晓东. 中国五大新商帮[EB/OL]. [2011-9-30 ]. http://finance. icxo. com/htmlnews/2006/06/02/858079_0. htm.

[27] 罗定金."儒商"杂谈[N]. 凉山日报,2004-3-16.

[28] 吕庆华. 关系营销的中国实践及发展趋势[J]. 湖南商学院学报,2005 (2).

[29] 张光忠. 中国商帮研究论纲[C]// 彭星间. 贸易发展与营销创新. 北京：中国财政经济出版社,2003.

[30] 程必定. 徽州文化与徽商兴衰的历史启迪[EB/OL]. [2011-9-30]. http://www. zjol. com. cn/05culture/system/2006/11/03/007967876. shtml.

[31] 陈立旭. 区域工商文化传统与当代经济发展——对传统浙商晋商的一种比较分析[J]. 浙江社会科学,2005(5).

[32] 张佑林. 现代经济增长的文化动力探源[J]. 财经论丛,2005(3).

[33] 郑海航. 中国企业家成长问题研究[M]. 北京:经济管理出版社,2006.

[34] ACS Z J,Audretcsh D B. Innovation and small firm[M]. Cambridge, MA：MIT Press. 1990.

[35] Aldrich H, Zimmer C. Entrepreneurship through social networks[M] //D. Sexton, R. Smilor (eds. ), The Art and science of entrepreneurship, NY：Ballinger, 1986.

[36] Audretsch D B, A. Roy Thurik. Capitalism and democracy in the 21st century: from the managed to the entrepreneurial economy[J]. Journal of Evolutionary Economics, 2000.

[37] Audretsch D B, Lehmann E. Debt or equity? the role of venture capital in financing the new economy in Germany[J]. CEPR Discussion Papers, 2002(3656).

[38] Baumol W. Entrepreneurship in economic theory[J]. The American Economic Review, 1968(58).

[39] Birley S. The role of networks in the entrepreneurial process[J] Journal of Business Venturing, 1985(1).

[40] Brockhaus R H. The psychology of an entrepreneur[M]// Kent C A, Sexton D L, Vesper K H (eds. ), Encyclopedia of entrepreneurship. Englewood Cliffs, NJ：Prentice Hall, 1982.

[41] Cantillon R. Essai sur la nature du commerce en général. London：

Macmillan，1931[1755].

[42] Delong B. Productivity growth convergence and welfare: comment [J]. American Economic Review，1988(78).

[43] Geroski P A. Market structure, corporate performance and innovative activity[M]. Oxford: Clarendon Press，1994.

[44] Hofstede G. Culture's consequences: comparing values, behaviors, institutions and organizations across nation[M]. 2nd ed. CA: Sage Publications，2001.

[45] Markusen A. Sticky places in slippery space: a typology of industrial districts[J]. Economic Geography，1996(72).

[46] Maillat D. Territorial dynamics, innovative milieus and regional policy[J]. Entrepreneurship and Regional Development，1995(7).

[47] 王逢振. 2000 年度新译西方文论选[M]. 桂林:漓江出版社,2001.

[48] 贾春峰. 文化力[M]. 北京:人民出版社,1996.

[49] 杨轶清. 浙商制造[M]. 杭州:浙江人民出版社,2003.

# 附　录

附录 1

## 关于杭商精神和生活品质之城认识的问卷调查

亲爱的朋友:

您好! 当前,杭州正着力打造生活品质之城,杭商——这个新名词也随之逐渐为人所熟知。为了更好地了解、宣传和发扬杭商精神,携手共创品质杭州,我们特制作了此问卷进行相关调研。希望大家根据自己的实际情况认真填写,使问卷调查达到实际效果! 感谢您的参与!

1. 您觉得杭商精神最突出的特征是什么?(单选)

   A. 运用高新技术,采用现代经营手段

   B. 形成独特的传统风格

   C. 适应时代的需要,不断创新

   D. 团结合作

2. 您认识最多的杭商类型是哪类?(单选)

   A. 儒商　　　B. 科技商人　　C. 创造创新　　　D. 金融业为主的商人

3. 您印象最深刻的杭商代表人物是哪位?(可多选)

   A. 胡庆余堂——胡雪岩　　　　B. 青春宝集团——冯根生

   C. 绿城集团——宋卫平　　　　D. 万事利集团——沈爱琴

   E. 娃哈哈集团——宗庆后　　　F. 阿里巴巴集团——马云

   G. 王星记扇庄——王星斋　　　H. 其他_____

4. 在您的印象中,您觉得杭商精神应该是怎样的?(可多选)

   A. 大度包容　　　B. 创新　　　　C. 无草根性

   D. 和谐　　　　　E. 活力　　　　F. 有责任感

5. 您觉得杭商与其他商帮相比,最大的优势在哪?(可多选)

   A. 城市优势　　　B. 文化优势　　C. 地域优势　　　D. 环境优势

E.人才优势　　　F.历史优势　　　G.其他_____

6. 您是通过何种渠道来了解和认识杭商精神的?（可多选）

　　A.报纸、杂志　　　　　　　B.电视

　　C.网络媒体　　　　　　　　D.广播

　　E.路边的广告或宣传单　　　F.从别人那里听说的

　　G.其他_____

7. 杭商对创杭州生活品质之城的主要作用是哪些?（可多选）

　　A.促进经济发展　　　　　　B.带动旅游业

　　C.吸引人才　　　　　　　　D.创造和谐生活环境

　　E.提高人民生活质量　　　　F.其他_____

8. 要创生活品质杭州,您觉得哪些方面还需加强?（可多选）

　　A.自然环境　　　　　　　　B.政治环境

　　C.经济环境　　　　　　　　D.法制道德环境

　　E.医疗保障环境　　　　　　F.教育文化环境

9. 您理想中的生活品质杭州是怎样的?（可多选）

　　A.环境优美　　　　　　　　B.交通便利

　　C.人文素质高　　　　　　　D.公共设备先进

　　E.社会治安稳定　　　　　　F.生活无忧

　　G.基层建设好　　　　　　　H.权利保障

　　I.其他_____

10. 作为一名市民,您觉得自己应该怎么做,才能更好地创杭州生活品质之城?

　　_____

　　_____

　　_____

附录 2

# 老字号负责人采访提纲

采访人 _____

☆老字号名称 _____ 受访人 _____

☆老字号行业类别 _____

*您好,谢谢您在百忙之中抽出时间接受我们的来访!*

*现在杭州正在倾力打造生活品质之城,解析杭商精神,树立杭商品牌,共享品质之城,一直是我们努力的方向。而杭州老字号正是杭商的典型代表,它传承着杭州的儒雅和大气,孕育着现代的青春和活力,因此老字号青松不倒!*

1. 作为杭商中典型的成功企业家,在发展过程中是否遇到过棘手的困难? 如何克服? 在未来的建设中,又是如何描绘自身企业的宏伟蓝图?

2. 杭州最出名的商业街是河坊街,聚集了多数杭州的知名品牌。那么,在如此庞大的同类商品竞争市场中,您是以什么样的优势来获得广大消费者的青睐的? 即您是如何打响企业品牌知名度的?

3. 现在浙江的商业发展依托的竞争力差不多分为三种:第一种是依靠政策竞争力,如温州商人;第二种是依靠资源竞争力,如湖州、绍兴商人;第三种是杭州商人。您觉得杭商依靠什么作为竞争力?(各有什么优势?)

4. 对杭商概念有两个理解:一个是指户籍在杭州地域的,本地籍贯的,不管是在哪里经商的;另一个是指不论籍贯,在杭州地域范围内经商的商人。您认为今后杭商的主流是其中哪一种?

5. 作为企业家,您是希望得到政府怎样的优惠政策支持,来发挥杭商优势,展现杭商精神?

6. 以您的立场,根据对杭州市民生活品质的了解,觉得更应该侧重杭州经济发展中的哪个趋向?

7. 很多人认为温商是浙商的代表,对杭商几乎没有概念。那么作为杭商,应该如何提高杭商的认同感和知名度?

8. 自从业以来您是否一直从事这个行业? 是兴趣、机遇所致还是家族传承? 能否介绍一下贵公司的成长历程?

9. 作为百年老字号的经营者,您的经营理念是什么? 和杭州文化的关系如何?

10. 杭商是很有地方人文色彩的,一是儒商,二是科技型商人,两种各有所长,您觉得在以后的杭州经济的发展下,哪一种会更有发展的前景?

11. 在您的心目中,理想中的城市是一个什么概念?(政治、经济、生活等方面)

附录 3

# 老字号顾客采访提纲

采访人：_____

☆采访地点（老字号名称）_____

☆受访人_____

您好，谢谢你在百忙之中抽出时间接受我们的采访！

现在杭州正倾力打造生活品质之城，杭商的人文精神对生活品质之城的打造有一定的影响力和推动作用。企业品牌的树立带动杭州的经济发展，消费者的生活理念引领城市的发展潮流。

1. 您是否是本地人？是否为常客？您是从事什么工作的？

2. 作为一名消费者，您是愿意去新创立的有实力的新兴企业消费还是去百年老字号的企业消费，为什么？

3. 据了解，百年老字号消费价位比一般的商铺要高，对此您是怎么看的？

4. 您来这里消费的理由是什么？这家店的什么特色比较吸引您？

5. 现在我们身边出现了杭商这一新说法，您是否对它有所了解？

6. 您对浙商、温商了解吗？能否说说它们与杭商的一些区别是什么？（依据第 5 题是否对杭商有了解提出）

7. 现在我们杭州在打造生活品质之城，您对它是否有所了解？

8. 您觉得创立百年老字号的杭商与生活品质之城的打造有关系吗？有什么样的影响和作用？

9. 您所理解的生活品质之城是怎样的？最具幸福感城市应该在哪几个方面体现出来？您觉得现实的和您理想中的生活品质之城有哪些差距？

**附录4**

# 杭州企业家采访提纲

采访人＿＿＿＿＿＿＿＿＿

☆企业名称＿＿＿＿＿＿＿＿＿＿＿＿＿＿＿＿＿　受访人＿＿＿＿＿＿＿＿＿

☆企业行业类别＿＿＿＿＿＿＿＿＿＿＿＿＿＿＿＿＿＿＿＿＿＿＿＿＿＿＿＿

*您好，谢谢您在百忙之中抽出时间接受我们的来访！*

*现在杭州正在倾力打造生活品质之城，解析杭商精神，树立杭商品牌，共享品质之城，一直是我们努力的方向。而杭州企业家正是当代杭商的典型代表，他们传承着杭州的儒雅和大气，孕育着现代的青春和活力。作为杭商的一分子，我们想向您了解关于杭商精神和杭州生活品质之城以及两者的相互影响。希望您能接受我们的来访。谢谢！*

1. 您理想中生活的城市是怎么样的？您认为近几年杭州的发展，在哪些方面有了可喜的进步？

2. 您对现在的杭州有哪些不满意的地方？

3. 对于是否要树立杭商品牌这个问题，您是怎么看的？如与浙商、徽商等比较，您认为杭商哪些方面最具闪光点？

4. 您认为杭州商人的哪些特点是建设生活品质之城所必需的？

5. 有人说杭商应该与杭州文化相结合，共建生活品质之城，对这一点您怎么看？

6. 您在杭州从商多久了？贵公司选在此处发展考虑了哪些因素？您认为您的公司在杭州建设生活品质之城的过程中，会给杭州带来哪些方面的帮助？

7. 您觉得企业的自身发展对人文精神及品质之城这方面是否有影响？

8. 在经商的路上，您是紧跟着社会的发展趋势，还是走自己的道路？

9. 您觉得杭州建设生活品质之城，跟商人有联系吗？如果有，杭商能对此做出什么贡献？

10. 许多外地的商人来杭州经商，您觉得是什么吸引了他们？

11. 您印象最深刻的杭商代表人物是哪位？您是通过哪些渠道了解的？

12. 杭商有很多地方人文色彩，一种是儒商，一种是科技型商人，在以后的杭州经济发展情况下，各有什么发展前景？

13. 杭州是一个历史文化名城，您知道老字号吗？它与新创企业各有什么特点？

14. 对于杭商代表之一马云和马云精神以及杭商人文精神，您是怎么看的？

15. 作为一个成功的商人，您觉得成功的秘诀是什么？

# 第三章　杭商创业之道研究

## 一、杭商创业理论基础

杭商的历史源远流长,但对杭商的理论研究一直滞后于杭商实践,零星散落,直至 2008 年杭州市委、市政府明确提出树立杭商品牌的建议,关于杭商的研究成果才逐渐增多。作为杭商实践活动的重要内容——杭商的创业活动,同样存在理论研究滞后的问题。目前,不乏关于杭商杰出代表如鲁冠球、宗庆后、马云等人的创业故事的文章或者书籍,但多为个人传记性质,对杭商群体创业历史的系统性分析和深入研究基本为空白点。创业作为一个内容丰富的复杂行为,对它的关注不应仅限于个别杰出创业者的创业故事及个人创业精神的闪光点挖掘,特别是 20 世纪 70 年代后,随着现代科技革命的日新月异和企业新老更替的加快,以创建新企业为特征的"创业活动"成为一种社会经济生活中的持续现象,创业活动的纵深发展,必然要求对创业的研究焦点也应不断扩展和转移。因此,本章希望通过对杭商创业历史的研究,抽象出杭商初创型企业特别是中小企业创业的共同特征和基本规律,归纳影响创业的关键因素,丰富创业理论,以期能对杭州改善创业环境、制定创业政策、促进创业活动有所借鉴。

### (一)国外创业理论研究

创业(Entrepreneurship)是理解社会经济变化的一个关键概念,已成为研究创业家（企业家）和企业活动必不可少的一个重要主题。国外对创业的研究主要集中在两个方面：一是创业活动的内涵。美国长期从事创业研究的著名学者加特纳曾调查了36位学者和8位商业领袖，归纳出90个创业属性，最终发现对创业活动强调最多的属性是新事业的创造、新企业的创建与发展、新事业附加价值的创造、通过整合资源和机会产生的产品或服务创新、为了把握机会的资源筹集和创新等。而熊彼特认为，创业是一种新的组合：是现存技术、新技术应用与新的组织形式、提升产品的创新过程。熊彼特还认为，"创新"主要是通过改变"函数的自变量"来建立"新的生产函数"，而"创业"主要是通过改变"函数式"来建立"新的生产函数"，"创新"可以在已有的企业组织框架下进行，而"创业"却必然要涉及企业组织制度建设问题。因此，任何促进创新产品商业化的企业家都可以说是创新家，但创业家却必须面临着将一个产品还不够成熟、市场营销模式尤其是企业组织架构还未定型的企业，逐步培育成一个产品基本成型、市场营销模式尤其是企业组织制度体系都趋于成熟的企业。德国社会学家马克斯·韦伯认为，创业是指接管和组织一个经济体的某部分，并且以自己可以承受的经济风险通过交易来满足人们的需求，目的是为了创造利润。"创业教育之父"杰弗里·蒂蒙斯指出："创业不仅仅意味着创办企业、筹集资金和提供就业机会，也不只等同于创新、创造和突破。"二是研究创业各要素对于创业的推动作用。Herron & Robinson 和 Blawatt 提出创业动机是中小型企业活动成功与否的关键；Bygrave 和 Hofer 认为创业始于人的意识反应，这一观点承认了作为创业基本要素的个体创业家的重要作用。然而，他们认为创业家单独不能保证创业企业的成功，创业过程是一个动态而整体的过程，会受到相关因素构成的一个系统的影响。Shane 和 Venkataraman 侧重于对创业机会的研究，指出创业机会是创业活动的关键。到了20世纪70年代后，随着现代科技革命的日新月异和企业新旧更替的加快，以创建新企业为特征的"创业活动"成为一种社会经济生活中的持续现象，著名管理学家彼得·德鲁克于1984年提出了"创业经济"这一新型的经济趋势。自此，创业活动及其对经济的贡献引起了更多的关注和研究。

（二）国内创业理论研究

相较于国外，我国的创业理论研究起步较晚，大约于20世纪80年代末才开始陆续发展。随着社会主义市场经济体制的逐步建立，我国的创业活动日趋活跃。受创业实践推动，国内创业研究也不断升温，学者们从不同角度阐述创业。林强等提出了机遇创新、风险和企业管理三个维度的创业理论架构。张玉利对个体创业和公司创业的差异进行了阐述。陈劲提出了公司企业家精神培育的理论假设模型,并实证分析并企业家精神和企业创业行为与经营绩效之间的关系。姜彦福和邱琼认为人的因素优先于创业机会。林嵩分析并提出了创业资源的整合模式。姚梅芳、葛宝山对生存型创业理论、基于创业视角的民营企业成长规律、民营企业国际创业战略进行了研究,分析了我国生存型创业存在的主要问题,提出了设置系统的创业平台、构筑务实的培训体系等政策建议。

对于杭州和杭州企业家群体的创业活动,此前也有一些研究。于跃敏、张鸿建等在《杭州创业文化研究》一书中,对杭州的人文精神、创业文化的发展做了较全面的研究。中国社科院课题组对杭州和谐创业模式做了深入研究,其中专门就杭州企业家文化做了归纳。但上述研究中的"创业"一词为广义理解,不仅包括一般意义上的企业家的创业,而是将创业扩大为普遍的个人面临职业选择和职业挑战时候的一种积极主动的行为,与本章的研究对象(狭义的创业)稍有不同。另外,关于杭商群体的研究,罗卫东认为,与其他商业群体相比,杭商具有更大的引领性。杭商文明、儒雅、高素质,是一个具有累积性的群体,具备长期战略性思考能力,会把理念融入产品的长期谋划中,而非急功近利。吕福新则认为杭商是一个休闲而富有创造性的群体,是浙商的先进代表,它的传统性和现代性结合得非常好。谢文武认为,企业家精神已经成为杭商铸造辉煌的一个最重要的影响因素。

由此可见,创业是一个跨越多个学科的复杂现象,不同学科都从其特有的研究视角,运用本领域的概念和相关术语对创业现象进行观察研究。随着创业活动的纵深发展,创业研究的焦点也在不断扩展和转移。创业研究近来已从个体创业即传统意义上的企业创建范畴拓展到公司创业(Corporate Entrepreneurship)、社会创业(Social Entrepreneurship)等多个层面。本文主要结合阶段特征,着眼杭商创业类型与创业特征,分析面对世界各国积极促进创业型经济发展的态势,杭商该如何实现新发展。

## 二、杭商创业类型分析

从杭商的主要创业过程看,杭商创业活动主要有四个阶段,从第一代杭商的个体和家族式创业,到 20 世纪 90 年代后期的公司创业,再到以阿里巴巴、网盛科技等为代表的网络型创业,以及最新的社会复合体创业。

（一）个体和家族式创业

从 20 世纪 70 年代早期到 90 年代末，是第一代杭商的成长及崛起阶段，这一时期的创业活动已经十分繁荣，诞生了大批优秀企业和企业家。作为杭商创业的最早阶段，这时候的创业活动主要是以个体和家族式创业为最，无论是万向、传化、娃哈哈等后来发展壮大的企业还是大多数小型企业，其资金来源、组织、管理方式等大都具有家族制的特点。

1. 个体和家长式创业的背景

（1）政策背景。

早在改革开放之前，就有从事手工艺和小商小贩等活动的杭商，但是杭商真正迎来成长的春天是在改革开放之后。国家对个体、私营经济管制的放松和市场化改革的开始，给了杭商极大的发展空间。长期计划经济所造成的日用品严重短缺的情况及市场需求，给有着小商小贩和手工艺传统的杭商提供了巨大的市场。利用早期从事手工艺和小商小贩活动积累的原始资本或者通过从亲朋好友处筹来的资金，许多杭商选择兴办与原来活动有关的工厂或企业，并开始走上发展壮大之路。如被誉为"民营企业家中的常青树"的鲁冠球，15 岁辍学，做过打铁匠，铁匠生活使鲁冠球对机械农具产生狂热的爱好，也为他日后的第二次创业奠定了基础。鲁冠球第一次创业是办了一家米面加工厂，后因被人指为办地下黑工厂而遭关闭，机器被廉价拍卖，他只好出卖了祖父留给他的三间旧房，才得以还清向亲友借贷的 3000 元欠款。第一次创业几乎使他倾家荡产。1969 年，鲁冠球受宁围公社领导的邀请，接管了宁围公社农机修配厂，开始第二次创业。他依靠作坊式生产，拾遗补阙，生产犁刀、万向节等五花八门的产品。但是由于当时的政策所限，这次创业，戴着集体企业的"红帽子"。1982 年，当承包责任制在中国大地上刚开始探索，人们对"风险"二字普遍陌生的时候，鲁冠球以自家地里的龙柏苗木折价 2 万元作抵押，与乡政府签订承包合同，"万向"成了国内率先实行个人风险承包责任制的乡镇企业。1992 年，作为中国产权意识最早苏醒的企业家之一的鲁冠球提出"花钱买不管"，和政府明晰万向产权。回顾鲁冠球的创业轨迹不难发现，国家政策的变化及自身对时局、政策的精确把握，是鲁冠球创业成功的关键要素之一。这也是同时期杭商面临的共同的创业背景。

（2）重商的区域文化传统。

杭州作为浙江的政治经济中心，深受浙江区域文化传统的影响。浙江的历史文化是一种重商的地域性文化。在浙江的历史上,许多著名的政治家和思想家都曾大胆地提出具有倡导功利、注重工商的新思想。例如,南宋思想家、永康学派的代表人物陈亮认为,义理存在功利之中,"功到成处,便是有德,事到济处,便是有理",指出"农商一事","商藉农而立,农赖商而行"。虽然杭州并非浙东学派的主要影响地,但杭州向来潜在的事功风气一直较盛,杭州潜在的价值观念基本上是属于浙东学派这种事功性质的。尽管杭州的事功性表现没有浙东那么外露而强烈,但其内力与浙东学派的精神是一致的。[①]这种历史文化中源远流长的商业文化传统,构成了浙江包括杭州人民代代相传的"文化基因",这也是改革开放之初,杭州普遍开展个人和家族创业的文化基础。

(3)商业和手工业发达的产业传统。

南宋时期,宋室南迁,推动都城临安(今杭州)手工业发展,纺织、酿酒、造纸、印刷、陶瓷、造船及军火等工业都居全国前列。南迁的东京人不仅纷纷开设酒楼、茶肆和食店,还带来了中原传统的烹饪技术、风味制作以及饮食店的经营管理方法。南宋以降,杭州农村经济开始向包括农业、手工业、商业、运输业和其他服务业在内的生产体系转变。这种工商传统在改革开放之后得到了延续,人地矛盾带来的生存压力以及政策放开、外部管制松弛的外力助推,使得杭商身体里潜在的创业偏好和经商传统迅速复活。

2. 创业特征

(1)从生存型创业到机会型创业。

所谓生存型创业,即创业者出于别无其他更好出路选择的创业行为。机会型则指创业者在可预见的商业机会可能带来的收益预期与抓住机会的个人强烈愿望的共同作用下作出的创业行为。两者相比,机会型创业者的创业行为是积极主动的,而生存型创业者的创业活动是一种被迫选择,甚至是无奈的选择,不是个人的自愿行为。

在 20 世纪 70 年代末 80 年代初开始创业的绝大多数杭商都属于生存型创业。第九届全国政协委员、浙江省政协副主席徐传化在 1986 年创业时,正面临着生活的困境。当时,徐传化因为原先供职的一家小磷肥厂倒闭而下岗,25 岁的儿子徐冠巨则因患病从供职的企业回家,家里因给徐冠巨治病而欠下了数万元的债务。在生存的压力下,徐传化在和徐冠巨商量之后,做出了一个大胆的决定——通过创办企业摆脱家庭的经济困境,为徐冠巨继续治病筹集资金。通过从十几户亲朋好友那里筹集来的 2000 元启动资金,在家里开了个简易的制作液体皂的作坊。一口自家的水缸和从生产队借来的

① 周膺:《杭商的文化学特征与杭州人文精神》,浙江工商大学出版社 2010 年版。

一口大铁锅成了创业的全部设备。没有反应锅就用水缸和铁锅,没有锅炉就用几块砖头搭炉灶烧,没有搅拌机就用人力搅拌。这就是如今中国民营企业500强之一的传化集团的前身。

从20世纪90年代初开始,在邓小平"南方谈话"后,随着市场经济的不断发展和市场新机会的出现,许多优秀人士抓住机遇,下海创业,出现了新一轮的创业高潮,新一代杭商的创业则更多地呈现出一种机会型创业的色彩。同一时期,一些原先从生存型创业起步的企业家在市场经济中不断探索,走出了成功的创业之路,也逐步转变为机会型创业。有些企业发现了海外、省外的市场机会,开始走出杭州,走出浙江,走出国门,去开创新的事业。

(2)从"资"本家到"知"本家的企业家队伍。

杭商企业家个体呈现出一种从"资"本到"知"本的成长轨迹,与杭商创业动机转变的轨迹基本吻合。我国的改革开放首先从农村、农民开始,因此,许多地方的第一代创业者都具有很强的草根性。杭商的情况也与之相似。杭商最先主要发源于杭州周边农村,穷苦出身居多,无学历、低学历者居多,带有相当程度的"民间性"和"草根性"。同时,这一时期的民营企业创业活动已经十分繁荣,诞生大批优秀的民营企业家,这既包括杭州本地人,也包括外地来杭创业、投资和再创业的新杭州人,也形成杭商区别于其他地域浙商的复杂性和多元性。[①] 经过多年的发展和积累之后,这些草根创业者成为拥有相当资产和财富的"资"本家。更重要的是,通过在创业过程中边干边学,不仅资本得到了积累,而且创业知识得到不断的增长,企业家才能得到不断地锻炼和培养,在相当程度上,已是集"资"本与"知"本于一身。鲁冠球,仅有初中文化,但他悟性很高,很早就摸索出了一套管理工厂的方法。1969年建厂之时,他就实行了基本工资制——工人工资额固定,按月出勤结算发放。1971年,他打破大锅饭,提出了计件工资制,根据工人的劳动量来分配他们的收入,直到七八年后,少数觉醒的国营工厂才尝试这种分配制度。这位从田野走向世界的农民的儿子,现在已经成为香港理工大学博士、浙江大学MBA特聘导师,获得了高级经济师和高级政工师职称,在《人民日报》《求是》等报刊上发表了60多篇论文,被誉为"农民理论家"、企业界的"常青树"。

自20世纪90年代末开始,新一代杭商诞生。在这一阶段,高校教师和科技人员领衔创办的知识型、科技型、文化型、创意型、都市型民营企业成了杭州个人创业的中坚,如李琳创办的江南布衣、陈纯等人创办的浙大网新、谢宏创办的贝因美等。同时,以阿里巴巴、中国化工网等为代表的一大批知

① 吕福新等:《浙商论》,中国发展出版社2009年版。

名网络公司的诞生,造就了杭州网络经济神话,也造就了新型杭商即网商的横空出世,引领浙江乃至中国的互联网、信息技术产业。这一阶段的杭商创业者,少了些"草根性",而多了些"知"本家的意味。

杭商企业家这种集"资"本与"知"本于一身的才能,已经成为杭州区域经济发展的根本源泉,即原动力。而自 2008 年开始启动的大学生创业三年行动计划以及民营企业"富二代"培养培训工作正在为杭州培育造就新一代集"知"本家与"资"本家于一体的新型民营企业家。三年下来,在政府为大学生创业提供尽可能好的条件、环境、服务和平台的基础上,涌现出了一批如浙江盘石信息技术有限公司等规模大、效益好并具良好发展前景的创业企业的成功典型。

(3)家族式管理为主。

北京华夏圣文管理咨询公司曾对浙江民营企业的创业过程做过一个调查,结果显示,82.37%的企业的资本原始积累是从家族企业中走过来的,杭商的总体情况相当程度上与此相似。鲁冠球初次创业是一家不敢挂牌子的米面加工厂,创业资金 3000 元是亲友们倾尽所有凑的。第二次创业,接手"宁围公社农机修配厂"时,是变卖了全部家当和自己准备盖房的材料。

家族模式与融资来源的最初渠道有关。在杭商创业之初,无论从政策环境还是金融环境来说,民营企业的融资渠道都相对单一,通常都是利用家族网络进行融资。创业时期企业的经营风险相对而言较大,而家族资金的介入实际上承担了类似今天的创业风险投资的作用。

从交易成本的角度来看,家族模式也具有一定的优势。家庭或家族在资源配置中的交易成本相对较少,在创业时期,凭借家族成员之间特有的血缘关系或是类似血缘关系、亲缘关系等相关的社会网络资源,能够以较低的成本迅速集聚人才,团结奋斗,甚至可以不计报酬,因此能够在一个较短的时期内获得一定的竞争优势;家庭成员或家族成员之间存在的亲属性默契,也使得他们之间不需要签订契约,监督的成本也较低;在执行上,由于内部基本为家族成员,信息沟通顺畅,成员之间容易达成共识,在贯彻政策、执行决定时都较为方便;家族整体利益使得家族成员本身具有更高的欲望使自己努力工作,自然地帮助公司的价值趋向最大化。

(二)公司创业

20 世纪 90 年代末到 21 世纪初,我国从短缺经济转变为过剩经济,加之面临资源短缺和宏观调控等形势,杭商个人和家族创业遭遇越来越大的困难,需要向公司创业转变。

公司创业是指一个公司整体的风险承担和内部创业行为,它会对组织转型、新业务拓展和组织绩效提高等起到重要影响。公司创业不同于初创期的个人和家族创业,它主要是指一定规模企业内部的组织变革、新业务培育、新市场开拓,从而实现自我超越、突破发展瓶颈、推动组织战略转型。杭商的公司创业主要以"二次创业"的形式表现,并集中于2000—2006年的两轮"三年倍增"计划的实施阶段。

1. 杭商公司创业的背景

(1)市场环境的挑战。

从改革开放到20世纪90年代末,经过近20年的发展,杭商所面临的市场环境发生了巨大改变。一方面,杭商在国际市场上面临更加纷杂激烈的市场竞争和贸易壁垒;另一方面,随着我国加入WTO过渡期结束,国内市场进一步放开,杭商在国内市场上迎接来自国外跨国公司的更大竞争压力。与此同时,由于要素资源约束的加剧,杭商普遍面临着缺钱、缺地、缺人的问题。另外,当时民营企业的外部政策环境也较不完善,因此一定时期内以民营企业为主的杭商在国内仍将受到诸如市场准入限制、政策歧视等方面的不公平待遇。

(2)企业自身发展的需要。

从杭商及杭商企业整体水平及内部环境看,形成于家庭作坊模式并以中小型民营经济为主体的杭商,在新的发展阶段还需克服行业竞争力弱、企业规模普遍偏小、产权制度不健全、管理水平偏低、技术创新不足、企业文化落后、品牌知名度低等多种缺陷,如何实现企业自身素质和行业整体竞争力的提升,当时已成为杭商实现跨越发展的首要挑战。在这样的背景下,杭州市委、市政府以及许多杭商自身都适时提出了"二次创业"的口号。

2. 公司创业的内容

(1)建立现代企业制度。

与家族企业制度相比,现代企业制度的主要特点是:企业的所有权与控制权在业主和经理人员之间适度分离,业主不再直接经营企业,而交由专职职业经理人员经营,企业有完善的公司治理结构和制度安排,企业的一切行为按照规章办事。概括起来就是:产权清晰、权责明确、管理科学、注重效率。虽然关于家族企业与现代企业制度究竟孰优孰劣并没有一个简单的统一的答案,但是经过20多年的发展,杭商个人和家族企业在科学管理、规范运作等诸多方面表现出与全球化背景下的现代商品经济的不适应,因此,吸收借鉴现代企业制度的科学性,规范自己的经营行为和管理方式,力争寻求家族制与现代企业制度之间的最佳契合点是题中之意。在"二次创业"的浪潮中,大量的杭商家族企业聘请职业经理人参与企业管理和运作,相当部分的民营企业设立了党组织和工会,对完善和规范企业法人治理结构起到了有力的支撑作用。杭商企业从以个人、家族企业为主向股权多元化的公司制发展,到 2006 年全市共有有限责任公司 8.1 万家,与 2001 的 2.9 万家相比,增长 179%(见表 3-1)。产权清晰、权责明确的有限责任公司已成为民营经济发展的主要组织形式。

表 3-1　2001—2006 年杭州民营企业组织结构变化情况

| 年份 | 有限责任公司 | | 独资企业 | | 合伙企业 | |
|------|------------|----------|----------|----------|----------|----------|
| | 绝对数(家) | 占比(%) | 绝对数(家) | 占比(%) | 绝对数(家) | 占比(%) |
| 2006 | 81078 | 80.6 | 18270 | 18.2 | 1237 | 1.2 |
| 2005 | 69366 | 78.3 | 17978 | 20.3 | 1266 | 1.4 |
| 2004 | 59600 | 76.6 | 17000 | 21.9 | 1222 | 1.6 |
| 2003 | 49900 | 72.6 | 17200 | 25.1 | 1567 | 2.3 |
| 2002 | 39886 | 70.8 | 15130 | 26.8 | 1349 | 2.4 |
| 2001 | 29000 | | 3383 | | | |

(2)拓宽新的投资领域。

新业务开拓是公司创业的最重要特征,主要是通过重新定位产品和服务或者进入新的业务领域,为公司发展注入新的活力。在杭商"二次创业"过程中,新业务开拓主要表现在新投资领域和区域的拓展上。首先,杭商拓宽了新的投资领域。为了给杭商创业提供更多的平等机会,提高投资创业的成功率,杭州市委、市政府在国家政策允许的范围内,尽量放宽市场准入限制,坚持"非禁即入"和"平等待遇",鼓励民营经济在更大范围、更广领域发展,凡国家法律法规没有明文禁止的领域,都对民营经济开放。鼓励民营资本进入杭州的文化产业、城市基础设施建设领域和公用事业,由此,民营资本进入社会事业、基础设施等领域的积极性空前高涨。在教育领域,至2006 年底,全市共有民办高校 4 所,在校学生 2.43 万人;民办普通中学 54所,在校学生 5.25 万人;民办小学 39 所,在校学生 4.44 万人;民办职业中学8 所,学生 0.61 万人。在医疗卫生领域,截至 2006 年,全市共有民营医疗机构 1004 家,占医疗机构总数的 45.72%;其中民营医院 44 家,占民营医疗机构总数的 4.38%。在文化体育领域,民营资本以股份制、合作制、个体私营等多种形式参与兴办除新闻媒体业以外的文化产业,民营音像制品业、影视制作业、动画制作业以及民营体育健身业呈现出方兴未艾、蓬勃发展的良好态势。到 2006 年底,全市有 85 家民营企业经营动漫、动画、网络游戏。在基础设施领域,杭州地铁、杭千高速公路、杭州绕城高速公路、石大公路等重大设施都有民营企业参与。同时,杭商开始更多地进入现代服务业。虽然制造业依然是杭商发展的主战场,但随着产业结构的调整,涌现出诸如电子商务、生物工程、物流配送、非学历教育培训等新兴现代服务行业,第三产业发展速度不断加快。在 2006 年度杭州"全国民营企业 500 强"上榜企业中,既有娃哈哈集团、恒逸集团、华立集团等老牌知名企业,也涌现出了新湖控股、红楼集团、和平工贸等一批新军。新军的涌现,标志着杭州以批发零售业、房地产业、租赁和商务服务业等为主导的现代服务业成为杭州民营经济发展新的"增长极"。杭州许多上规模民营企业已涉入现代服务业的其他方面,如传化集团已涉足现代物流业,中南建设集团已涉足动漫产业等,它们均有较大的发展潜力,为杭州打造"长三角现代服务业中心"奠定了良好的基础,也为自身开拓了更广阔的发展领域。

其次,通过"以民引外、民外合璧",推动"二次创业"。与苏州等地相比,杭州民营企业数量多、块头大、实力强;与温台地区相比,杭州发展外向型经济条件优、基础实、前景广。以民营企业作为招商引资的主力军,民外合璧创造经济发展新模式。因此,在杭州市委、市政府的推动以及杭商的自我主动基础上,自 2003 年,杭商民营企业开始走出一条"以民引外、民外合璧"的发展新路,把杭州民营经济的先发优势与外向型经济的后发优势融合为一体,把民营企业与跨国公司两个市场主体的资源优势整合在一起,收到"1+1>2"的效果。2004 年和 2005 年全市共引进国内项目 10615 个,协议资金 1030.6 亿元,到位资金 494.1 亿元,其中近 80% 是民营资本。2006 年全市"以民引外"增资项目 345 个,总投资 22.3 亿美元,合同外资 12.56 亿美元。其中千万美元以上的大项目不断增多,民外合作单体规模不断扩大。民营资本也已确立了在国内招商中的主体地位,外引内聚比重持续加大。在"引进来"、"走出去"的过程中,涌现出一大批对外开放与内生创新结合的典型,如"传化"与日本"花王"合作,"西子电梯"与"奥的斯"合作,"富通"与日本"昭和"合作,"富轮集团"与美国"亨廷顿"合作,"阿里巴巴"与日本"软银"合作,"千岛湖啤酒"与日本"麒麟啤酒"合作,等等。

（3）培育企业核心竞争力。

自改革开放到 20 世纪末，杭商从事的大多是劳动密集型企业，处于产业链低端，依靠低成本优势，对外依存度高，但随着其他发展中国家全球化与工业化进程的加快，杭商的产品逐渐丧失了成本优势。因此，杭商"二次创业"的一个重要内容就是提高产品科技含量，改变低水平的市场竞争模式，培育企业的核心竞争力。企业自主创新意识不断增强，重视科技投入和科技创新，纷纷成立研发中心，努力掌握自主知识产权，提高核心竞争力。如恒逸集团、华立集团、吉利集团、传化集团、富春江通信、富通集团等均在境内外设立了研发机构，在国内建立了博士后工作站。在上规模民营企业研发费用与销售额的比例方面，中控科技、信雅达、大华技术等均超过 10%，恒生电子超过 20%，远远超过国内 1% 的标准，超过国际 10% 的标准。杭州民营企业创品牌意识进一步增强，努力打造自己的品牌，致力于提高产品的自主品牌率，实现从"制造"向"创造"的转变。2006 年，全市民营企业拥有省级以上著名商标 106 个，是 2001 年的 5 倍（见表 3-2）。

表 3-2　2001—2006 年杭州民营经济品牌

| 年份 | 省级以上著名商标 | | 省级以上名牌产品 | |
|---|---|---|---|---|
| | 数量（个） | 占全市比重（%） | 数量（个） | 占全市比重（%） |
| 2006 | 106 | 40.0 | 105 | 44.9 |
| 2005 | 84 | 37.8 | 87 | 43.3 |
| 2004 | 66 | 33.3 | 70 | 34.9 |
| 2003 | 59 | | 58 | |
| 2002 | 46 | | 53 | |
| 2001 | 21 | | | |

通过 2001—2006 年的两轮"三年倍增"计划，杭商"二次创业"收获颇丰，推动杭州民营经济长足发展，并产生巨大效应，突出表现在推动杭州实现从国有经济大市向民营经济大市的历史性跨越，全国民营企业 500 强数量（见表 3-3）、非公经济规模和贡献等位居全国、全省前列，杭州真正成为浙江省民营经济第一大市。

表 3-3　杭州市 2002—2006 年进入"全国民营企业 500 强"的企业数

| 年　度 | 2002 | 2003 | 2004 | 2005 | 2006 |
|---|---|---|---|---|---|
| 企业数(个) | 43 | 53 | 53 | 59 | 65 |
| 占全国比例(%) | 8.4 | 10.6 | 10.6 | 11.8 | 13.0 |
| 占全省比例(%) | 22.87 | 28.96 | 28.96 | 29.06 | 32.02 |

### (三) 网络创业

网络原指用一个巨大的虚拟画面,把所有东西连接起来,也可以作为动词使用。在杭商网络创业的分析上,"网络"一词主要指社会关系网络和互联网。

从社会关系网络角度来分析和解释新创组织成功是创业研究中的重要视角。众多研究表明,创业活动脱生于社会网络,创业者的社会关系网络有助于其获取创业过程中所需的信息、知识、资源和能力,从而成功创立新组织。创业者社会网络指在创业过程中,从创业者延伸开去,或以创业者为中心建立的所有联系,既包括与亲戚、朋友、亲密的合作伙伴等群体基于社会关系构成的个人网络,也包括与代理商、供应商、金融中介、政府部门等主要群体基于商业关系建立的商业网络。对于杭商创业最具影响的主要包括家族和产业集群这两种网络(家族网络的影响由于前文已经详细述及,在此不再赘述)。

#### 1. 产业集群创业

产业集群在现代区域经济中占据主导地位,而其经济行为根植于社会网络,这也是产业集群社会网络的一个重要特性。

产业集群的网络特征即集群内企业通过生产联系形成紧密的关系网络,网络中的各主体之间以正式或非正式关系,频繁进行着贸易往来、交流与互动、学习与合作,共同促进集群的发展。

资源优势是产业集群网络的主要联系纽带,具体内容如下。

(1)技术资源。

集群内以及集群周边的特色产业或强势产业的技术积累,以及由技术资源所推动的产业发展基础,是集群式创业社会网络的重要联系纽带。当某区域拥有一定的技术资源(包括核心技术以及相关技术)并能够实现该技术的产品化、市场化、产业化时,集群式创业社会网络将随之产生。

（2）区位资源。

区位资源对于区域而言同样是一种优势和特色，该优势和特色对于创业企业是一种不可或缺的创业资源，如交通的便利、投资的环境、配套的设施等。因此，区域资源同样有助于集群式创业社会网络的发展并成为其联系纽带。

（3）企业资源。

这里所说的企业资源是指在集群式创业社会网络中，某一个或某几个创业龙头企业能够在网络中占据中心枢纽位置，可以拉动其他创业企业进入该集群，因此拥有为该创业企业的产品提供原材料的供应商、负责初加工的生产商、协助完成产品销售的销售公司、提供辅助性产品或配套服务的中间商等，从而形成以该企业为核心的一条完整的产业链。

（4）政策资源。

政府部门为创业企业提供的优惠政策或者政府宏观调控行为作为一种政策资源，亦可以作为集群式创业社会网络的重要联系纽带。政策资源作为一种直接型创业社会网络资源，对于吸引企业在某一特定区域内的集聚以及推动产业的发展具有较强的促进作用和凝聚作用，当然它至多只能充当临时的联系纽带。产业集群能否持续健康稳定地发展仍然取决于集群内部合作的有效性，特别是政府部门盲目的"拉郎配"甚至有可能会阻碍创业企业的正常发展。但当创业企业家或创业企业自发组织而具备产业集群基础时，政府部门恰到好处的政策资源供给将成为有效的联系纽带。

杭州作为全国经济发展最具活力的地区之一，很重要的一个原因是本地产业集群的发展。经过多年的发展和积累，杭州的产业集群具备了一定的比较优势，2003年杭州产业集群产值已经占乡镇工业产出和利税的七成以上。杭州产业集群优势主要体现在单个块状经济/集群总量规模大、高新技术产业集群发展迅速等方面，拥有一批竞争力较强的特色产业，如萧山钢结构、桐庐制笔和富阳白板纸三大产业被评为全国百佳产业集群，此外，桐庐内窥镜、临安精密元器件等产业的集中度也比较高。

杭州的产业集群，既是杭商社会网络产生的结果，同时由于其规模及网络优势，又成为杭商创业的平台和依托。杭州的产业集群的发展完全是自发的，由市场力量推动，按利益最大化原则不断地整合、衍生、裂变而成的。其资金以杭州本土民间资本为主，资金、技术等生产要素有极强的本地化倾向，集群内及相邻集群间产品产业链也趋于完善。集群内部及集群之间资源要素的流动、溢出和共享，提高了集群内的学习效率和质量，降低了创业的社会总成本,提高了创业成功率。

### 2. 互联网创业

互联网和电子商务创业的成功,使得杭商这个群体在新经济时代大放异彩,网商这个群体首先出现在杭州,网商这个称谓也首先出现在杭州,具有标志性意义。从某种意义上讲,网商就是新的历史条件下杭商的代名词,网商也为杭州赢得了电子商务之都的殊荣。杭州是国家电子商务、电子政务和信息化综合试点城市;杭州电子商务发展起步早、势头好,已形成高新(滨江)电子商务区、文三街电子商业街区、仓前淘宝城、北部软件园、城西及下沙大学生网上创业园、传化物流园七个电子商务服务功能示范区,有淘宝网、中国化工网、中国化纤信息网、全球纺织网等知名网站,涌现出了以阿里巴巴集团公司为代表的一大批电子商务龙头企业。阿里巴巴集团公司成功创办了全球领先的企业间交易网站——阿里巴巴 B2B 网、亚洲最大的网上个人消费市场——淘宝网、中国领先的在线支付服务商——支付宝,成功收购了知名门户网站中国雅虎以及个人生活平台口碑网。2007 年阿里巴巴网络有限公司在香港上市,成为中国第一家市值超过 200 亿美元,亚洲第一、全球第五的互联网公司。

### 3. 电子商务+产业集群创业

杭商电子商务的迅猛发展,与杭州良好的产业集群基础有关。以中国化工网为例,当年,"中国互联网第一股"网盛生意宝的创始人孙德良临时去拜访一位搞化工贸易的同学,从同学那里,孙德良得知,化工产品数量极多,价格变动大,出口量大,利润高,国际标准统一,并且浙江是个化工大省。他灵光一闪,化工产品非常适合网上交易,并迅速找到网站的卖点:你想出口吗?很快,中国化工网搭建起来了。经过几年的快速发展,网盛生意宝公司旗下的中国化工网已成为中国最大的行业电子商务网站。显然,浙江这个大的化工产业群为化工网的成功提供了良好的生存土壤,与此同时,中国化工网为这个产业群里面的企业提供了一个最便捷的电子商务平台,打开了对外信息交流的一个重要窗口,也提升了整个产业群的竞争力。

如今,杭商开始做利用电子商务网站的发展来提升产业集群竞争力这篇文章。杭州的企业开始从实体经济拓展到网络商务,它们或建立自己的商务网站,或挂钩于网络商务平台,以促进企业的发展。以生产冷饮、冷食、奶制品等冷食产品为主的祐康集团,在专注于冷冻产业的同时,通过建立电子商务平台"宜康便利"以及物流配送体系,为客户提供全天候的订购、预约送货服务。如今,"宜康便利"连锁门店已发展到 20 多家,遍布杭州各大社区,形成了较为完善的网络销售系统和城市物流配送体系。像祐康集团这样利用电子商务来促进发展的杭州企业有很多,形成一定规模并成为电子商务服务专业企业的已超过 1000 家。在杭州,电子商务网站已形成了集群发展优势。据有关调查显示,浙江行业电子商务网站的数量接近全国 1/4,位居全国第一,而杭州又集聚了全省 70% 以上的电子商务网站。在中国行业电子商务网站评比中,杭州入选百强网站数量一直名列前茅;在中国电子商务协会开展的中小企业示范案例评选中,杭州企业入选数量超过 50%。

（四）社会创业

社会创业是近年来在全球范围内兴起的全新创业理念,是一种旨在追求社会价值和商业价值并重的创业活动。社会创业具有社会性和创业性两大特征。社会性特征要求各种商业活动更多地考虑社会价值,甚至以社会价值为基础,创业活动就可能在实现经济价值的同时创造社会价值,如解决就业问题、缩小收入差距、增强人际信任、激发创业激情等;创业性特征要求各种组织采用商业化方式整合利用社会资本和其他资源,加速社会资本的循环利用,创造更大的社会价值和经济价值,避免组织官僚化、低效率等问题,让整个社会充满创业精神和创业氛围。

1. 社会创业的分类

根据不同社会创业的社会性和创业性差异,可以把社会创业分为三种主要类型。

（1）整合型社会创业。

当组织把开展经济活动所创造的收益主要用于特定的或广泛的人群以创造社会效益时,这种创业活动就被称为"整合型社会创业"。如孟加拉国农村发展委员会和格莱珉银行都是整合型社会创业的典型案例。

（2）重新诠释型社会创业。

它是"整合型社会创业"的变体,主要指那些非营利组织运用组织已有的非营利能力来降低组织成本或者通过多元化来增加组织收入。

（3）辅助型社会创业。

这种创业是指在非营利组织内部创立营利性分支机构。这种营利性分支机构本身并不直接产生社会效益,但它的收入被用来弥补非营利组织为实现社会目标所产生的成本。

### 2. 社会创业的价值

社会创业的价值在于对社会资本的整合利用和对国家福利制度的重组创新,以创业和创新的精神去努力发现和满足那些未得到满足的社会需求。具体而言,社会创业能调动那些通常被遗忘的资源,以解决棘手的社会问题。社会创业这样一种新的创业模式和跨部门事业的诞生,意味着解决社会问题能够也必须改用新的方式,即通过商业化操作和市场化方式来实现跨部门协作。

社会创业不仅涵盖了非营利性机构的创业活动和营利性机构践行社会责任的活动,而且还强调个人和组织必须运用商业知识来为社会创造更多的价值。显然,社会创业能很好地解决商业与公益、经济利益和社会价值之间的关系,使得创业活动能够同时创造经济价值和社会价值,这正是构建和谐社会所需要的创业范式。

社会创业在英国、美国、德国等国家都获得了蓬勃发展,对解决社会问题起到了举足轻重的作用,正日益引起世人的普遍关注。在我国,"社会创业"尚属新名称,但相关的实践事实上业已存在。近年来,我国也出现了一些社会创业活动。如"企业家社会化"被中国民营企业家评选为"影响未来的九大商业思想"之一,企业家社会化已经成为一种潮流。通过参与改变社会的活动,企业家自身可以获得升华,而企业则能实现长远发展。最受尊敬的企业、最有价值的企业家、企业公民运动、财富新观念、企业家的慈善事业等,近年来都融入了更多的社会使命和社会责任的内涵,一些优秀的企业家正在向社会企业家转变,社会创业活动在我国大有快速兴起的势头,这将有力地促进我国的社会变革与进步,社会创业必将成为构建和谐社会的重要力量和表现形式。

### 3. 杭商社会创业

企业家进行社会创业,并不是主要依靠慈善活动,而是充分运用自己的商业才能,巧妙地通过商业运作来达到实现社会价值的目标。2000年,传化集团在物流和农业上投入7亿元的时候,其掌门人徐冠巨坦言:"投资物流和农业,当时我的压力很大,企业内部也有争论。"如果投入房地产,传化的经济规模恐怕远远地超过了今天。"但是,我丝毫不后悔当初的选择"。徐冠巨说,因为传化看到了这两个产业未来的发展潜力,更重要的是,就整个国家的经济社会发展布局而言,总要有企业去做这些产业,"传化富有责任感的基因决定了,在这样的时候我们必须站出来"。事实上,提前10年布局,让传化在物流、农业这两个需要转型升级、创新发展的产业领域成为"领军企业"。比如,传化开创的"公路港物流"模式成为中国物流行业最具价值的创新,拉升了中国公路物流运营效率短板;又如,传化通过缔造产学研结合的生物技术创新平台,成功地帮助农民化解经营风险和市场风险,带动了区域种植业结构的调整……这些富有前瞻性的成功探索,在产生了巨大社会效益的同时,也为传化构建了结构合理的产业布局,使企业具备了强劲的发展潜力。这也印证了徐冠巨常挂嘴边的一个观点:能兼顾社会效益的企业,往往比为赚钱而赚钱的企业有更好的经济效益。

社会复合体创业则是杭商参与社会创业的一种新形态和新趋势。社会复合主体是特指以推进社会性项目建设、知识创业、事业发展为目的,社会效益与经营运作相统一,由党政界、知识界、行业界、媒体界等不同身份的人员共同参与、主动关联而形成的多层架构、网状联结、功能融合、优势互补的新型创业主体。社会复合主体是杭州在"和谐创业"发展模式基础上探索出的创新组织构架,它的出现使"和谐创业"模式如虎添翼,产生了量的聚集和质的飞跃,大大推进了杭州的经济社会建设,使杭州市的科学发展迈上了一个新台阶。从创业的角度讲,社会复合主体整合了行业优质资源,产生了资源整合的规模效应、"1+1>2"的整体效应,形成了既有市场创业,又有政府治理与服务,又有非政府组织的社会企业多种机制综合发挥作用的格局。

# 三、杭商创业特征分析

## (一)从创业者角度看,杭商具有较强的学习和创新能力

不可否认,浙商创业是从模仿、复制别人的产品开始起步的,[①]但杭商作为北部浙商,却具有较强的创新精神。创新一直是杭商创业过程中的主旋律,为杭州经济持续健康发展提供了动力源。杭商的创新主要体现在以下几方面。

### 1. 制度创新

杭商的制度先发优势是一种后发优势中的先发优势[②],主要是在改革开放之初全国市场化程度都不高的情况下,通过对企业制度和组织的创新或创造,抢占了市场先机。这些新的市场化的组织形式,不仅可以有效地利用未被利用的各种市场机会,而且可以有效地推出新的产品和提供新的服务,为工业化提供有效的组织形式和运行机制。商界"常青树"鲁冠球与他的万

① 吕福新等:《浙商论》,中国发展出版社 2009 年版。

② 吕新福等:《浙商崛起与挑战——改革开放 30 年》,中国发展出版社 2009 年版。

向集团的发展很好地展示了杭商迂回曲折的制度变迁之路及突出的制度创新能力。1969年,鲁冠球和其他6个人凑了4000元钱一起办起了宁围公社农机厂,为了在铁桶般的统购统销年代求得生存的一道缝隙,他们给这个工厂戴上了集体所有的"红帽子"。如果说这一戴帽子举措更多的是无奈的被动生存战略,算不上一种制度创新,那么随后鲁冠球采取的一系列动作所带有的制度创新色彩则是毋庸置疑的。1982年,当承包责任制在中国大地上刚开始探索,人们对"风险"二字普遍陌生的时候,鲁冠球以自家地里的龙柏苗木折价2万元作抵押,与乡政府签订承包合同,"万向"成了国内率先实行个人风险承包责任制的乡镇企业。1984年,万向就积极构建企业利益共同体,让职工当老板,允许职工投资入股,参加分红。如此在企业的招工制度、分配制度、责任制度和经营管理制度等方面的一系列改革举措,拉开了万向制度创新促发展的序幕,有力地调动了员工的积极性,生产蒸蒸日上。1992年,鲁冠球提出"花钱买不管",和政府明晰万向产权。"尤其高明的是,这个产权设计外部边界清晰,内部边界却模糊。鲁冠球没有为自己争取个人股份。他聪明地绕开了最敏感的地带,却为日后的渐变留下无限空间。通过这次产权界定,鲁冠球获得了对企业的绝对控制权,却又没有丧失集体企业的性质。"③正是包括鲁冠球在内的众多杭商围绕民营化和市场化进行的制度创新所形成的先发优势,弱化了自然资源禀赋不足对杭州发展的制约,成为杭州经济发展源源不竭的动力。

2. 技术创新

早期的杭商在创业过程中,也存在较为普遍的模仿现象,由于这个时期的整体市场非常大,因而这种模仿创新并没有严重损害少数领先创新的企业家的利益,反而在市场规模和市场氛围等方面形成支持,最终共同促进了经济增长。但是,随着改革开放的扩展和深化,随着市场环境与市场制度的逐步成熟,普遍模仿及其无限衍生所产生的破坏性作用逐渐显现,过分的模仿不仅从根本上损害创新者的利益,而且从总体上损害市场环境、产业发展和社会进步。所幸杭商中的部分有识之士在经历了资本的原始积累和早期的快速发展之后,开始重视技术创新,而现阶段则有越来越多的杭商重视和实施自主创新,并取得良好效果,开始走出模仿的陷阱。以在7年时间内年销售收入翻了50倍的杭汽轮集团为例,杭汽轮集团之所以能够快速走出平台期,关键在于能够面对市场,大规模地开展技术创新,依靠技术优势,实现突破发展。2003年之前,汽轮机市场不景气,企业发展停滞不前,年销售收入在3亿—4亿元之间震荡徘徊,这段时间被专家称之为"平台期"。2003年

③ 吴晓波:《激荡三十年》,中信出版社2008年版。

8月,聂忠海从杭州热电集团有限公司董事长调任杭州汽轮动力集团有限公司党委书记、董事长。通过调研,聂忠海发现当时国内大面积缺电,汽轮机正是"紧俏商品",工业汽轮机将要迎来井喷行情。为此,他大手笔投入3.5亿元,通过技术改造更新设备,扩大对外合作在全球范围寻求零部件加工商,这些布局让杭汽轮集团恰逢其时地分享了市场的盛宴。杭汽轮的产品同步实现了三级跳,从最初的中小电厂配套汽轮机到大容量的大型电厂配套汽轮机,再到量体裁衣,个性化的汽轮机,杭汽轮不仅占领了汽轮机的高端市场,同时还生产出了30多个首台套,填补了我国汽轮机行业的空白。目前,杭汽轮的科研投入已经达到了销售收入的5.2%,远高于杭州平均水平。同时每年投入300多万元,对科研技术人员进行奖励,而这个科技奖励与市场销售直接挂钩,迫使科研人员盯着市场搞开发。这样的技术创新努力,使得杭汽轮一跃成为国内最大的工业汽轮机研发和制造基地,占领了"三个百万等级"驱动汽轮机的制高点,开辟了燃机制造的新纪元,综合效益指数连续多年位居国内同行业前列,主导产品工业驱动汽轮机国内市场占有率长期稳定在80%以上。

3. 管理创新

相对来说,对于管理创新,杭商能较为常态且日趋娴熟地运用。管理创新包括生产经营理念创新、组织机构创新、市场营销创新、企业文化创新等多方面。西子联合控股集团董事长王水福就是善于管理创新的杭商代表。2001年1月,以王水福为首的集团领导创造的"员工满意工程"获得了全国第7届企业管理现代化创新成果奖。而善于与世界500强"恋爱"则更是他管理创新的经典案例。西子电梯集团经过20多年的发展,从一家小小的村办农机厂成长为总资产逾60亿元,有全资、控股、参股企业10余家的大型企业集团,最大的助动力就是跟世界500强企业的合作。1997年3月12日,西子电梯与美国奥的斯电梯公司合资。当时,美方占西子奥的斯的股份只有30%;但到2000年8月,规定的5年股份转让期限还未满,中方就同意提前让美方控股,并且让美方的股份上升到80%。许多人包括很多业内人士都不看好王水福此举,担心得不偿失。但王水福说,只有学会放弃,才能收获更多。美方控股后,世界最先进、最核心的无机房、无齿轮第二代电梯技术很快转让给西子奥的斯,企业年产量两年就翻了一番。同时又使中方全资的电梯配件厂得到了长足发展,仅此项每年就给西子电梯集团带来几亿元的销售收入。西子奥的斯品牌由此在国内迅速超越同行:2003年,年产量近9000台,超过了美国奥的斯在中国4个合资公司产量的总和;2004年,电梯订单数量突破 1 万台,稳居国内行业三强;2005 年,电梯订单数达 1.5 万台。之后,王水福掌舵的西子电梯集团又与日本石川岛、三菱重工和法国阿尔斯通等巨头相继合资合作。遵循着"合作重于竞争"的理念,西子创造了许多的"第一":通过与美国奥的斯合作,西子奥的斯以每年 50% 的速度增长,扶梯产量全球第一;国企改制加盟西子的杭锅集团,在学习法国阿尔斯通和美国 GE 的先进技术中进步,短短 3 年时间,销售收入从当初的 3 亿元上升到 20 多亿元,其中余热锅炉份额为全国第一;通过与日本石川岛 IUK 合作,停车设备持续稳居市场首位,塔式车库更是中国第一;西子孚信扶梯部件销售 5 亿元,部件销售为中国第一。与世界 500 强企业的合作能够坦然微笑,与国内企业的合作当然也能做到"笑容可掬"。对杭锅集团的收购,"西子只派了一个财务经理,只输入西子的文化,短短 3 年,就从 3 亿元的销售额做到了 20 多亿"。

华立集团能够从一个濒危的仪表厂发展到今天的规模,关键时刻其统帅汪力成实行的市场营销创新功不可没。汪力成在华立集团的前身——余杭仪表厂正处于困境时临危受命,针对当时行业内电能表产品从工厂到商业公司再到用户的销售模式,汪力成提出了"把产品直接送到用户手中"的销售战略思想。在销售战术上,实行产销分离的销售体制,工厂重建质量管理系统,集中精力生产优质产品;销售公司选派精兵强将常年驻外,全力以赴开拓市场。花了两年的时间树立起销售样板公司,在随后不到 3 年的时间内不断复制,成功地建立起了遍布全国的销售网络。

### (二)从企业文化角度看,杭商注重诚信

杭商主要崛起于改革开放之后,但其历史渊源悠久。杭州自唐以后,商业日渐兴旺,至南宋,已是全国商业中心,而且还是当时世界上最繁华的大都市之一。杭商能创造一个个商业神话,自然受其逐利动机的驱使,但杭商逐利的同时并不轻义。历史上杭州不乏遵循"守信戒欺、义利结合"等传统商业伦理的商人。被誉为"亚商圣"的胡雪岩对杭州善举事业赞助甚多,其创办的胡庆余堂恪守"戒欺"、"诚信"、"采办务真、修制务精"之信条,至今已走过 130 多年的历程。杭州张小泉剪刀,《水窗春呓》中记载:"著名老店,杭州之张小泉,天下所知,然得名之始,只循'诚理'二字为之"。张同泰、边福茂、知味观等老字号历经了从传统到现代的风雨,也仍然保留着传统杭商留传下来的优秀传统。而新一代杭商在经历了市场经济发展初期的锻炼之后,更是注重建立诚信企业文化。以淘宝网为例,它奉行以诚信为本的商业

文化,致力于打造一个透明、诚信、繁荣的平台,淘宝会员在淘宝上的每一个订单交易成功后,双方都会对对方交易的情况作一个评价,这个评价就是信用评价,它是公平、公正、透明的,是建立网络诚信制度的基础。淘宝网创立的信用机制已经成为国内网络零售行业的事实标准,易趣、拍拍等平台都沿用、承认淘宝网的信用机制,并提供相对应的信用度转化表。2009年,阿里巴巴集团研究中心在年度网商报告中指出,经过10年的发展,网规的诸多特性已经越来越清晰。"诚信、分享、责任"是网规的三大显著特征。而网商、网货、网规又共同构成了一个生机勃勃的商业新世界,从历史的眼光来看,一个新的商业文明也开始浮现:"诚信、透明化、责任、全球化"是它的前提,"网商、网货、网规"是它的支柱,"信息时代的商业文明"则是它的时空定位与演进方向。

(三)从创业支持角度看,杭商注重与政府形成良好互动

杭商企业与政府良好互动,实现双轮驱动的和谐发展模式是杭州取得巨大成功的原因之一,也是杭商得以更好发展的原因之一。杭商在充分发挥企业主体自主性的基础上,也懂得适时借力政府,即通过政府在区域发展中的主导地位,通过政府的公共管理与服务职能,通过政府管理能力的提升,在城市竞争力提升的同时,实现企业竞争力的提升。而杭州市政府也立足合理的定位,致力于创建服务型政府,倡导"政府主导、企业主体、社会化运作"的经济运行模式,以共打城市品牌、企业共同受益为目标,搭建政府经营城市与企业家经营企业有效结合的产业、行业运行平台,助推企业有效参与市场竞争,在竞争中不断壮大。例如西博会就较好地体现了企业与政府的和谐创新关系。政府主要通过媒体宣传提高知名度,通过文艺节目聚集人气,提升西博会品牌的美誉度,提供展示平台。而每一个具体项目则在政府指导下,利用西博会的品牌资源、配套服务资源等,通过市场化、社会化而运作的。此外,杭州的丝绸、茶叶、电子产品等特色街区,以及软件、花木等特色园区,都是在政府与企业的联结中,形成了有效的产业运行平台,促进市场要素、产业要素、文化要素的集聚与整合,进而促进了企业与产业的发展。

# 四、新形势下杭商创业新路径

杭商的创业活动和历程,为杭州企业和企业家个人创造了辉煌,也为杭

州经济社会发展创造了奇迹。但杭商多年来的发展也逐步暴露了一些问题,其中既有转型升级中的阵痛,也有长期积累的深层次矛盾。如果运用现成经验,沿袭原有模式很难破解这些矛盾和问题,必须大胆探索新的发展路径。

"创业教育之父"杰弗里·蒂蒙斯认为,过去30多年里,新的创业一代彻底改变了美国和世界的经济及社会结构,并为未来的几代人设定了"创业遗传代码",[①]创业革命催生了创业型经济的诞生。确实,美国等西方发达国家自20世纪70年代中期,在技术进步、经济全球化、体制变革等因素推动下,创业活动已成为国家或地区经济增长的动力,从而迈入创业型经济时代。而时隔近40年之后,我国也正迈向创业型经济。因此,杭州能不能抓住转型升级的机遇发展创业型经济,杭商能不能再次成为创业型经济浪潮中的弄潮儿,引领全省乃至全国创业活动掀起新高潮,事关杭商群体的发展,更关乎能否助推杭州经济转型升级,跨越发展。

创业型经济是创新和创业驱动发展的经济,是建立在创新经营与新创事业基础上的一种经济形态,它从制度结构、政策和战略上支持并保证经济创新,促进企业的不断创生与成长。[②]与传统经济形态相比,创业、创新、自组织、多样化与企业网络发达是创业型经济的主要特征。其中,大量中小企业的创生与成长和大企业内部的再创业活动是推动创业型经济诞生和发展的两股重要力量。因此,创业者、创业机会、创业资源、创业环境和政策以及通过个体创业和公司创业形成新创企业和新事业是构成创业型经济发展的重要维度。

从宏观和整体的角度讲,目前我国包括杭州在内,与创业型经济这一新经济形态相适应的文化、制度、机制、资源等诸多方面尚未完全形成配套,需要政府以及包括企业家在内的社会各界形成合力,共促其发展。可从以下几点考虑。

（一）以培育创业家群体为目的,积极塑造创业文化

创业文化是一种软实力。从一定意义上讲,创业经济就是"文化"经济。因此,应进一步弘扬创业文化,培育创业精神,推进"敢于冒险、勇于创业、善于实干"的创业文化氛围,形成鼓励探索者,善待挫折者,宽容失败者,激励成功者,成就创业者的社会风尚,使创业精神成为杭州的最强音,让想创业、敢创业、会创业、创大业成为新的追求。

① 杰弗里·蒂蒙斯:《战略与商业机会》,华夏出版社2002年版。

② 李政:《发展创业型经济是振兴东北老工业基地的关键》,《学习与探索》2005年第2期。

（二）培育创业型经济的现代服务体系

创业型经济属于新兴经济形态,要促进其发展,必须在抓好常规服务基础上,突出抓好创业孵化、创业投资、创业中介等现代服务,不仅要加强硬件设施的投入和建设,为入孵企业提供研发、生产、经营的场地和通信、网络等方面的共享设施,而且还要加大软件建设的步伐,提供系统培训、政策咨询、融资、法律和市场等方面的支持,降低企业的创业风险和创业成本,提高入孵企业的"毕业率"和出孵企业的成活率、成功率。同时,应逐步形成以民营风险投资机构为主力军、境外风险投资机构为补充、以高新技术融资担保公司等为中介的风险投资体系,在不断增加政府创业投资引导基金的同时,加大市场化运作力度,充分利用社会风险投资资本,大力培育创业投资市场。应进一步发展和规范各类中介服务机构,为企业从创建开始,直到并购、上市或破产为止提供系统的专业服务,减少创业风险和交易成本。

（三）以创业制度和机制构建为核心内容,全面打造创业支持体系

创业型经济发展需要一系列相关制度和政策支持的支撑体系。其中与创业直接相关的内容就十分丰富,如创业融资体系、创新网络体系、创业服务体系、创业社会保障体系等。此外,相关制度安排和机制构建是核心和关键。因此,一定要紧密围绕创业企业和创业者个人的特点与需求进行制度设计,努力在竞争性市场制度、研发转化制度、知识产权保护制度、信用制度、人才流动制度、政府采购制度等方面做出创新性尝试,要用资本、产权、信用、人才等纽带把创业活动的各个环节衔接起来。

（四）以提高创业能力为出发点,大力提升创业教育水平

创业教育和培训是企业增强创业意愿、提高创业能力、激发创业精神、建立创业信心、促进创业活动的催化剂,也是构建创新体系的重要组成部分。我国创业型经济发展水平不高的一个重要原因就是培养创业创新型人才的创业教育发展滞后。创业教育缺乏的直接表现是我们的创业者是凭经验、热情和干劲在创业,或者说创业者的成功背后是不断试错纠错的结果,是"干中学"的创业者。因此,我们应该借鉴发达国家的成功经验,从提高整个国民素质的高度出发,把创业型人才培养与研究型人才、应用型人才的培养放在同等重要的地位,鼓励和倡导学校开展各种形式的创业教育。在我

国高校整体优化创业教育的培养方案与课程体系,并造就高水平的创业教育师资队伍。

（五）以培植科技创新和高成长型企业为导向,努力优化资源配置和创业绩效

科技创新活跃和企业高成长是创业活动的典型表现。因此,在未来创业型经济发展中,科技创新主导和高成长型企业大量出现是主流,也是社会资源优化配置的方向,是创业绩效提高的基础。政府要营造良好的创新环境,推进知识创新、技术创新和体制创新,鼓励与支持创业企业开发新产品,运用新科技、新知识、新工艺、新的企业管理模式,并以此来提高全社会的创新意识和自主创新能力。例如实施"高成长创业战略",以培育高成长型创业企业为目标,针对企业发展不同阶段,细化支持手段,推出创业、创新、高成长企业资助方案,力争通过高成长战略的实施提高整个创业型经济的绩效。

## 参考文献

[1] 罗伯特·D.希斯瑞克.创业学[M].郁义鸿,李志能,译.上海:复旦大学出版社,2000.
[2] 卡尔·丁·施拉姆.创业力[M].王莉,李英,译.上海:上海交通大学出版社,2007.
[3] 彼得·德鲁克.创新与企业家精神[M].北京:机械工业出版社,2007.
[4] 中国社科院课题组.和谐创业模式研究[M].北京:经济管理出版社,2005.
[5] 张一青,等.温、甬、杭三地浙商群体比较[M].北京:中国社会科学出版社,2008.
[6] 吕福新.浙商人文精神[M].北京:中国发展出版社,2008.
[7] 吕福新,等.浙商论[M].北京:中国发展出版社,2009.
[8] 张玉利,李乾文.创业导向、公司创业与价值创造[M].天津:南开大学出版社,2009.
[9] 于跃敏,张鸿建.杭州创业文化研究[M].杭州:西泠印社出版社,2004.
[10] 江山,等.中国杭商——超越资本的经营者[M].杭州:浙江工商大学出版社,2009.
[11] 池仁勇.美国的创业支援体系剖析[J].外国经济与管理,2001(1).

[12] 池仁勇.日本创业主体分类及其特征分析[J].外国经济与管理,2001
　　(4).

[13] 刘健钧.创新、创业与创业经济[J].中国创业投资与高科技,2003(6).

[14] 张玉利,等.创业管理与传统管理的差异与融合[J].外国经济与管理,
　　2004(5).

[15] 缪仁炳.浙商创业特点、文化渊源与超越演进[J].商业经济与管理,
　　2006(10).

[16] 李作战,曾忠禄.产业集群视角下创业企业社会网络的资源积累模式和
　　效应[J].现代管理科学,2009(12).

[17] 谢文武.杭商企业家精神与企业社会责任[M]// 杭州市人民政府政策
　　研究室. 思考杭州:为品质之城资政建言. 杭州:浙江大学出版
　　社,2011.

# 第四章　杭商和谐创新与杭州经济转型升级研究

　　党的十七大报告强调,实现未来经济发展目标,关键要在加快转变经济发展方式、完善社会主义市场经济体制方面取得重大进展。加快转变经济发展方式是我们党总结 30 多年来特别是近年来经济发展和改革开放实践,科学分析我国在新世纪、新阶段面临的新课题、新矛盾基础上提出的重大战略方针。党的十七届五中全会指出,当前和今后一个时期,世情、国情继续发生深刻变化,我国经济社会发展呈现新的阶段性特征。综合判断国际国内形势,我国发展仍处于可以大有作为的重要战略机遇期,既面临难得的历史机遇,也面对诸多可以预见和难以预见的风险挑战。要增强机遇意识和忧患意识,科学把握发展规律,主动适应环境变化,有效化解各种矛盾,更加奋发有为地推进我国改革开放和社会主义现代化建设。

　　杭州经济正处于转型发展的新历史时期:一方面,杭州的市场化、工业化、城市化和全球化正方兴未艾;另一方面,杭州粗放的经济增长方式亟待改变,经济结构调整和优化迫在眉睫。杭商作为具有特定地缘特征的企业家群体,伴随着杭州经济社会的发展而不断成长、发展壮大并逐渐成熟,在杭州经济转型升级的新阶段,杭商和谐创新已经也必将继续充当推动经济转型的主体,从一定意义上说,杭商和谐创新也是杭州经济转型升级的内容和重要组成部分。杭商在转型升级中不断实现和谐创新,并在实践和谐创新中促进经济转型升级,是杭州深入贯彻落实科学发展观、转变经济发展方式的杭州特色"路线图"。描绘好杭商和谐创新推进杭州经济转型升级的杭州特色"路线图",不仅对杭州经济自身而且对整个浙江民营经济的发展,特别是对浙江经济转型升级具有重要的理论和实践意义。

# 一、和谐创新:杭商核心特色

杭商是浙商分支中一个比较特殊的群体,既有省内其他浙商分支的共同点,又存在其他分支不具有的特点,代表了未来浙江商人成长的方向,是对整个浙商群体的整体概括,指引着浙商群体的发展。杭商之所以能代表浙商未来走向并区别于其他浙商分支的核心特色,可概括为"和谐创新"。"创新"是杭商崛起过程中的主旋律,通过持续不断的全方位的制度创新、技术创新、商业模式创新,杭商为杭州经济持续健康发展提供了内生动力源。而"和谐"则是杭商30多年创新过程的主色彩,这种和谐的创新活动及其所产生的和谐关系,有力地推进了杭州和谐城市的构建。

(一)创新是杭商崛起过程中的主旋律,为杭州经济持续健康发展提供了动力源

1."自下而上+自上而下"的互补性制度创新

杭商的崛起具有非常丰富的内涵,其重要标志是杭商创建和领导了大批民营企业的成长。改革开放之初,与许多浙商一样,包括鲁冠球等在内的第一代杭商的企业家精神大量释放出来,他们较早地开始经商和兴办企业。20世纪80年代后期及90年代,以1988年国家出台私营经济政策为转折点,杭州开始出现大规模企业转制和自主创业。到20世纪90年代末期杭州国企民营化改革力度加大,民营经济在区域经济中占据主导地位,创业主体普遍民营化,这标志着杭州市场化改革进入了新的阶段,培育市场主体的历史使命基本完成。杭商民营经济的发展与民营企业的成长,使微观经济主体的多元化得以实现,从而形成真正意义的市场自由竞争。这种蓬勃发展的民营经济和有效率的市场竞争相结合的市场化改革导致一种制度变迁。而市场化改革所导致的制度变迁,对我国经济增长有着显著的正影响,其贡献率达到14.22%,分别是劳动投入贡献率的1.8倍,技术进步贡献率的2.5倍。① 同时由于杭州的这种制度变迁相对超前,更是为杭州创造了一定的制度先发优势,弱化了杭州自然资源禀赋不足对杭州发展的制约,推动杭州经济快速发展。

① 王文举:《我国市场化改革对经济增长贡献的实证分析》,《中国工业经济》2007年第9期。

杭商的制度先发优势是一种后发优势中的先发优势,主要是在改革开放之初全国市场化程度都不高的情况下,通过对企业制度和组织的创新或创造,抢占了市场先机。这些新的市场化的组织形式,不仅可以有效地利用未被利用的各种市场机会,而且可以有效地推出新的产品和提供新的服务,为工业化提供有效的组织形式和运行机制。商界"常青树"鲁冠球与他的万向集团的发展很好地展示了杭商迂回曲折的制度变迁之路及突出的制度创新能力。无论是在创办初期,他们为了在铁桶般的统购统销年代求得生存的一道缝隙,被动地给这个工厂戴上了集体所有的"红帽子",还是之后主动地采取了一系列带有制度创新色彩的动作——成为国内率先实行个人风险承包责任制的乡镇企业;让职工当老板,允许职工投资入股,参加分红;"花钱买不管"和政府明晰万向产权等。[①] 正是包括鲁冠球在内的众多杭商围绕民营化和市场化进行的制度创新所形成的先发优势,弱化了自然资源禀赋不足对杭州发展的制约,成为杭州经济发展源源不竭的动力。

如果说这种制度创新属于一种自下而上的诱致性制度变迁,并且是浙商的共性,那么,民营企业与政府良好互动,双轮驱动形成的和谐发展模式则体现了杭州一种"自下而上+自上而下"的互补性制度变迁特色。不同于温州自下而上发展、政府基本"无为"管理的方式以及苏南的"政府推动"模式,杭州民营经济的发展依靠企业和政府"双轮驱动"。杭州民营经济充满活力,既与杭州民营企业较强的自我完善意识和自我提升发展的主动性有关,也与政府良好的城市发展定位和不断提升的公共管理能力有关。杭州市政府为民营企业提供了一个公平竞争的环境,政府部门对待国有、民营企业一视同仁,甚至在政策导向上,还鼓励民营企业加快发展。另外,政府办事透明化、程序化、规范化和众多金融机构对民营企业的大力支持也为民营企业发展提供了良好的发展环境。这样的一种互补性的制度变迁,逐渐展示出其优越性。杭州本土民营企业实力不断壮大,自2002年以来,杭州上榜"全国500强民营企业"的企业数量连续7次蝉联全国和浙江省冠军,杭州民营企业强大的竞争力和可持续发展能力可见一斑。不仅如此,杭州适合民营经济生根发展的肥沃土壤就像有一只看不见的手,吸引了不少外地民营企业"迁都",吉利、莱茵达置业等一大批企业纷纷将总部迁入杭州,杭州总部经济初具雏形。

2. 从模仿到自主的技术创新

杭商的创新过程具有明显的技术溢出效应,而这种技术溢出是通过模仿来实现其价值的。最初,少数具有创新精神的企业家发现了市场机会进

①吴晓波:《激荡三十年》,中信出版社2008年版。

入某个行业,并在不断学习和持续试错过程中赢利和发展,随后另一些个人和组织开始模仿,其中部分追随者在此过程中又发现新的机会,又导致新的模仿,如此"发现机会——学习模仿——发现机会"循环反复,结果导致大量新的企业不断涌现,而原有的一些企业则发展壮大。由于这个时期的潜在市场非常大,市场环境和氛围都还没有真正形成,因而这种技术溢出导致的模仿创新并没有损害少数领先创新的企业家的利益,反而在规模和市场氛围等方面形成支持,最终共同促进了市场的发展和经济的增长。

同时,技术溢出效应明显的地区,又很容易形成产业集聚。因为企业在寻求技术溢出的同时,逐渐形成了创新网络,最新开发的技术和信息就扩散了,在这种技术加速扩散的过程中,吸引了更多的寻求新技术和知识的企业选择企业集中的地区,导致更高度集聚,形成一定的规模经济。而企业经济活动的集聚通过地方创新网络又会促进知识溢出,这样企业集聚、创新网络和技术溢出就形成了一个自我增强的闭环(见图 4-1)。集群内技术溢出效应的外部性,使得整个系统的知识总量不断增加,因而更具有知识比较优势。知识的流动、溢出和共享,提高了集群内的学习效率和质量,降低了创业的社会总成本,提高了创业成功率。

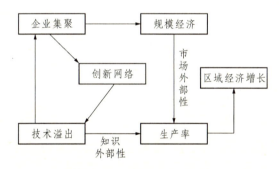

**图 4-1  技术溢出、企业集聚、区域经济增长关系模型**

块状经济作为杭州经济发展的一个重要增长点,其形成和发展过程就是杭商技术溢出与集聚效应最好的证明。以桐庐"分水制笔"为例,20 世纪70 年代中期,分水镇儒桥村一位知青的父母到村里看望孩子,作为杭州圆珠笔厂的职工,他们发现当地小竹竿很适合用来制作笔杆,于是在他们的建议和帮助下,儒桥村在大礼堂里办起第一家笔杆厂。后来竹竿圆珠笔逐步被淘汰,分水镇开始尝试做塑料笔杆,一家一户的作坊也在相互模仿中延伸开来。经过 30 多年的发展,分水镇现有制笔企业 600 多家,配套企业近 300家,拥有各类制笔机 6000 余台,吸纳从业人员 2 万余人,年产值 34 亿元,基本实现从原料供应、元件配套、模具设计、加工生产到产品包装产销一条龙，并已成功开发出圆珠笔、中性笔、水性笔三大系列 3000 多个品种。

但是，随着改革开放的扩展和深化，随着市场环境与市场制度的逐步成熟，普遍模仿及其无限衍生所产生的破坏性作用逐渐显现，过分地模仿不仅根本损害创新者的利益，而且从总体上损害市场环境、产业发展和社会进步。所幸，杭商中的部分有识之士在经历了资本的原始积累和早期的快速发展之后，开始重视技术创新，越来越多的杭商重视和实施自主创新，并取得良好效果，开始走出模仿的陷阱。鲁冠球领导的万向集团，1969 年创建之初，只是一家"小铁匠铺"，仅仅掌握简单的实用技术。到 20 世纪 70 年代末，企业初具规模，但资金和技术力量仍不足，只能模仿进口产品，进行改良。1984 年，万向节产品进入美国市场后，鲁冠球深深感到万向与国外同行的差距。为了积极参与国际竞争，鲁冠球适时提出淘汰落后的设备、产品，走高起点投入、高精尖设备、高层次人才、高档次产品之路。围绕合作开发专利、技术改进和二次专利开发、专利引进和收购等方面，万向集团开始坚定地实施专利战略并取得了丰硕的成果，现在万向集团是机械工业十大杰出企业和企业技术创新示范工程试点企业之一。正是得益于不断创新这条道路，万向集团 40 年来实现了跨越式发展。从 20 世纪 70 年代的日创利润 1 万元到 80 年代的日创利润 10 万元，再到 90 年代日创利润 100 万元，2009 年更是提前实现日创利润 1000 万元。2005 年起，万向集团连续 4 年专利年申请量、授权量突破百件。

### 3. 超前且多元的商业模式创新

商业模式创新是杭商最大的特色和优势。商业模式创新的本质是围绕企业价值这个核心问题进行创新，提高企业创造价值的能力，从而实现企业价值的最大化。它既可能是商业模式构成要素的创新变化，也可能是其相互间结构关系的创新变化，但常常是系统和根本的变化，是一种集成创新。马云与阿里巴巴是杭商引领商业模式创新的最好诠释。同样优秀的还有中国化工网、中国化纤网、全球纺织网等。网商这个群体首先出现在杭州，网商这个称谓也首先出现在杭州，具有标志性意义。从某种意义上讲，网商就是在新的历史条件下杭商的代名词，杭商已成为全球化、互联网、新经济时代浙商乃至中国商人的杰出代表，也为杭州赢得电子商务之都的殊荣。

商业模式的创新并不排斥传统产业，反而赋予传统产业以新的活力，推进信息化和工业化的融合，推动现代服务业的迅速发展。由温州籍新杭商林东创立和掌控的绿盛公司，与郭羽等创立和掌控的天畅网络科技有限公司合作首创的"R&V非竞争性战略联盟",是一种自主的商业模式创新,并为传统产业寻求到新的商机。在R&V结盟中,绿盛公司在自己的产品"绿盛QQ能量枣"的包装上印上天畅游戏产品《大唐风云》中的"太平公主"形象,为它的面世大做广告。而天畅公司则在《大唐风云》游戏中设计出了"绿盛牛肉店",游戏玩家在这虚拟的店中"购食""绿盛QQ能量枣"便能迅速"恢复体力"。同时,现实世界中这种食品也可通过物流配送系统送到玩家手上。这样,原本不相干的牛肉干和网络游戏产品就相互嵌入对方,为双方创造和增加了很大价值。绿盛牛肉干这种实物产品增加了网络虚拟要素,而天畅网络游戏这种虚拟产品则增加了实物要素,使部分虚拟场景物品和现实场景物品对应,增加了玩家的兴趣。结盟当日开始上市的"绿盛QQ能量枣",仅一个多月的出货收入就约为2700万元人民币,为前一年同期推出的一款同类新产品的9倍。更重要的是,这种商业模式创新使绿盛牛肉干开拓了原有传统市场之外的销售渠道。同样,结盟后天畅的《大唐风云》还未正式上线,其官网注册会员就高达近10万,成为年度最受期待的游戏。同时,也改变了天畅的收益方式,拓宽了天畅的市场空间,使其可以靠旅游、食品等传统企业通过购买或资源互换游戏的虚拟场景、物品及传媒功能产生收益。天畅还先后与其他若干家企业实现类似的R&V合作,如把浙江凯恩集团新开发的飞石岭旅游景区作为游戏的一个场景,换回了凯恩集团一块面积达3万亩的山林景区49%的股权。

商业模式创新对于发展新经济,意义尤其重大。商业模式创新有效地促进杭州科技与经济结合,促进科技成果商业化,从而实施产业高端化,初步呈现后工业经济时代的特征,高新技术制造业和现代服务业等多种新经济业态不断涌现。以电子商务为代表,商业模式创新已推动杭州涌现出了许多新的经济业态,如文化创意产业、服务外包、楼宇经济、物联网产业等。2009年杭州文化创意产业实现增加值642.4亿元,其增加值占GDP比重达12.6%。十大文化创意产业园区建设稳步推进,之江文化创意产业园、白马湖生态创意城获中国最佳创意产业园区奖。在2008年通过认定的杭州高新技术企业中,以知识、信息和服务为主要创新资源的新经济类企业约占总数的四成,这其中包括恒生电子、信雅达、浙大网新、浙大快威、宏华数码等骨干软件企业,以及阿里巴巴、网盛生意宝等近20家商业模式创新企业。新经济业态为经济发展注入了新的活力,开辟了新的空间,将是未来新经济竞争的制高点,也是杭商企业未来发展方向。

（二）和谐是杭商创新的主色调，有力推进了杭州和谐城市的构建

创新是杭商发展过程的主旋律，而和谐则是杭商创新创业历程中的主色调。杭州是一个拥有悠久的历史底蕴和丰厚的文化传统的城市，在历史的发展中，杭州逐渐形成了"精致和谐、大气开放"的城市人文精神。根植于这种"精致和谐、大气开放"的人文精神，杭商这一别具一格的商人群体的创新创业过程始终有着浓厚的"和谐"色彩，这既体现在杭商企业与社会的和谐上，也体现在杭商创业与生活的和谐等多方面。而构建和谐社会，需要最广泛最充分地调动一切积极因素，激发社会活力，促进社会公平和正义。杭商的和谐创新，带动了相关各行各业的创造活力，促进了市场的开放性和竞争性，增强了社会的公平性和包容性，强有力地推进了杭州构建和谐社会的历史进程。

1. 经济与文化的和谐

许多杭商乐于把企业的成功部分归结于杭州"精致和谐、大气开放"的人文精神，认为这种人文精神是一种文化力，在其熏陶下，催生了他们的创业活动，实现了文化力向生产力的现实转化。确实，许多杭商的身上体现了这种经济与文化的和谐。杭州女装、软件通信、美容健身、花卉艺术、工艺美术、文化创意、休闲会展等科技文化含量较高的高层次的产业发展，都是这种和谐的有效承载。

杭州素有"丝绸之府"美誉，众多杭商企业包括喜得宝、达利、万事利、凯喜雅等在内，基于得天独厚的杭州丝绸文化，都成功地走出了一条产业与文化相结合的成功之路。目前，杭州的丝绸女装企业超过 2000 家，自主品牌 350 多个，数量占全国一半。丝绸和女装行业每年的销售产值达 200 亿元，从业人员近 20 万人。杭商通过不断的技术创新，来推动丝绸文化与产业的前进。从全国来看，杭州丝绸产业的创新非常领先，比如传统的真丝纤维和新材料新纤维结合方面的技术，丝绸的印花和印染技术，以及丝绸基础设备的生产技术等方面，都在同行业处于领先水平。不仅如此，杭商还将推动丝绸技术创新与文化创新的结合视为己任。杭州高盛文化有限公司通过技术创新，研制了高清晰度的丝绸印花技术，弥补了传统丝绸印制色彩清晰度差的缺陷，能够在丝绸印面上做到跟纸印刷一样的精度，极大地推动了丝绸文化与丝绸产业的共同发展。由于传统丝绸印制，技术落后，很多具有文化的东西无法表达，例如故宫、颐和园图案，用传统工艺做不出清晰度高的画面。

而杭商的这项技术创新则很好地实现了这种文化与产业的融合。2006年胡锦涛主席访问美国期间送给布什总统的国礼——真丝织锦版《孙子兵法》，就是由杭州高盛文化有限公司策划与制造的。

又如阿里巴巴等众多杭州网商，其成功耀眼之处并不仅限于对商业模式的革新，还应该包括这种商业模式对推动新商业文化发展的巨大作用。在网络化和全球化的促动下，经由网商等商业主体每一天、每一点的创新实践，一个新的商业文明正在快速地浮现、生长与展开。

2. 资本与"知"本的和谐

杭商提供了丰富的集"知"本家与"资"本家于一体的企业家资源。在任何一个国家，最稀缺和最具有价值的人力资源就是企业家资源[①]。改革开放以来，杭州涌现出了两代在浙江乃至全国都具有影响力的企业家群体，他们是改革开放的硕果，也是杭州这座城市的骄傲。杭商的发展历程，主要经历了两个阶段：从20世纪70年代早期到90年代末，是第一代杭商的成长及崛起阶段。其中，至80年代中期，杭州还是以乡镇企业、国有企业为主，同时一部分个体户开始创业。到80年代后期及90年代，以1988年国家出台私营经济政策为转折点，开始出现大规模转制和自主创业。一方面，原有的乡镇企业开始转制，形成一大批转制型的民营企业、股份制企业，早期创业的杭商拥有了自主产权，并成长为后来为人熟知的大企业、知名企业，如万向集团的鲁冠球等；另一方面，一些国有企业经理人通过改制成为具有经营自主权的企业家，正式登上前沿舞台，如冯根生等。同时，这一时期的民营企业创业活动已经十分繁荣，诞生了大批优秀的民营企业家，这既包括杭州本地人，也包括外地来杭创业、投资和再创业的新杭州人，形成了杭商区别于其他地域浙商的复杂性和多元性。第二阶段，20世纪90年代末开始，新一代杭商诞生。在这一阶段，高校教师和科技人员领衔创办知识型、科技型、文化型、创意型、都市型民营企业，他们成了杭州个人创业的中坚，如李琳创办江南布衣、陈纯等人创办浙大网新、谢宏创办贝因美等。同时，以阿里巴巴、中国化工网等为代表的一大批知名网络公司的诞生，造就了杭州网络经济神话，也造就了新型杭商即网商的横空出世，引领浙江乃至中国的互联网、信息技术产业。

此外，浙江省2008年就启动了大学生创业三年行动计划，正在为杭州培育造就新一代集"知"本家与"资"本家于一体的新型民营企业家。几年下来，在政府为大学生创业提供尽可能好的条件、环境、服务和平台基础上，涌现出一批如浙江盘石信息技术有限公司等规模大、效益好、并具良好发展前

① 张维迎：《竞争力与企业成长》，北京大学出版社2006年版。

105

景的创业企业成功典型。

### 3. 企业与社会的和谐

杭商的创业与创新，通过财富分享机制有效达成杭州既"民富"又"国富"的局面，助推社会和谐。相比于就业，创业具有更大的风险，同时也具有更高的收益，即创业具有收入倍增效应，可提高人均产出与人均收入水平，即富民。在一个城市中，中小企业数量越多，中等收入人口比例也就越高，失业和就业不足导致的贫困人口比例也就相对较低，社会公平度也就越高。杭商的成长与崛起，意味着大批民营企业家财富的积累过程，同时大量企业通过资本多元化、持股人多元化为纽带，掀起造富运动，达到群富效应，使得杭州的多数民众分享了经济增长的成果。财富分享机制极大地激发了员工的创造性、主动性，也意味着杭州的个人通过资本所有权参与国民收入初次分配的比重，远远高于全国平均水平，"藏富于民"特征明显，并有效地解决了社会公平问题。同时，发展创业型经济，还可以使创业者在参与竞争、资源利用、教育培训、获得信息等方面享有平等机会，为和谐城市的构建提供强力保障。

# 二、杭商和谐创新是杭州经济转型升级的载体和依托

## （一）杭州经济转型升级中杭商多维功能透视

### 1. 从杭州转型升级的主体来看，杭商（企业）转型是微观基础

30多年来，杭州的转型既是体制转型也是结构转型，坚持的是政府和企业"双轮驱动"，在转型的初期，政府在破除传统观念和旧体制的束缚、建立新的体制、调动资源、协调利益、创造环境、调控经济总量平衡、保持经济稳定持续增长发挥了重要的不可替代的作用。随着这一进程的推进，杭州市场机制的框架已建立，市场作为资源配置的基础功能日益显现，企业已成为市场的主体，杭州的经济转型已经进入了一个以结构调整和增长方式转变以及产业升级为主的新阶段。这种转变是一个融宏观经济运行和微观主体行为于一体的系统工程。宏观经济增长方式是建立在微观主体——企业行为基础上的，企业的经济增长方式决定了宏观经济增长方式。因此，实现宏观经济增长方式转变必须首先实现企业行为的转变。只有企业成长方式与

机制实现现代市场经济导向的转型,经济体制、经济发展阶段和经济系统才能实现根本转型。因此要推进经济整体转型,必须从一个个企业做起。做好了企业转型升级这篇大文章,经济的整体转型才有坚实的基础和美好的前景。

2. 从转型升级的人力资源来看,杭商(企业家)是宝贵的人力资本

企业家的天然禀性曾使杭商成为杭州经济转型时期制度变迁的关键民间力量,通过创办(或把企业改造成为)产权清晰的企业和能够降低交易费用的专业市场,奠定了杭州市场经济体制的基础。杭商的初创业和崛起是在企业家个人创业能力的推动下进步的,没有企业家个人的创业精神,就不会有杭商的成功与发展。万向、传化等杭商企业的创业无不包含着企业家个人的人格特质和创业精神。因此,杭商是建设浙江民营经济的主力军和先锋队,他们身上所蕴藏的企业家能力功不可没。而随着经济转型的纵深演进,大批具有更高素质和更强能力的企业家将是关键所在。

杭商特别是第一代杭商的成功主要凭借冲劲以及短缺市场的机遇,但普遍存在现代企业管理知识不足,对企业实行粗放型管理,对于企业管理制度、战略方向和人力资源等方面都缺乏系统的认识和对策,严重地限制着他们在新的形势和环境下进行创业创新。也就是说,杭商作为中国民营经济的开路先锋,已经完成了原始积累而进入了企业转型时期。这个时期,特别需要职业经理人来催化杭商完成现代企业的转型。职业经理人是一个企业走向现代管理和形成现代管理制度的传导者,是现代企业精神人格化的载体。熊彼特认为,企业家不仅包括"独立的"生意人,而且也包括一家企业"依附的"雇佣人员,例如经理、董事会成员等。因此,对杭州转型升级而言,需要思考的一个问题是,如何使杭商这块土地在成为企业主(老板)的摇篮之后,再成为职业经理人成长的沃土? 其实,杭州的土壤早已显示出其适合职业经理人成长的一面,厉玲就是这片土壤上长出的一朵奇葩。未来,我们需要让杭州的职业经理人队伍从厉玲的一枝独秀发展到百花齐放。

3. 从转型升级的路径来看,杭商(企业家)是创新的引领者和实践者

转型升级的路径多种多样,可以是依靠技术研发和自主创新,也可以是依靠品牌建设或者销售渠道,视不同的行业和产品而定。但都需要各级各类的创新作为保障,因此,创新是转型升级的关键。而企业家则是创新的引领者和实践者。用熊彼特的话讲,创新就是生产要素的新组织,而企业家就是实现新组合的人。企业家是企业的灵魂,企业家能够大胆且富有想象地

①威廉·鲍莫尔：《资本主义的增长奇迹：自由市场创新机器》，中信出版社 2004 年版。

②罗斯托：《从起飞进入持续增长的经济学》，贺力平译，四川人民出版社 2000 年版。

突破现行的商业模式和惯例，不断地寻求各种机会，推出新的产品和新的生产工艺，进入新的市场并且创造新的组织形式。① 简而言之，企业家就是独立的创新者。首先，企业家是应用创新的重要发动者。创新要能够带来经济增长，就要求创新必须是面向市场的，即根据市场发展确定创新的方向。而最能真正掌握市场需要的只能是企业家。其次，企业家是技术创新成果的应用者。科技促进经济增长和经济发展的关键在于科技创新成果的应用，这个应用过程实际上就是企业家发挥作用的过程。企业家要洞察到技术创新的市场价值，清楚实现这些价值所需要的条件，而且还要承担创新的风险，具体组织创新成果的转化过程和价值实现过程。再次，企业家是创新的传播者。一个企业家率先创新并获得超额利润，其他企业家意识到这种创新的市场价值，纷纷效仿，并根据自己企业情况进一步创新，由此扩大创新成果。总之，"经济起飞需要在社会上有一群准备接受创新的人的存在和成功的活动"②，这些人就是企业家。企业家对创新及时作出反应，而且通过回顾效应、旁侧效应和前向效应带动经济增长和发展。

杭商向来具有较强的创新精神，这体现在其所从事的产业活动上。一方面，对传统工业通过技术创新、管理创新与制度创新，在组织集团化、产权股份化、经营全球化等方面，实现新的超越，如鲁冠球。另一方面，自 20 世纪 90 年代以来，在以互联网、电子商务、文化产业为代表的新兴产业领域，新型商人迅速崛起并呈现极强的态势，马云是典型和杰出的代表。新型商人对知识、信息密集型的新兴产业的领先涉足并蓬勃发展，彰显出深厚的文化底蕴以及勇于探索、学习和创新的企业家精神。因此，在杭州经济转型升级中，仍将由杭商而且只能是由杭商来承担创新引领者和实践者的重任。

4. 从转型升级的内容来看，杭商产业升级是关键

转型升级既包括经济发展方式的转变，也包括产业的升级。而产业升级更是加快经济发展方式转变的关键所在，是提高经济增长质量和效益、实现区域经济可持续发展的必然选择。近年来，杭州产业升级成就斐然，但无论从产业结构的改善还是从产业素质与效率的提高来看，都仍然任重而道远。因此，加快杭商产业升级是此轮转型升级的重点内容。从产业结构来看，杭商仍存在大量劳动密集型的产业和企业，大量工业行业还没达到国际标准的先进制造业水平，现代第三产业特别是现代服务业比重仍有较大提升空间。从产业素质与效率的提高来看，我们离依靠优化组合生产要素、提高技术水平和管理水平以及产品质量的要求仍相距甚远。这就要求杭商必须走出对原有产业选择、要素投入、管理模式等方面的路径依赖和低层次锁

定,加快产业升级步伐。

从企业角度来说,产业升级主要有四种方式:工艺升级、产品升级、功能升级(向微笑曲线两端延伸)和产业链升级(进入新的产业),前三种是企业平时进行的常规发展方式,是保持和提高竞争力的基础。而产业链的升级对企业诱惑最大,相应的要求及风险也更高。产业升级的四种方式都非常重要,关键是企业要根据自身情况进行路径选择。从实践来看,许多杭商早已悄然布局。如杭汽轮集团在通过大规模的技术创新占领市场的同时,同步开始了赢利模式的转型,从生产型制造业向服务性制造业转型,通过为客户提供一揽子的解决方案,延长产业链。按照董事长聂忠海的说法是,从"卖牛奶"开始向"卖奶牛"转变。再如,聚光科技由其创始人王建从美国硅谷带回的半导体激光吸收光谱分析技术起步,生产气体分析仪器而掘得第一桶金,但这个行业的产业链分为三段,最赚钱的是方案解决商,它的下游是系统集成商,最下端是设备提供商。当时的聚光科技就处在产业链的最下端,也就是设备供应商,靠卖设备赢利。聚光科技在掘得第一桶金后,就开始了赢利模式的转型,开始向方案解决商转型。2009年,聚光科技成功地取得了河北迁安市环保在线监测项目的方案解决商资格,跻身方案解决商行列,并带来了令人意想不到的业绩:销售收入从2007年的1.8亿元飞跃至2009年的7亿多元。而正泰公司则利用研发的薄膜太阳能电池,在宁夏石嘴山市惠农区成功建成了一个规划发电容量100兆瓦的光伏并网发电项目,实现了从传统电器制造业向可再生能源产业的华丽转型。

(二)经济转型升级背景下杭商的主要制约因素

1. 杭商第一、二、三产业发展不平衡,第三产业发展空间较大

这里主要采用杭州市的相关数据分析了杭州市的三次产业情况,表4-1中包含2003年至2008年杭州市人均GDP水平、三次产业和就业人口比重,体现了杭商近年来产业结构与就业结构的变动趋势。下面借助钱纳里标准模式来分析杭州市产业水平(见表4-2)。2008年以后,杭州的人均GDP超过了1万美元,处于经济发展高级阶段。按照国际经验,人均GDP只要达到3000美元时,第三产业比重就会达到55%,中等收入国家第三产业比重则为58%,而杭州第三产业仅为48.5%。早在20世纪50年代,美国就实现了产业结构从"二、三、一"向"三、二、一"的转变。在1979年人均GDP突破万元大关至今的30年里,美国以服务业为主导的"三、二、一"产业结构特征进一步得到了强化,以信息业、金融业、文化产业等为代表的现代服务业更是得

到了长足的发展,其中不少行业的竞争力更是雄踞世界首位。日本在人均
GDP 突破万元大关后,以服务业为主导的产业结构进一步得到了提升,到
2005 年,日本的第三产业在 GDP 中的比重为 70%,高于第二产业 41 个百分
点,比 1984 年人均 GDP 突破万元大关时高出近 10 个百分点。从国际产业
结构标准水平来看,杭州在第三产业尚有较大发展空间。从就业结构看,杭
州市产业发展尚未达到发达国家 20 世纪 80 年代水平。

表 4-1　2003—2008 年杭州产业结构与就业结构变动趋势

单位:%

| 年份 | 人均 GDP（元） | 第一产业 | | 第二产业 | | 第三产业 | |
|---|---|---|---|---|---|---|---|
| | | GDP 中的比重 | 就业人口比重 | GDP 中的比重 | 就业人口比重 | GDP 中的比重 | 就业人口比重 |
| 2003 | 32700 | 6.10 | 24.37 | 51.60 | 38.48 | 42.30 | 37.15 |
| 2004 | 38858 | 5.50 | 22.70 | 53.00 | 40.48 | 41.50 | 36.82 |
| 2005 | 44853 | 5.00 | 19.05 | 50.87 | 46.18 | 44.13 | 34.77 |
| 2006 | 51878 | 4.50 | 16.97 | 50.40 | 45.81 | 45.10 | 37.22 |
| 2007 | 61258 | 3.99 | 15.75 | 50.17 | 46.02 | 45.83 | 38.23 |
| 2008 | 70832 | 3.70 | 14.11 | 50.00 | 46.30 | 46.30 | 39.59 |

资料来源:根据 2004—2009 年《杭州市统计年鉴》整理。

表 4-2　钱纳里的工业化发展阶段

| 人均 GDP(美元) | 经济发展阶段 | |
|---|---|---|
| 300—600 | 初级产品生产阶段 | |
| 600—1200 | 初　　期 | 工业化阶段 |
| 1200—2400 | 中　　期 | |
| 2400—4500 | 后　　期 | |
| 4500—7200 | 初级阶段 | 发达经济阶段 |
| 7200—10800 | 高级阶段 | |

2. 杭商产业层次不高,技术含量较低,处于价值链低端

杭商高度集中于制造业与传统服务业。制造业使许多杭商走上了成功
之路,也在相当程度上造就了杭商的制造业超稳定思维,即在制造业领域的
超强自我肯定和自我维持能力,从而抑制自我创新和自我改革的动机和能

力。这种制造业超稳定思维相当程度上导致杭商企业局限于微笑曲线的低端加工制造环节，只能获取较低产品附加值。而在服务业领域，杭商目前总体上比重较高，但是结构处于低水准。目前在服务业中占较高比重的是进入条件较低的运输、餐饮、娱乐、房地产等，而具有主导性、现代性的金融、保险、通信、网络等行业发展滞后。

3. 杭商自主创新能力不强，出口产品缺少自主品牌

经济增长的来源主要为两类：一类是配置效率的提高；另一类是生产效率的提高。配置效率的提高就是如何使要素由低生产率的地方流向高生产率的地方。而生产效率主要是由技术进步推动的每一种要素创造的价值的提升。过去 30 多年来，杭州凭借超前的市场化制度转型创造了体制优势，整合和利用内外部要素资源，提升资源配置效率，促进了杭州经济增长。随着全国范围市场化改革的深入，体制先发优势逐渐丧失，尽管配置效率的潜力还有，但会逐步耗竭，由此，生产效率的提高对经济的持续增长将变得至关重要。而生产效率的提高就需要研发（R&D），需要技术创新。

尽管近年来杭商企业创新能力有所增强，品牌建设有所进步，但对于绝大多数企业特别是中小民营企业来讲，其生存和发展主要还是靠要素的投入和投资的拉动，而不是通过技术创新、工艺创新、流程创新等来实现。2009 年杭州市工业企业科技活动经费支出总额占销售收入比例仅为 0.85%。同时，民营企业具有自主知识产权和核心技术、具有较高附加价值的名牌产品相当匮乏。据对 237 家上规模民营企业调查，被省级以上科技部门认定为高新技术企业的有 71 家，占 30%；拥有自主知识产权的有 95 家，占 40%；拥有自主品牌的有 138 家，占 58%。规模以上企业尚且如此，遑论大量中小企业。长期处于产业价值链末端，使其在市场环境出现剧烈波动时，缺乏竞争力，受制于人，不能掌握发展的主动权。

4. 要素约束越来越成为杭商转型升级的巨大挑战

杭州作为全国人口密度最高的城市之一，人多地少、陆域资源匮乏等问题十分突出，土地、水、能源等资源要素制约将长期存在并愈加严峻。如电力，迅速增长的电力需求和薄弱的电网之间产生了极大的矛盾。人才资源总量不大，加上高等院校和科研院所缺乏，企业人才素质提升缓慢。杭州缺乏港口资源与政策资源，在节能降耗减排、土地红线、产业布局等宏观环境和要素制约压力不断加大的情况下，产业发展的环境容量和空间受限。

# 三、杭商和谐创新推进杭州经济转型升级的内在机理

创新能力是决定地区竞争力的核心因素,拥有较强的创新能力是当前转型升级的重要基础。和谐创新是杭商创新的主要途径,是杭州经济发展的特色所在,深入分析杭商和谐创新推进杭州经济转型升级的内在机理对杭州创新体系建设与转变经济发展方式具有重要的决策参考价值。

## (一)和谐创新推动杭州经济转型升级的路径

和谐创新即以和谐的方式进行创新。和谐创新是一种社会范围内的协调创新,强调创业者、企业、行业、政府与社会之间的相互支持、相互配合、相互渗透,从而形成互动互补、共同发展的可持续创新。和谐创新即"和谐＋创新"。杭州的发展模式是和谐发展,追求经济与社会、环境的和谐,政府、企业和社会之间的和谐。和谐发展模式为创新提供了良好的环境,同时创新也为杭州和谐发展提供了动力。许多杭商都认识到"良性互动"、"多边多赢"的重要性,和谐是一种持续发展,是一种融洽关系,就是社会、企业和环境三者之间效益的和谐(见图4-2)。和谐创新是构成杭州经济转型升级的主要推动力量。

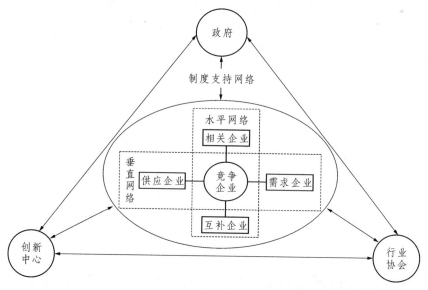

图 4-2 和谐创新组成要素关系图

杭商和谐创新主要是通过宏观上优化经济结构,微观上提升企业竞争力两个层面来推动经济转型升级的。在这个过程中,经济增长质量的提高是和谐创新的直接结果和主要标志。和谐创新促进经济转型升级的作用机理可用图4-3概括。

**图4-3 和谐创新促进经济转型升级内在机理**

### (二)宏观层面:杭商和谐创新推动经济结构的优化

由和谐创新创造的结构效应,是产业结构调整与区域经济增长方式转换带来的,它是宏观层面上杭商和谐创新对经济增长作用机理的核心。图4-4反映了宏观层面上的和谐创新如何促进经济增长的机理。在创新影响下,分工深化、产品结构发生调整、需求结构发生变化,同时宏观经济要素组合与运行方式逐步优化,这会促使产业结构调整,使经济增长方式转变。沿着产业结构调整、经济增长方式转换的路径,创新的结构效应显现出来。结构优化的结果是经济增长的质量更高,运行模式更为有效,这样就达到了促进杭州经济转型升级的目的。从宏观层面上讲,杭商和谐创新是通过结构效应达到促进经济转型升级的,结构效应是其宏观层面机理的核心。

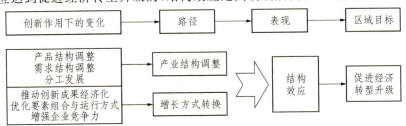

**图4-4 宏观层面上和谐创新促进经济转型升级机理**

1. 结构效应路径之一:产业结构调整

产业结构是国民经济中各产业之间和产业内部各部门之间的比例关系,以及产业和部门之间的技术变动和扩散的相互联系,是经济结构的关键组成部分。产业结构调整产生了结构效应,并最终促进了经济转型升级。合理和高级化的产业结构,能使经济资源得到合理利用,各产业协调发展,有利于取得更佳的经济效益。不合理、低级化的产业结构会降低经济增长的质量，并最终阻碍经济的发展。杭商和谐创新通过对产业结构的优化与调整，产生了刺激经济增长的结构效应，并最终推动经济转型升级。创新对产业结构变动的影响体现在如下方面。

第一，带来产品结构调整。创新能够带来新产品，促使新产业兴起，从而推动区域产业结构调整。一般而言，区域内新兴产业是通过两种方式形成的：一是原有产业不断分化，形成新的产业；二是某种新产品或新生产方式的规模不断扩大，形成新的产业。不论是区域内原产业的分化，还是区域内新产业的发育与成长，都与创新直接相关。创新通过引发产品、产业的更替，促使区域内一些新兴产业不断兴起和发展壮大，部分原有产业的比重逐渐下降甚至被淘汰而转移至其他区域，从而促进了产业结构的更新。

第二，推动需求结构调整。创新会直接或间接导致需求结构变化，从而对产业结构调整产生诱导力量。技术创新活动所开发的新产品，不仅引发和促进了产品更新换代，还改变消费者需求取向，从而引发区域消费结构的变化。作为生产的前提和目的，市场需求结构的变化，会导致产业结构的变化。一方面，创新会创造生产和生活的新需要，并且推动满足这些需求的新产业兴起。与此同时，也会使一些与原有技术水平相适应的需求下降，导致相应的旧产业萎缩或消失，从而引起产业结构的变化。简单地说，创新引起了产品结构的变化，进而影响消费结构的变化。另一方面，创新可以降低生产成本和产品价格，扩大市场，从而使潜在的购买欲望变成现实的有支付能力的需求。随着创新带动的新产品和新工艺的不断涌现，人均收入水平不断提高。作为消费者，无论是为了对新产品做出反应，还是收入水平提高的消费效应，都会产生新的需求取向，从而改变原来的需求结构。这样，在改变了的消费结构的推动下，产业结构的变迁就是必然的。

第三，促进分工深化。创新促使社会分工发展和专业化水平提高，而分工和专业化的状况直接影响到产业结构。创新促进了社会和区域分工的深化和发展，而分工的深化，会导致区域内兴起新的产业，从而推动产业结构向新的方向调整。

此外，创新还通过改变就业结构来诱导产业结构变迁，通过产业间的技术关联推动关联产业改变投入产出比例，由此带动产业结构调整。

产业结构调整对经济转型升级又有着深远影响。

第一，产业结构调整能够提高资源配置效率从而促进经济转型升级。在现实经济中，在非均衡的条件下劳动和资本等生产要素能否顺利地从低生产率部门向高生产率部门流动,是决定一国经济增长率高低的重要因素。如能合理调整产业结构,促进生产要素等资源顺利流动,就能提高资源配置效率,必然会促使经济综合生产力的提高,从而带动经济增长,加快经济转型升级。

第二,由创新技术的发展和使用导致新产业的出现和迅速增长,并向其他产业不断扩散实现经济总量的增长。由改良技术的使用导致现有产业的改造更新和发展,从而促进资源的更有效配置,提高劳动生产率。这两种方式的合力不仅推动了宏观产业结构的变动,而且也推动了整个经济的迅速增长。

2. 结构效应路径之二:经济增长方式转变

经济增长方式是决定经济增长的各种因素的结合方式和实现经济增长的途径。在创新作用下,创新成果经济化、要素组合与运行方式优化、企业竞争力强化,从而促进了经济增长方式转换。沿着经济增长方式转换的路径,技术创新的结构效应体现了出来。经济增长方式的转变是和谐创新结构效应的路径之二。

创新能促进科技研发活动与经济活动的双赢互动,克服科技研发与经济运行互不相关的"两张皮"现象,加快科技资源转化为现实生产力的进程,降低经济增长对自然资源的依赖程度,实现以最少的要素投入获取最大的产出效益,从而促进区域经济增长方式由粗放型向集约型转变,带动更高的增长质量和更快的增长速度。以创新为先导,就能提高科技成果经济化程度,区域经济增长成分中就会有更多的技术含量,经济增长模式也会发生相应转变,这样必然会带来更高的经济增长率。

和谐创新通过优化要素组合与运行方式来推动经济增长方式转变,进而产生结构效应并促进经济增长。和谐创新通过提高劳动者素质、改善投入要素质量、促进要素配置效率提高等方式,为优化生产要素组合方式与运作方式奠定了基础,能带来更高的经济增长质量和效益。这样,无论是为了获取更高的地区经济增长率,还是为了提高地区经济增长的质量或效益,都有赖于区域技术创新以及由此导致的经济增长方式转变。以创新为基础的经济增长方式的转变,可以极大地节约资源、提高效益,促进经济转型升级。

（三）微观层面：杭商和谐创新提升企业竞争力

1. 技术创新

图 4-5 反映了微观层面上技术创新促进经济转型升级的机理。技术创新的核心是成本效应与品质效应。成本效应与品质效应是创新由技术过程向经济过程转变的关键，关乎创新的起点与终点，是微观层面机理的核心。熊彼特认为，"实施创新活动的主体是企业家"。企业的目标是实现利润最大化，超额利润来源于对稀缺资源的占有，而创新的成果就是稀缺资源。在任何创新过程中，企业的目标总是很明确的，那就是通过创新提高企业竞争力。为了达到这一目标，企业可能采取的创新方法有很多，比如它可采取节约要素投入、优化要素组合、采用新资源以降低投入要素资源的稀缺性，也可采取增加产品多样性、提升产品质量等技术方法。如果沿着生产过程创新路径前进，那么创新成功后的效果就是企业能获得成本效应，即降低了生产成本、增加了企业利润；如果沿着产品创新路径前进，则创新成功后的效果就是企业能获得品质效应，即企业新产品以其质量上乘、品种多样满足消费者需求，从而扩大市场销路。不同的技术方法，形成不同的创新路径，从而产生不同的经济效果。

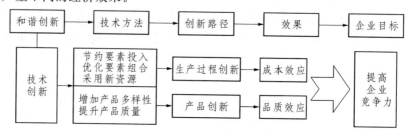

**图 4-5 微观层面上技术创新促进经济转型升级机理**

很多杭商企业在技术上主要依靠引进、模仿和 OEM 等。对自身创新能力培育意识较薄弱，具有自主知识产权的产品、技术和具有创新能力的优秀人才匮乏，总体上自主创新水平低，与杭州市委、市政府倡导的提升企业自主创新能力的要求还有一定的距离。万向集团以自主创新、技术驱动的战略，促进技术升级，增强企业竞争力。万向集团以收购世界顶级技术拥有企业为路径，实现了技术创新的跨越式发展。并以此为基础，在国内设立了国家级技术中心、国家级实验室、博士后科研工作站，并且在美国建立了自己的技术中心。近十几年，万向集团获得国家授权专利近 200 项，开发新技术、新项目 300 多项,技术进步对企业年总产值增长的贡献率已经超过了 55%。在我国首届自主知识产权百强企业评比的排行榜上,万向集团高居第 9 位。技术创新筑就了万向强大的技术优势,成就了国际化集团。

2．制度创新

决定企业制度的要素,可以概括为企业的规模、技术和管理能力。杭商中许多为家族企业,其管理能力有三个来源:一是自身的能力;二是家族成员的能力;三是社会专业人士的能力。杭商企业制度与家族人才供应关系最密切,其次是外部人才供给、企业规模、企业技术。杭商企业制度的选择和创新的主要问题是如何引进管理人才和进行双赢的合作。当前有许多杭商企业完善董事会制度,使股东会与董事会、董事会与经营班子分开,并建立监事会,从而跳出传统家族企业制度的束缚,建立比较完善的公司治理结构。

3．商业模式创新

商业模式的创新实际上是以全新的观念来发掘新价值,开拓新产业,属于商业模式的重构。杭商自主创新的最大优势在于商业模式的创新。商业模式创新过程就是与市场环境、外部条件相适应的一个动态过程,是企业价值创造基本逻辑的变化,它既可能是商业模式构成要素的创新变化,也可能是其相互间关系的创新变化,但常常是系统和根本的变化,是一种集成创新。阿里巴巴就是这种商业创新模式的典型企业。

# 四、对做好杭商和谐创新推进杭州经济转型升级的建议

杭商和谐创新既是杭州经济转型升级的载体和动力,同样也是杭州经济转型升级的内容和重要组成部分。杭州特色路线图既是浙江经济发展方式转变在杭州的生动实践,同时进一步丰富了浙江经济发展方式转变过程中省会城市的独特定位和经济转型升级的内涵。不仅如此,由于杭州经济在浙江经济中的独特功能定位,杭州特色路线图也为浙江省域范围内其他地区的转型升级已经并正在发挥着龙头领跑和示范带动作用。从一定意义上可以说,没有杭州特色的转型升级就不可能实现真正意义上浙江经济发展方式转变。描绘好杭商和谐创新推进杭州经济转型升级的杭州特色"路线图",通过杭商和谐创新推进杭州经济转型升级,笔者认为应该着重围绕以下几个方面展开。

（一）以战略思想为指导，助推杭商和谐创业，为杭州经济转型升级提供正确导向

"十二五"时期（2011—2015年）是全面建设小康社会的关键时期，也是深化改革开放、加快转变经济发展方式的攻坚时期。深刻认识并准确把握国内外形势新变化新特点，科学制定杭州"十二五"规划，对于继续抓住杭州发展的重要战略机遇、促进经济长期平稳较快发展、夺取杭州全面建设小康社会新胜利、推进中国特色社会主义在杭州的伟大实践，具有十分重要的意义。杭州"十二五"规划中规定和谐创新杭商要具有战略性、前瞻性、指导性，这与杭州应对国际金融危机冲击重大部署紧密衔接，与率先基本实现现代化和实现全面建设小康社会奋斗目标紧密衔接。杭商企业现实和未来的角色，决定了杭商经济应该成为杭州"十二五"规划的重要内容和重要组成部分，由此把杭商经济发展纳入到杭州"十二五"规划的战略任务和重大策略中。要通过杭州的"十二五"规划，在制度安排、体制机制、工作方法上为促进杭商和谐创新引领航向。统筹规划好杭商公平竞争、市场准入、融资便利、人才引进、要素配置、资本融合等方面，进一步明确杭商和谐创新的目标、战略重点、阶段性步骤和突破口。为了保证杭商和谐创新实现专业专注，要积极创造条件，建立专业机构，为杭商和谐创新提供组织保障，组织落实好杭商和谐创新的战略规划。杭州市及区、县（市）两级政府应成立相应的为杭商创新服务的政府常设机构来规划、组织、协调、推进杭商特别是杭商中小企业和谐创新工作。

（二）以提高自主创新能力为中心环节，形成杭商和谐创新的有效业态，为杭州经济转型升级激活内生动力

自主创新是经济转型升级的主要驱动力。提高自主创新能力，建设创新型国家，是党中央作出的一项重大战略决策。《国家中长期科学和技术发展规划纲要》提出，要把提高自主创新能力作为国家战略，贯彻到社会主义现代化建设的各个方面，贯彻到各个产业、行业和地区。要让民营企业愿意创新、敢于创新、有人力创新、有财力创新，必须在各个层面加强扶持和引导，全方位提升民营企业自主创新能力。

1. 加大科技投入和政策扶持力度，从制度上推进企业自主创新

在创新过程中，无论是创新资源的获取、整合和创新动力的提供，还是创新机制的运转和创新功能的发挥，都离不开制度环境体系的支撑。制度

设计能否激发杭商企业的创新欲望,是企业自主创新行动的决定性因素之一。因此,政府应该在从制度层面上推进杭商企业自主创新上大有作为。

要建立利益补偿机制,大幅度增加科技投入,完善多元化投入机制。加大各级财政对杭商企业的研发投入,提高财政预算中科技支出的比例,保证财政科技投入增幅明显高于财政经常性收入增幅,提高对企业技术创新的投入比例,提高科技型中小企业技术创新基金的支持强度。要及时研究现行税制中阻碍技术创新的问题,改革不利于创新的税收制度,采用贷款贴息和滚动支持、技术开发项目招标、建立科技开发准备金制度等各种手段加快形成多元化、多渠道、高效率的科技投入体系,发挥杠杆效应,推动杭商企业R&D投入占GDP比例的提高。完善政府采购配套措施和强化政府采购政策的执行力,引导政府采购向杭商企业高技术产品倾斜,完善多元化投入机制。制定针对杭商企业自主创新的激励政策,适度集中财政资金建立民营企业自主创新基金,扶持创办科技型民营企业,支持民营企业自主创新,加快技术进步,提高其市场竞争力。

要加强创新载体和服务平台建设,着力打造技术公共服务平台,技术成果交易、创新创业融资服务平台和社会化人才服务平台,推进产学研更加紧密结合,健全创新合作机制。建立健全企业公共技术平台,完善自主创新的综合服务体系,优化科技资源配置。以提升中小企业创新能力为重点,搭建创新平台,完善区域创新体系。促进企业、高校和科研机构携手,加快建设区域"产学研"合作平台。建立高校技术转化基地和企业管理促进基地,提高中小企业创新能力。建设大型仪器设备共享平台、技术产业化与交易平台、行业服务平台、教育培训设施的平台等。政府设立专项基金,收购高校科研机构闲置的发明专利作为公共技术资源向社会提供。引导中介组织提供专门的信息咨询服务,推动猎头公司、培训服务机构、资产评估机构、信用担保机构、信用调查机构等融入区域创新体系。加大技术引进与消化吸收再创新力度,把开放优势转化为创新优势;加强创新载体和服务平台建设,着力打造技术公共服务、技术成果交易、创新创业融资服务和社会化人才服务平台。通过建立面向民营企业自主创新的技术诊断、咨询、培训、项目评估、科技人才、项目投资、技术转让、知识产权、无形资产评估等技术中介组织,为杭商企业提供"一条龙"的技术创新服务。

加大知识产权保护力度,净化企业创新环境,设立知识产权专项资金,重点资助支持发明专利申请和专利产业化。开展发明专利新产品认定工作,对已被认定的发明专利新产品,给予研发资助。每年安排科技专项经费,重点支持企业、行业组织等制定具有自主知识产权的国际标准、国家标准和行业标准。建立政府采购高新技术产品协调机制,支持具有自主知识产权的产品、产业和标准。形成知识产权主管部门与工商、文化、公安、法院等部门齐抓共管的局面,进一步加大对侵犯知识产权行为的查处和打击力度。完善专利信息平台和专利预警、服务系统,加强专利信息检索服务。建立健全专利指标评价体系和专利统计制度,使知识产权管理和服务专业化、国际化。

### 2. 加大杭商企业商业模式创新的支持力度

自主创新的最大优势在于商业模式的创新,它是改变产业竞争格局的重要力量。商业模式创新,不仅仅是传统以赢利为主要目的的企业所需要的,也是社会企业、非政府组织和政府部门所需要的。随着杭州经济发展方式转变进程的加快,杭州产业结构呈现出多层化的趋势,既有高新产业,亦有传统产业,同时不断萌生新的产业,呈现出多样的商业模式。其中既有接近世界一流的企业,亦有管理水平很低的企业;既有庞大的千亿企业,亦有无数草根企业。

应进一步完善政府服务,积极推动当地的商业模式创新。加大商业模式创新企业、高科技企业或软件企业的优惠扶持政策。推动风险投资机构与项目对接。发挥市创业投资服务中心平台作用,用好创业投资引导基金,通过政策性资金引导以民间资本为主的创业风险投资机构,投资符合产业导向且正处于初创期、种子期的企业,用财政"四两拨千斤"的办法,及时"解决中小企业创业资金从哪里来"和"民间资本到哪里去"两大问题。探索对商业模式创新通过授予专利等给予积极的鼓励与保护,成立杭州创新发展研究中心,承担商业模式创新理论与实践的研究工作,及时总结商业模式创新的典型经验,进行宣传推广,以典型引路推动商业模式创新。这样可对众多中小企业起到引导、示范作用,并使全社会关心支持商业模式创新,营造创业创新的浓厚氛围。

### 3. 积极引导企业以延长产业链为抓手借力发展

政府应创造条件,积极扶持引导有条件的企业向产业链纵向延伸,融入国际领军企业供应链,借力发展。要及时分析具备资源禀赋上的比较优势或者人为创造优势,比如技术和产品的独创性、领先度及高附加值等因素,并借助中国庞大的市场,通过集中市场资源,进行"产业倒逼",占据产业价值链上的战略环节而非辅助或支撑环节,逆向或者顺向整合上下游产业链。

鼓励支持杭商龙头企业积极加入到国际供应链中,及时总结借鉴一些成功案例。如浙江西子联合控股有限公司通过与国际知名企业的合作而获得成功升级,引导鼓励支持杭商企业利用知名企业最先进的技术、研发能力、科学管理、营销手段等理念和制度,对其供应链上的企业进行相关方面的指导,使其及时融入供应链,从而获得先进的生产技术、管理经验,促使企业在产品质量和档次、管理模式、营销手段等方面得到升级。

（三）以人才素质提高为目标,构建杭商转型升级的人才高地,为杭州经济转型升级积聚人力资源

人才是企业发展的引擎,据2009年中国企业家调查系统对"后金融危机时期"企业的优劣势调查显示(见表4-3),企业所具有的劣势,选择比重最高的两项是"研发能力"(47.7％)和"资本及融资能力"(45.9％)。

表4-3　企业具有的优势和劣势数据统计

单位:％

| 相关要素 | 优　势 | 劣　势 |
| --- | --- | --- |
| 生产能力 | 65.7 | 9.7 |
| 营销能力 | 52.3 | 29.8 |
| 战略接触能力 |  | 22.3 |
| 研发能力 | 43.1 | 47.7 |
| 学习能力 | 39.5 | 12.1 |
| 组织设计与管理能力 | 35.7 | 29.0 |
| 资本及融资能力 | 28.3 | 45.9 |
| 人力资源管理 | 24.2 | 41.0 |
| 政府公共能力 | 10.0 | 40.6 |
| 其他 | 1.2 | 0.6 |

调查表明,从生产要素低成本优势为主的低成本、低价格竞争,走向兼顾国际、国内两个市场的产品与技术的差异化竞争,是中国企业在"后危机"时期全球化竞争格局下的基本战略走向,而提高企业的自主研发能力和资本融资能力都需要大量的人才集聚,因此杭商经济转型升级人才在当下是关键。必须坚持把科技进步和创新作为加快转变经济发展方式的重要支撑。深入实施科教兴国战略和人才强国战略,充分发挥科技第一生产力和

人才第一资源作用,提高教育现代化水平,增强自主创新能力,壮大创新人才队伍,推动发展向主要依靠科技进步、劳动者素质提高、管理创新转变,加快建设创新型城市。

从杭商企业的发展现状来看,至2008年底,全市共有私营企业12.82万家,从业人员突破百万达123.56万人;个体工商户27.53万户,从业人员50.25万人。2008年全市实现地区生产总值(GDP)达4781.16亿元,其中非公有制经济实现产值3297.88亿元,所占比重已达68.6%,比2007年增长了1.2个百分点。不断壮大的非公有制经济,已经成为推动杭州转变经济发展方式,经济转型升级的重要力量。面对危机,杭商的一些骨干民营企业不约而同地"转型"进军新能源、新材料、生物医药、电子信息、海洋等高科技新兴领域,开辟新的市场。进入新兴行业对企业的技术、资金、人才有更高的"门槛"要求,一方面,对于人才尤其是高层次人才的渴求愈加强烈,势必造成对人才的需求水涨船高。另一方面,从整体来说一些中小企业的员工由于文化水平和技术素质参差不齐,与国企相比存在一定差距。再加上社会对其的偏见,以及较差的工作环境和较少的教育培训计划等障碍,使得企业普遍感到严重缺乏创新人才,即使有了人才也会面临流失。

杭商企业同样面临这种人才紧缺状况与其发展现状极不匹配的局面,长远来看也不利于企业转型升级以及可持续发展。杭州应以贯彻落实《国家中长期人才发展规划纲要(2010—2020年)》为契机,及时制定加强非公经济组织、新社会组织人才队伍建设的实施意见,在人才培养、吸引、评价、使用等方面相应政策,积极探索打破人才身份、单位、部门和所有制限制,建立新型人才管理体制,将民营企业人才纳入杭州整体人才队伍建设规划中,改革创新户籍管理和人事制度,切实解决民营企业在档案管理、职称评定、进城入户、出国出境等用人、用工方面的不便。营造更加开放、平等的用人环境,推进非公经济组织和新社会组织吸引、培养和使用各类人才,实现可持续发展。

(四)以政策指导为突破口,引导杭商和谐创新,为杭州经济转型升级提供高效的支持

实现转型升级真正的主体应该是企业,政府工作的重心应在制度引导,政府的中心职能是营造环境,健全法律政策运行的导向机制。2010年5月,国务院颁布实施了《关于鼓励和引导民间投资健康发展的若干意见》(以下简称新36条),这是继2005年国务院颁布实施《关于鼓励支持和引导个体私

营等非公有制经济发展的若干意见》后,中央出台的促进民营经济发展、鼓励民间投资的又一个重要文件,文件进一步明确了民间投资的领域和范围,对于打破阻碍民间投资的制度性障碍、营造有利于民营经济发展的环境,会起到十分重要的作用。

结合中央、省、市委和政府有关要求,要认真制定《杭州市促进个体私营等非公有制经济发展规划(2011—2015 年)》,建立"国务院非公经济 36 条"、"浙江省非公经济 32 条"的贯彻落实情况的监督机构,切实建立健全中小企业社会服务体系,如中小企业财税支持体系、金融服务体系、科技服务体系以及教育培训体系,着力解决小型、微型企业的"融资难"问题;完善"非公 36 条"配套措施,促进杭商企业增强自主创新能力,引导各类经济组织更加主动地进行结构调整、产业升级和技术创新;建立健全小企业管理体制和政策法规体系,建立企业统计监测制度、建立杭商企业成长发展年度调研体系。

政府应积极引导金融机构,进一步加强对杭商企业的融资服务。通过研究杭商经济的特点和原来非正规融资渠道中可以借鉴的做法,进一步创新金融工具。健全完善投融资环境,拓宽融资渠道。要鼓励银行增加对民营企业信贷的比例,在成本核算标准、利率、税率上采取政策,支持银行完善对民营企业的信贷服务;推动社会建立民营企业信用的标准、评级、公示等方面的制度;鼓励社会资金参与信用担保机构建设,建立健全担保机构的资本金补充和多层次风险分担机制,逐步解决知识产权等无形资产作为贷款担保抵押品的问题;通过财政资金实行担保建立金融机构与民营企业的资金融通关系,组建和完善各种类型的贷款担保机构,以适应民营企业抵押贷款的灵活性需要。要切实加大对杭商企业的信贷支持力度,拓宽杭商企业的直接融资渠道,真正解决民营企业融资难的困难。组建和完善各种类型的贷款担保机构,以适应杭商企业抵押贷款的灵活性需要。进一步完善和落实好支持民营经济发展的财税政策。主要应加快财税体制改革步伐,建立和完善多层次的资本市场,对创业型、就业型、科技型、服务型民营企业加大税费扶持力度,对具有发展潜力及高附加值的外向型企业增加出口退税力度等。

(五)以优质服务为抓手,保障杭商和谐创业,为杭州经济转型升级提供优质保障

杭州正步入公共需求快速增长和利益关系深刻变化的重要时期,实现以公共服务为目标的政府转型对建设和谐社会至关重要。杭州进入经济社会转型时期,利益主体和社会结构正在发生重要变化,社会矛盾和社会问题

日益突出,收入差距加大,城乡差距、就业、公共医疗、义务教育、社会保障等公共需求和公共服务方面问题开始显现。这一现实,给改革发展和建设和谐社会带来许多不稳定因素,给政府扩大社会管理和公共服务职能提出了严峻而迫切的课题。从杭州经济体制转轨和经济发展的要求看,现在面临着公共产品供给的双重压力:一方面要承担改革成本,解决历史欠账问题;另一方面要着眼于发展,并为中长期发展创造条件。公共需求的全面增长与公共产品供给的短缺以及公共服务的不到位,已是一个相当突出的问题。因此杭州要抓住建立高效的服务型政府的机会,在承继解决"七难问题"的成果,建立高效政府的长效机制,切实解决公共需求的全面增长与公共产品供给的短缺,以及公共服务的不到位对杭商和谐创新的制约;要统筹把握转型升级速度与经济运行稳定两方面的需要,实施企业减负工程;在完善市场交易环境方面,要采取加强各部门在经济发展政策和管理方面的协调性,提高各类项目管理方面的效率,并降低各项直接或间接的政府规费;要加快社会信用体系建设,降低市场交易风险;要规范发展社会中介,通过为企业发展提供更有效率的中介服务等多项举措来降低交易费用,为企业创造更好的投资发展环境;要创新政府服务形式,激活为杭商经济公共服务的潜力;要通过引进竞争,购买服务等方式,实现提供主体和提供方式的多元化;要对公共服务的项目进行全面的梳理分析,鼓励支持引导杭商经济更多地参与基础设施建设、市政公用事业、科教文卫、科技研发、信息技术等公共服务领域的公平竞争,逐步实现本级政府采购向杭商产品倾斜。

着力强化行业协会(商会)的服务职能,加快政府职能转变,落实行业协会职能,按照"政府扶持中介,中介服务企业"的思路,大力推进行业协会与行政机关人员、机构与财务的"三脱钩",确保协会(商会)的中立性。加大行业协会培育和扶持力度,加强协会内部管理,提高服务质量。重视支持工商联组建各类行业性商会,在确保协会独立行使职能的前提下,充分发挥在各行业性商会运行中的指导和协调作用,并通过行业性商会组建全国杭商营销网络,积极拓展杭州产品的国内市场,提升杭商产品的整体竞争力。把推动服务业大发展作为产业结构优化升级的战略重点,建立公平、规范、透明的市场准入标准,探索适合新型服务业发展的市场管理办法,调整税费和土地、水、电等要素价格政策,营造有利于服务业发展的政策和体制环境。大力发展生产性服务业和生活性服务业,积极发展旅游业。拓展服务业新领域,发展新业态,培育新热点,推进规模化、品牌化、网络化经营。推动大城市形成以服务经济为主的产业结构。

（六）以结构优化为突破口，帮扶杭商和谐创新，为杭州经济转型升级打造新兴产业体系

坚持把经济结构战略性调整作为加快转型升级和转变经济发展方式的主攻方向。构建扩大内需长效机制，促进经济增长向依靠消费、投资、出口协调拉动转变。加强农业基础地位，提升制造业核心竞争力，发展战略性新兴产业，加快发展服务业，促进经济增长向依靠第一、二、三产业协同带动转变。统筹城乡发展，积极稳妥推进城镇化，加快推进社会主义新农村建设，促进区域良性互动、协调发展。

根据国家发改委 2010 年 6 月公布的《长江三角洲地区区域规划》，长三角区域总体将建设成为全球重要的现代服务业和先进制造业中心、具有较强国际竞争力的世界级城市群。并明确上海和杭州分别成为长三角地区的北南两翼现代服务业中心，杭州重点发展文化创意、旅游休闲、电子商务等服务业，成为长三角地区南翼的现代服务业中心。引导杭商企业结构优化升级应根据《长江三角洲地区区域规划》的要求、市场的需求有序地推进。

1. 明确产业结构调整升级的基本建构

在市场化改革不断深入的背景下，企业是推动产业结构转变的真正主体。随着产能过剩与产业竞争力不足的矛盾凸显，无论是应对国际金融危机，还是保持经济可持续增长，杭州经济都必须转型发展，通过结构调整、产业升级、技术创新与节能减排等手段解决目前低层次产业结构面临的国际竞争压力，块状产业组织方式面临的恶性竞争压力，粗放型发展模式面临的要素资源瓶颈压力，传统管理和组织体制及治理机制面临的升级压力。

产业结构要由第二产业带动向第二、三产业联动转变，由产业低端向产业高端转移。应逐步将产业结构转变为现代服务业驱动型，逐步形成以现代服务业为主轴、以先进制造业和电子商务为代表、以现代信息产业为两翼的三次产业结构形态。明确现代服务业的内部结构性应明确将生活性驱动型的服务业结构转变为生产性—生活性双轮驱动型的服务业结构，从而调整与提升杭州经济在国际产业分工格局中的地位，实现经济发展从速度型向效益型、从粗放型向集约型的顺利转变。

在产业的建构上，要在大规模改造提升传统产业的同时，大力发展新能源、生物技术和新医药、新材料、节能环保、软件和服务外包、动漫、物联网等新兴产业。发展新兴产业与推进自主创新紧密结合，集中力量突破一批关键核心技术，加快转化一批重大科技成果，培育壮大一批特色产业基地，以

自主创新推动产业优化升级,形成新兴产业先发优势。把高技术产业、新兴产业和生产性服务业当做杭州产业升级的主要目标,研究需要选择什么样的高技术产业、新兴产业和生产性服务业作为杭州产业升级的具体对象。在推进产业结构转型升级中,作为政府要逐步减少杭商经济进入先进制造业和现代服务业的限制,通过金融支持、税收减免、信息提供等方式鼓励企业自主创新,通过教育和培训方式改革为企业提供智力支持,通过户籍和社会保障制度改革吸纳创新人才进入,在国际金融危机的背景下甚至可以开设引入国外高端人才的特殊通道,创造有利于现代服务业发展和自主创新能力提高的体制环境。

2. 深度拓展现代服务业

把推动服务业大发展作为产业结构优化升级的战略重点,建立公平、规范、透明的市场准入标准,探索适合新型服务业发展的市场管理办法,调整税费和土地、水、电等要素价格政策,营造有利于服务业发展的政策和体制环境。大力发展生产性服务业和生活性服务业,积极发展旅游业。拓展服务业新领域,发展新业态,培育新热点,推进规模化、品牌化、网络化经营。推动大城市形成以服务经济为主的产业结构。

按照深度市场化的要求,把服务业从垄断性行业和领域中解放出来,从官办社会事业领域中剥离出来,从政府现在的一部分扭曲的行政管理活动中剥离出来。要重视现代服务业特别是高端服务业对产业结构优化升级的促进与推动作用。利用信息网络技术促进网上数字化市场、支付系统和新型物流系统的发展,并逐步建立网上"信息中心"和"配送中心"等电子商务的平台,大力发展网上"虚拟专业市场",使网上市场与网上交易逐渐成为商品贸易的重要方式。不失时机地发展金融保险、研发设计、综合运输、现代物流、信息服务、商务服务等现代服务业,促进价值链向"微笑曲线"两头攀升。要在深入实施"工业兴市"战略的同时,大力实施"服务业优先"战略,促进现代制造业与服务业的互动发展,提升制造业的知识技术含量和附加值,增强产业国际竞争力。加快推进新闻出版、广播影视、文化艺术、体育健身和娱乐业发展,发展壮大数字电视、动漫创意等新兴文化产业,增强杭州的软实力,满足日益增长的文化需求。

3. 大力推进信息化和工业化的有机融合

继续抓好信息、生物医药等优势产业;将汽车产业作为战略产业来抓;积极推进新能源产业发展,重点发展太阳能光伏、风电设备制造、新型电池等产业;积极发展新材料产业,争取在新能源材料、光通信材料、半导体照明材料、纳米材料、高性能纤维复合材料等领域形成优势。发展包括工业设计及研发、服装设计、软件设计、建筑景观设计、广告和咨询等在内的创意经济。

发展和提升软件产业。积极发展电子商务。加强重要信息系统建设,强化地理、人口、金融、税收、统计等基础信息资源的开发利用。实现电信网、广播电视网、互联网"三网融合",构建宽带、融合、安全的下一代信息基础设施。推进物联网研发应用。以信息共享、互联互通为重点,大力推进电子政务网络建设,整合提升政府公共服务和管理能力。确保基础信息网络和重要信息系统安全。

促进经济增长离不开大产业的推动。杭州要凭借独特的区位优势、灵活的运行机制及坚实的产业基础,大力推进从大飞机大整车到新能源新医药,从传统装备制造业到现代服务业的发展。杭州的大产业很多,比如装备制造业、汽车制造业和动漫文化创意产业。发展大产业,除了要继续按照"稳定优化一产、主攻调整二产、提升扩展三产"的要求,大力发展高效生态农业、先进制造业和现代服务业之外,要依托大平台建设或块状经济基础,加快培育具有空间集聚规模优势的产业。

(七)以营造制度环境建设为载体,支持杭商和谐创业,为杭州经济转型升级提供良好氛围

制度环境建设在转变经济发展方式中具有保障性的作用,从经济学的角度来看,是一种稀缺性的资源。在转型期,制度环境建设是推进经济转型升级的基本要素。制度环境建设对转型升级产生巨大的影响,是转变经济发展方式,经济转型升级的先导。国内外经验证明,一个地区经济发展方式的转变速度,取决于能否创造出鼓励自主创新和转型升级的制度环境。目前,无论是发展中国家、新兴工业化国家,还是发达国家都积极地对经济转型升级给予制度变革和政策的干预,探索通过人才培养、公共服务、科技投入、加强对科技创新和高新产业发展的宏观调控力度等,进行制度创新和政策创新。坚定推进经济、政治、文化、社会等领域改革,加快构建有利于杭州科学发展的体制机制。对国外和国内实施互利共赢的开放战略,共同应对全球性挑战、共同分享发展机遇。

# 第五章　杭商竞争力及其提升研究

所谓商帮是指"称雄逐鹿于商界的地域性商人群体或商人集团,它常常以血缘姻亲和地缘乡谊为纽带所结成的,并有一大批手握巨资的富商构成商帮的中坚力量"[①]。商帮也被简单认为是具有一定地缘关系的商人的集合。我国商业活动出现较早,以会馆为组织形式的商帮从唐宋时期就出现端倪,"一般以同地域或同行业为聚合对象,组织成会馆或公所,作为商人聚会、议事、处理商务活动的办事机构,有自己的组织章程,代表和维护商人的共同利益,对外应付、处理来自官方及社会有关本帮商务的大小事务,对内约束同业人员的不轨行为"。到了明清时代,全国各地出现了许多商帮,其中著名的有十大商帮,即山西商帮(或称晋商)、徽州商帮(或称徽商)、陕西商帮(又称西商)、宁波商帮、山东商帮、广东商帮、福建商帮、洞庭商帮、江右(江西)商帮、龙游商帮。

改革开放以后,随着区域经济的新一轮发展,我国又出现浙江商帮、山东商帮、苏南商帮、闽南商帮、珠三角商帮新"五大现代商帮",逐渐改变着国内经济的版图。这些现代商帮是改革开放、市场经济发展的产物,具有一些共同特性,又与当地商业氛围、人文精神有密切的联系,具有很强的区域特色。

山东商帮具有浓厚的齐鲁文化特色,既有北方人的务实,又有南方人的精明,精通《孙子兵法》,讲究平衡,但与政治联系紧密,依存于政府的迹象较明显;苏南商帮则有鲜明的吴文化特色,重格物致志,强调均衡、集体、等级,但个体个性不显明、自主性不强,与政治联系也较紧密;珠三角商帮以南粤

① 朱会生:《试论新旧商帮的本质特点及其对经济的影响》,《商场现代化》2007年第32期。

文化为基础,趁改革的东风、特区的优势,学习港台商人,经商大胆,具有自由开放、冒险开拓、务实创新的精神,但对外来资本依赖性强,且过分逐利,前瞻性略显不够;闽南商帮与吴越文化交融,具有以海洋文化为基础的冒险精神和崇商意识,有吃苦耐劳的品质和强烈的老板意识,是典型的客家商业文化,但过分强调爱拼才会赢,合作和团队意识相对不足;浙商有深深的浙东文化烙印,强调经世致用,强调个体、个性、能力,在事业发展上,始终有当领头羊的想法,有首创精神,在个人发展上,有强烈的老板意识,重视个人和团体的发展,少说多做,踏实苦干,注重实效。

"五大现代商帮"中的浙江商帮(浙商)是指以宁波、杭州、台州、温州等区域为代表的浙江商人群体。改革开放以来,浙商异军突起,陈天桥、鲁冠球、徐冠巨、丁磊、宗庆后、马云、南存辉、杨元庆……这些声名远扬,在商界如雷贯耳的名字的背后,都有一个共同的背景,他们都是土生土长的浙江商人。浙商已经成为全国人数最多、分布最广、影响最大的创业群体,是当今中国人气最旺的创富商帮。在短短的 30 多年时间里,从一个资源小省发展到如今的经济大省,浙江经济取得了飞跃式发展,成为全国经济增长速度最快和最具活力的省份之一,主要经济指标在全国一直保持领先地位。浙商,因其取得的成就,已经成为在国内极为引人注目,甚至在国际上有知名度的地域性商人群体。

伴随着浙商的潮起,作为浙商的分支——杭商时代已经开启。

30 多年来,杭州城市发生翻天覆地的变化。杭商迅速成长,脱颖而出,涌现出许多在浙江、全国乃至世界都具有影响力的企业家群体,有以冯根生、鲁冠球、宗庆后等为代表的老一辈企业家,还有以马云为代表的年轻一代企业家。今天的杭商已成为全球化、互联网的代言人,是新经济时代的杰出代表。

"物竞天择,适者生存"。市场经济的自然属性和运行规则决定了竞争是推动经济发展的不竭动力,任何一个商帮要想在激烈的市场竞争中求得生存和发展,就必须具有能够占据优势的竞争力。

随着全球竞争的日益激烈与广泛,杭商如何进一步提升竞争力再次成为关注的焦点。当前,杭州正处于社会转型和创新型城市建设的进程中,提升杭商竞争力是杭州继续引领城市发展、增强实力的必然选择。因此,对杭商竞争力进行前瞻性研究有明显的理论和现实意义:群体竞争力对传统的竞争力研究学派提出了挑战,深刻探究有助于丰富竞争力理论;揭示杭商竞争力的形成机理,探讨提高竞争力的途径与政策支持,能为政府提供前瞻性的决策参考。

# 一、杭商竞争力及其形成机理

杭州是中国著名的风景旅游城市，每年吸引几千万中外游客。杭州以其美丽的西湖山水著称于世，"上有天堂、下有苏杭"，表达了古往今来的人们对于这座美丽城市的由衷赞美。元朝时曾被意大利著名旅行家马可·波罗赞为"世界上最美丽华贵之城"。宋代大文豪苏东坡曾写道："天下西湖三十六，就中最好是杭州"。西湖拥有三面云山，一水抱城的山光水色，她以"浓妆淡抹总相宜"的自然风光情系天下众生。

作为中国历史上古老的通商口岸，杭州向来都是商品云集、出口繁荣的重要地区，在纷繁的商品流通过程中，历代行商坐贾活跃于城乡社会。杭州涌现出了众多杰出的商人，他们在各自的领域独领风骚，推动了地区的经济繁荣，甚至对中华文明的发展作出了卓越的贡献。

## （一）竞争力的相关理论与商帮研究

各学派已从不同视角、层次展开竞争力研究。

（1）世界经济论坛（WEF）和瑞士洛桑国际管理开发学院（IMD）提出了国际竞争力理论原则和方法体系，发布各国国际竞争力评价报告。

（2）M. E. Porter 构建了产业国际竞争力的基本分析框架，认为生产要素、市场需求、相关与辅助产业发展水平、企业策略结构及竞争对手、机遇、政府六个因素影响产业国际竞争力。

（3）Birger Wernerfelt 和 Edith Penrose 认为企业的有价值性、稀缺性、不可复制性以及以低于价值的价格获取的资源是企业获得持续竞争优势和成功的关键因素。

（4）Brian Loasby 和 Christian Knudsen 认为企业中蕴含着一种特殊的资本，能够确保企业"以自己特有的方式更有效地从事生产经营活动，处理遇到的各种困难"。

（5）C. K. Prahalad 和 Cary Hame 开创了企业竞争力理论研究的核心能力阶段。

国内受 Porter 的影响，20 世纪 90 年代开始竞争力研究。金碚对中国企业赢利能力现状及提升的原因进行了分析；林汉川、管鸿禧对中小企业的外部环境竞争力、短期生存实力、中期成长能力、长期发展潜力以及综合竞争力展开了评价与比较，揭示了东中西部中小企业竞争力差异的深层机理；胡大立等认为企业竞争力是外部环境、企业资源、企业能力和知识综合作用的结果;何一峰、苏良军警示,转型时期企业竞争力可能出现下降趋势,忽略这个事实,一味追求短期的规模膨胀,容易使企业走向破产的危险边缘。

纵观国内学术界,关于中国商帮、商帮文化的论著可谓汗牛充栋,特别是有关浙商财富故事的畅销书比比皆是。陈立旭通过对浙商、晋商、徽商文化传统的差异及其与当代区域经济发展关系的比较和分析,指出浙商"工"与"商"相结合的"艺商"区域文化传统,使之与改革开放以来宏观社会背景具有一种亲和性,而晋商和徽商文化传统则不具有这种亲和性,这正是浙商、晋商和徽商文化传统在当代延续或不延续的主要原因;杨涌泉比较详尽地阐明了浙商区别于其他商帮的内在特质;韦立武揭示了浙商在面对外资并购环境下的压力和弱势;记者晓舟写的《浙商,为什么成了弱势群体》一文暴露了当代社会经济环境给浙商发展造成的压力和束缚。

杭商在中国历史上可谓源远流长,尤其在南宋,杭商几乎是中国商人的代名词。但作为浙商的一部分,杭商这个称谓似乎易被人遗忘,易被浙商淹没。随着 2009 年首届杭商大会的召开,杭商呼之欲出,万名杭州商界精英们众望所归。张俊华认为杭州商人是浙商的重要组成部分。从历史角度看,杭州上千年的商业历史支撑了江浙一带商帮的繁荣;从现状来看,鲁冠球、宗庆后、冯根生、马云等杭州商人已成为浙商的领军人物。杭州商人既继承了中国的传统商业道德,又体现出"品质创业、和谐创新"的典型特色。杭州商人也为浙商精神的形成和发展作出了自己的贡献。

现有的这些研究为本章提供了丰富的资料和理论范式上的帮助,但有关竞争力的成果多集中于国际比较,或偏重于不同规模、类型企业的竞争力研究,而针对特定区域中企业群体竞争力的研究还为鲜见,尤其是杭商竞争力及其提升问题的相关研究仍是盲点。

经济全球化使市场范围扩大,机会增多,但随之风险加大,竞争更趋激烈,给企业的生存发展带来了严峻挑战。抵御国际经济风险,提升竞争力,是杭商所面对的重大而迫切的课题。

(二)杭商竞争力的形成机理

历史上,杭州涌现出很多杰出的商人,张俊华(2010)用"辉煌的杭商群体"进行了高度概括与总结[①]。

(1)杭州走出了众多同业之祖,创行业之先。民国时期蒋海筹、蒋抑卮父子创办了中国最早的商办银行——浙江兴业银行。

① 张俊华:《杭州商人的历史地位及其对浙商精神的贡献》,《商业经济与管理》2010 年第 7 期。

（2）杭州走出了众多巨商大贾，成商界传奇。作为中国最大的商业城市之一，杭州孕育了许多鸿商巨贾，他们凭借灵活的头脑，或在变幻莫测的商海里翻波逐浪，或在兴办实业中奋斗拼搏，成就了一段段传奇故事，最著名的当属红顶商人胡雪岩。

（3）杭州走出了众多儒雅商人，在青史留名。作为历史文化名城的杭州，其商人也往往带有很多文化气息。如南宋书商陈起，在临安栅北大街睦亲坊开书肆，刻书售书，编撰并刻印了唐宋以来名人诗词、文体与杂记小说100余种，有很多版本保存至今，为中华文化的传播作出了巨大贡献。

（4）杭州走出了众多手工业巨匠，留百年字号。有着深厚文化底蕴的老字号及其经营的传统商品，是众多身怀绝技的能工巧匠经过悠久岁月凝聚起来的艺术杰作，是杭州商业发展中孕育的自主品牌，那些老字号初创者们既是手工业巨匠，也是杭州商人的代表。"张小泉"誉满神州，名扬海外。

（5）杭州走出了众多爱国商人，为民族脊梁。杭州的商人具有社会责任感，他们诚信为商，接济百姓，能在中华民族生死存亡的危急时刻，勇敢地站出来，肩负起实业救国的责任，如杭州织锦业创始人都锦生。

（6）杭州走出了众多外贸巨子，是文化使者。自五代到明清，杭州商人始终在中国的外贸史尤其是中日贸易史上占有重要地位，他们在中外贩卖货物的过程中，也成了文化交流的使者，把中华文明传播到各地。

杭商的崛起有着深厚的历史渊源，因而作为一个群体有它特殊的标签：文化底蕴厚、聪明、勤奋、信誉好、稳健、低调、守法。与时代造就的杭商比较，改革开放以来，浙商抓住发展民营经济的政策机遇，以其勤奋和务实成为当今中国最具影响力的商帮，其中少不了杭州商人的身影，以冯根生、鲁冠球、宗庆后、徐冠巨、汪力成等为代表的一大批杭商领军人物跃然而起，成为浙商的代表人物；进入知识经济时代，杭州商人顺应时代发展趋势，涌现了阿里巴巴为代表的一大批知识型企业，赋予了杭商新的时代内涵。今天，新实业、新资本、新融合、新境界、新视野、新模式是杭商最为显著的特性，也是杭商竞争实力之所在。

1. 新实业：撑起杭州工业大梁

执著于实业是杭商的传统。杭商在秉承这一传统的同时，在"新"字上做文章，对技术的创新、经营管理体制的革新、资产结构的更新不遗余力。

以做燃气灶起家的德意集团，2010年对外发布了燃气热水器、嵌入式微波炉、嵌入式烤箱、整体浴柜四大系列新品，标志着其开始由"经典厨房"的品牌定位向"经典厨卫"理念的华美转身。

1998 年,德意集团在全国率先开发成功第一台安全型嵌入式玻璃燃气灶,改写了国内燃气灶行业的发展格局。2000 年,又推出了彩钢蚀刻面板系列产品。2001 年,推出带保洁钢化玻璃翻盖的嵌入式灶具。同一年,德意集团诞生了第一款近吸式吸油烟机。经过 5 年的市场验证发现,消费者非常青睐近吸式吸油烟机。当确定市场的消费趋势后,德意集团正式把近吸式吸油烟机作为战略主力,全力推向市场。从推出至今,德意集团近吸式吸油烟机的销量成倍增长。如今,德意集团旗下的新天弧系列,几乎成为近吸式油烟机的代名词。2003 年,"零换洗"系列吸油烟机研制成功,凭借其独创的零形网板设计,真正实现了吸油烟机的"免拆、免洗、免换网"。2004 年,又推出"零启阀"系列燃气灶,实现即点即着、零秒启阀的革命。

在德意集团的发展史上,创新是一个很关键的字眼。公司每年都开展两次"岗位创新奖"评比,激发全员创新。目前已经举办了 17 期,共计发放奖金 80 多万元,有 200 多项创新获奖,如近吸式吸油烟机、智能燃烧器等创新项目已经引领行业的发展。2010 年,德意集团从"经典厨房"向"经典厨卫"转变,"厨卫"跟"厨房"虽然仅差了一个字,但是正是这一字之差,意味着德意的产业边界又扩大了一倍。创新给德意带来了源源不断的动力,这家一开始只有 3000 元创业资金、2 名员工、12 平方米的小商店,经过 10 多年的努力,如今已发展成为拥有经典厨房、品质房产、实业投资三大事业板块,员工 3000 多名的多元化现代企业集团,先后荣获"中国驰名商标"、"中国名牌产品"、"中国十大最具文化价值品牌"、"中国企业文化建设先进单位"等荣誉称号。

杭商的核心竞争力来自创新。杭商的崛起史,就是一部向世界先进工艺装备和技术进军的技术创新史。

2009 年,杭州共实现生产总值 5098.66 亿元,其中,非公有制经济贡献达到 64.5%,超过了"半壁江山"。改革开放后,以鲁冠球、徐冠巨、汪力成、宗庆后等为代表的企业家跃然而起,成为浙商群体中的"领袖级"人物。近年来,像德意集团、天马股份这样拥有现代企业架构、庞大资本积聚和先进运营体系的现代企业集团在杭州不断涌现,以新型制造业为基础的民营经济在杭州经济发展中的地位和作用日益凸现。

2. 新资本:抢占现代战略的高地

金融资本是商品经济发展的最高形式。善于调动一切资源,将企业做大做强,是现代企业家的应有之意。杭州一直被称为"人间天堂",而如今杭州又成为"投资创业的天堂"。近些年,杭州在互联网、软件设计开发、数码、美食、婴童、商贸旅游等领域涌现了一大批优秀的企业,其中不少企业陆续在国内外资本市场崭露头角。到 2009 年底,杭州的上市公司已经有 62 家,占全省总数的 35%,其中境内上市的公司有 45 家,境外上市 17 家。杭州境内上市的公司总数,已经在国内各大城市中排名第四,仅次于北京、上海和深圳。杭州的上市公司中,IT 产业最多,有 17 家,其次是机械制造业,有 12 家,然后是医药化工行业、房地产及建筑材料业和商贸服务业。2009 年,上市公司中仅有天目药业和万好万家 2 家公司出现了亏损,亏损面仅 5%,远低于全国上市公司 21.3% 的平均水平。

很多杭商有上市的冲动。"一方面,上市可以扩大企业品牌和影响力。另一方面,上市可以为企业提供融资平台,为企业可持续发展奠定基础。近年来,阿里巴巴、华星创业等很多企业逐渐做强做大并上市,让我们也坚定了信心,我们要加快速度提升市场竞争力,把企业发展起来。"一位 IT 企业老总表示,这些企业是自己的榜样。同时他认为,资本运作是企业发展的必要手段,但资本运作必须服从企业的整体发展战略。

杭商群体中不乏在资本市场长袖善舞、"以小搏大"的代表人物。如莱茵达置业股份有限公司是一家上市企业,公司前身是沈阳房天股份有限公司。2002 年,杭州企业莱茵达控股集团通过股权收购,买壳上市,并于 2009 年 1 月从辽宁迁回杭州西湖区。

可以预见,"弄潮"资本市场使杭商站在一个更高的战略层面向前发展。现代企业家应该具备通过资本市场运作整合资源,将企业做大做强的能力。资本运作是为产业发展服务的,对真正的企业家来说,资本运作只是完成企业发展战略的一种有效手段。一旦进入了资本市场,企业本身也要受到公众监督,这对企业的长期发展也有利。这个发展理念在杭商中获得广泛认同。

### 3. 新融合:引领杭州产业的发展

产业融合是在经济全球化、高新技术迅速发展的大背景下产业提高生产率和竞争力的一种发展模式和产业组织形式。在产业融合的动力作用下,会产生各种各样的机会环境,也是诞生新企业、新产品的摇篮。绿盛集团与天畅科技融合的实践,是将自身的闲置资源有效地嵌入到其他产业中,双方均因此出现了新的增长点和较高的经济效益,这是产业融合的结果,也是杭商发展所追求的目标。

细细品味杭州产业的发展,不难发现,杭商致力于融合化发展的特征非常明显。

杭州动漫属于多层次融合的产业。当今的动漫产业已形成动画、漫画和游戏三位一体的新格局。如漫画小说畅销后可以拍成动画片，成名的动画片也可改编成游戏软件，而游戏中的人物和故事又可变成漫画书出版。动漫产业不仅仅以动画片播放收入、图书和音像制品的销售来收回成本，而且能依托大量的衍生产品获取丰厚的利润。因而，以数字技术为新特征的动漫产业，是传统的美术文化业和现代IT产业的真正融合，是艺术、商业和高新技术的融合，是资金密集型、科技密集型、知识密集型和劳动密集型融为一体的新兴产业。杭州动漫产业实现融合化发展，突破了文化产业与现代IT产业间的条块分割，加强产业间的竞争合作关系，减少产业间的进入壁垒，降低交易成本，最终形成持续的竞争优势。

　　杭州女装业能享有很高声誉，多维融合是关键。"着力打造特色街区，构建展销双赢平台"推动了整个产业集群系统的更新与升级，产业集群与特色商业的融合，是生产和销售的联动，极大地降低了杭州女装的生产和交易成本，为品牌的成长提供了机会；杭州是一个开放性的都市，它融合了传统与现代、东方与西方、民族与时尚的流行，精致的生活方式决定了杭州女装融休闲、时髦、实用于一体的设计特点，杭州众多的服装市场、服装特色街，将旅游、休闲、购物融于一体，符合杭州人的生活情趣，杭州女装正体现了城市文化与生活方式的融合。杭州女装的发展历程，最初是一条独特的创业之路，杭州市委、市政府敏锐地察觉到女装产业辉煌的前景，相继出台了女装产业结构调整、技术进步、融资渠道、女装产业园、女装产业奖励发展基金、建立女装特色街、外地名牌女装企业来杭投资等方面的政策，杭州女装前所未有的发展更源于自主创业与政策扶持的融合。融合化引领着杭州产业的新发展。

　　4. 新境界：开创统筹城乡的先锋

　　对于杭州而言，最关键是如何加快县域经济的发展？县域经济介于城市经济和农村经济之间，一方面承载着农村发展的重担，另一方面又面临着城市经济的冲撞。发展县域经济重在推动县域工业化，县域工业化实际上就是农村工业化，即在农村地域范围发展工业。

　　浙江蜂之语蜂业集团以本地资源为条件，引领消费，创造市场，追求质量，勇于创新，蜂业集团获得了跨越式发展，带领蜂农走上了富裕之路，充分释放了县域发展工业经济的潜能，彰显杭州"工业兴市"战略在县域的生动实践篇章。

　　位于桐庐的浙江蜂之语蜂业集团创建于改革开放伊始，是一家大型的蜂产品专业生产企业,主要生产鲜皇浆、皇浆冻干粉、蜂胶等十几个系列的蜂保健品,现已发展为全国屈指可数的蜂产品生产、出口基地,获得了农业龙头企业的殊荣,成为中国蜂产品行业的领头雁,产品远销日本、美国及东南亚、欧盟各国。

蜂之语独特的经营管理范式可以概括为:一手拉着都市,一手牵着农村。

稳定、高质量的货源是蜂加工业不断发展的基石,重金属含量、农药残留等问题是蜂产品原料的最大缺陷。为了实行原料质量的源头控制,公司自办了有机蜂场,既作为公司原料的生产基地,又是各种有机蜂产品的研究实验基地。另外,公司投入巨资成立蜂业合作社,率先在浙、皖、豫、苏等地把分散的蜂农组织起来,统一培训,统一技术指导,定点上门收购,严格检验标准,规范运作,丰年有价格保证,遇歉年随行就市,保护蜂农的经济利益,调动了蜂农生产蜂产品的积极性,形成"公司+基地+农户"的模式,解决了货源问题。如何保证加工质量呢?公司出资进行企业的硬件和软件方面的建设。在硬件上,公司建立了 GMP 国际标准化生产车间,建立了先进仪器设备的检测中心,在全国同行业中率先开展抗生素、农药残留等项指标的检测,严格控制针对蜂病的抗生素药物的使用,保证原料在蜜蜂产出时就能满足要求;在软件建设上,公司多方着手,与国际接轨,在全国同行业中率先实行 ISO9001 全面质量管理体系,制定了严格的企业标准,对产品进行标识,生产过程进行电脑化管理,使产品从原料到成品的全过程都得到了有效的追溯。蜂之语带领全体合作社成员共同生产优质蜂产品,在自身不断发展的同时,带领合作社成员走上致富道路。蜂之语成为全国首批"全国蜂产品安全与标准化生产基地"和"第一批全国农产品加工业示范企业"。

创新是企业发展的动力和灵魂,蜂之语不断投入研发资金,每年开发2—3个新产品,并与浙江大学联合建立"蜂之语产品研究发展中心",签订了"蜂之语系列蜂产品研究与产业化"协议,充分利用蜂产品的资源优势和浙江大学的技术优势,以浙江大学国家重点学科和蜂产品研究实验室为技术支撑,结合蜂之语的灵活机制和雄厚实力,及"蜂之语"系列蜂产品的良好市场形象,加速与提升蜂产品加工的科技进步,提高蜂产品的附加值和市场竞争力,促进整个蜂业健康有序地发展。

现在,蜂之语形成了集生产、科研、观光于一体的农业综合开发型企业。蜂之语建成了 7 万平方米的科技园,设蜂产品研发中心、实验蜂场等,建立了蜂文化主题园,主要由多媒体演讲区、生态园、产品展示厅、生产车间参观道、蜂产品研发中心、蜂疗中心等项目组成,设置了以蜂文化、蜂之语生产和蜜蜂生态园为主的旅游观光线,科技园成为一个内容丰富的旅游景点,与不断推出的蜂之语保健品一样,吸引着都市人。

5. 新视野:紧盯全球一流的公司

杭商有放眼全球、登高远望的谋略和胆识,有超越自我、不断拓展的魄力和勇气,有洞察市场、细致入微的服务和敏锐。姚纳新把目标投向了西门子,立志要把杭州聚光科技股份有限公司打造成中国的西门子。

聚光科技成立于 2002 年,2003 年投产时,产值只有区区 100 多万元,2004 年以来,公司销售收入以平均每年翻两番的速度快速增长,平均利润率保持在 50% 以上,2009 年销售额达到 6.3 亿元,员工总数达 1300 多人。公司跟踪光电测量尖端技术,专注于国际新一代光电测量技术、过程分析技术和实验室检测技术的研究与应用开发,产品广泛应用于环保、石化、食品、航空及科学研究等众多行业,并出口到美国、日本、英国、俄罗斯等 20 多个国家和地区。公司自主研发生产的光电测量和环保监控分析系统,已超过西门子、ABB 等跨国巨头,占据国内钢铁行业 75% 以上市场份额,完全取代了国外跨国公司的产品,改变了高端在线仪表为国外公司垄断的局面,成为工业、环保和安全监测领域的国内最强企业。聚光科技被认定为"中国成长型中小企业 100 强"、"新科——中国最具投资价值企业 50 强",连续两年上榜"福布斯——中国最具潜力企业百强",荣获"国家科技进步二等奖"等 40 余个奖项。

聚光科技的 CEO 姚纳新认为,公司的成功缘于始终能与经济发展合拍,取决于公司的准确定位和发展目标。传统的仪器仪表行业其实隐藏着无限商机,因为我国每年需要进口 100 多亿美元的仪器仪表,尤其是高端仪器仪表几乎全部依赖进口,而国内有研发和生产高端分析仪器能力的企业非常少,目前年销售额超过 5 亿元的仪器仪表公司寥寥无几,市场基本上被国外大公司占领。姚纳新觉得国内经济这么蓬勃地发展,应该涌现像西门子这样的公司,能在国内乃至世界的分析仪器行业有自己的位置。因而,姚纳新给聚光科技定的目标是:每年保持 80% 的增长速度,形成一个跨多个行业、多个技术平台、多个学科的高端分析测量仪器公司,成为中国的西门子。

聚光科技的高速成长还源于对市场的敏锐把握。2006 年,国内在线分析仪器市场开始趋向饱和,但经济快速增长的背后,环保压力开始显现,其中污染物的达标排放至关重要。以前,污染物的监测是通过人工采样后,送实验室分析,耗时费力。聚光科技利用紫外吸收光谱技术,迅速推出了污染物排放检测产品,在倡导低碳经济的今天,有污染物排放的企业瞬间都成为聚光科技的潜在客户。与此同时,聚光科技还转向了食品安全检测市场,姚纳新的产品思路非常清晰:"我们的方式从激光做到紫外线、红外线,把光谱产业做透;再从气体检测做到液体、固体检测,把不同形态的物质检测做全。"

聚光科技拥有三项核心竞争力,即强大的研发体系、完整的生产体系和完善的市场销售服务网络。聚光科技计划每年推出2—3个在全球领先的创新检测产品,并提供完善的技术支持和售后服务。姚纳新非常强调服务的贴身性,在产品销售方面,他并不主要依靠代理商,甚至更倾向做直销,认为这样对售后服务更有利。聚光科技有着严谨的销售、售后服务网络体系,对产品应用情况进行 24 小时动态跟踪诊断,对产品和服务进行调查和回访,了解工作人员的服务情况和客户满意度,并将信息及时反馈,一旦出现问题,公司会马上采取相应的措施,找到合适的解决方案,实实在在把每一个细节落在实处。姚纳新认为,一个企业的成功,其实是一个整体的成功,是由很多环节来共同完善和构成的。每一环都应环环相扣,紧密相连,细节是不可或缺的重要因子。

聚光科技的领军人物,有着高远的国际眼光、敏捷的发展思维、独特的管理理念。这是一个充满生机与活力的企业,伴随着中国经济的快速发展,中国的西门子可能就诞生在杭州。

6. 新模式:开启国际商务的大门

对外开放是任何一个国家、任何一个民族走向现代文明、实现现代化不可或缺的条件。开放是当今世界的一大潮流,许多国家为促进本国经济发展,在国内推进放松管制、实现投资自由化等各项经济改革的同时,都采取对外开放政策。其结果是人、财、物、技术、信息等生产要素都能够自由地跨越国境,企业均获得新的发展动力和增长空间,成为经济国际化不断发展的重要推动力。

现代企业家不能缺少全球化的视野,杭商积极参与国际分工,是杭州对外开放中最具特色和活力的分子,也是杭州"走出去"的中坚力量。最具代表性的万向集团在美国、英国、加拿大、澳大利亚等欧美 8 个国家拥有 18 家公司,在全球 60 多个国家和地区建立营销网络,并在北美设立技术中心、建立生产基地,产品进入美国通用、福特等国际主机厂配套,实现了国际营销、国际生产到国际资源配置。

"以民引外"是杭州招商引资的特色和优势,也是实现杭商"二次创业"的重要举措。西子集团将外源驱动力量与内生创新力量和谐相融,凭借外力顺利实现自身的快速发展,从一家名不见经传的村办小企业成长为一家电梯、锅炉、立体车库、起重机、钢架结构、零售业、房产、金融等多个产业领域的大型民营企业集团,成为全国民营企业最具竞争力50强之一。其成功充分说明,国际化是杭商"二次创业"的突破口,通过与国际资本的合作,把一流的技术、管理与民营企业嫁接,能快速提升杭商企业的技术水平、产品档次和营销能力,增强国际市场的竞争能力。西子集团利用原有的资金、厂房、机器设备同世界一流企业开展合资合作,利用国际先进技术和管理经验改造提升传统制造业,然后用股权出让所得,开展多元化经营,盘活了存量资源,又带来了增量资源的快速扩张。在对外引资过程中,重视引资后充分消化吸收先进的技术和管理,重视原始创新、集成创新与引进消化吸收再创新相结合,培育自己的技术研发能力,力求在关键领域掌握更多的核心技术和自主知识产权,形成有市场竞争力的产品和产业。通过"以民引外、民外合璧",企业从引进技术、提高质量到创新管理,再上升到企业文化、企业社会责任,从追随"巨人"中学做"巨人",逐步成长为"巨人",打造百年企业。

杭商较早实施生产国际化、贸易国际化,进行跨国经营,进而转向投资国际化和金融国际化,积极发展资本等要素市场,目前杭州已经成为全国的上市公司大市。开放型市场体系的改革取向,有效地调整和提高了杭商资源配置的国际化水平和产业比较优势,并通过"引进来,走出去"的要素国际流动,加快了经济国际化的对外开放路径选择,创造出独具特色的对外开放模式。

## 二、杭商竞争力与温商竞争力比较

杭商、温商是浙商的有机组成部分,也是奠定浙商地位的重要基石。一代商业成功的关键因素是一个社会历史范畴,不是一成不变的、普遍适用的,会因产业、产品、市场环境的不同呈现动态差异,某些成功要素甚至会因为社会环境的变迁而转变为阻碍企业进一步发展的障碍。本节通过对比分析,梳理杭商与温商成功因素的异同及其功能作用机制,提炼总结,扬长避短,对于杭商、温商以及国内其他商帮的进一步发展,具有重要的启示意义。

（一）杭商与温商竞争力的共同之处

杭商身上体现出了中国的传统商业伦理和现代商业文明的精髓,汇集了成功商人群体的共同特性,同时,又呈现出杭州商人群体的鲜明个性。杭商作为浙商的一大分支,在竞争力方面与温商有许多共同之处。

1. 敬业务实的商业价值观

德国学者马克斯·韦伯认为,"精神气质"在一个地区的发展过程中起着关键性的作用。对于企业组织而言,企业创始人的精神气质和价值取向决定着企业经营的使命和目标,影响着组织的生命力。杭商和温商均具有敬业务实的商业价值观,主要是受到了永嘉"实学"传统的影响。永嘉学派强调经世致用,主张发展商品经济,重视功利。永嘉学派提倡"扶持商贾",重视和鼓励工商业的发展,强调"以利和义"、"不以义抑利",肯定了商人逐利的正当性,认为经商也是经世之大业,是堂堂正正的职业。永嘉学派磨炼了浙江人的务实精神,在他们看来,行业本身无贵贱之分,能否赚钱才是最重要的,他们身上吃苦耐劳的精神和事业心尤为突出。

"白天做老板,晚上睡地板"是温商的生动写照,这种"务实"精神构成温商工作价值观的重要特征。温州人认为职业没有高低贵贱之别,关键在能否赚钱。温商成功的关键因素之一即为"不以利小而不为",创造了商业行为上的"一厘钱精神",使得"哪里有市场,哪里就有温州人"。

杭商具有文化与经济融合的特点,比较注重各类文化之间,文化与经济之间,文化、经济与日常生活之间的相互渗透、和谐融会。杭商是有文化的商人。杭商中不乏饱学之士,他们博学卓识重文化,贾而好儒,亦贾亦儒。同时,杭商又是务实的商人,他们不尚空谈,踏实肯干,不投机取巧,富有敬业精神。[①]

2. 异常敏锐的商机嗅觉感

外部环境对企业的生存发展有着重要作用,对市场获利机会是否敏感,能否抓住机遇、乘势而上,是赢得主动和优势的关键所在。从创业学的视角来看,创业机会或"商机"无疑是一个重要的核心概念,商机的创造和识别是创业过程的核心,随后就是抓住商机的意愿与行动。先于他人发现并捕捉商机,是商业经营中一个重要的关键要素。为什么是某些人而不是其他的人识别出这些创业机会?美国学者 Shane 归纳出两个要点:拥有率先掌握信息的信息先有权,依靠这些信息,创业者可以在大多数人没有得到该信息

① 张俊华:《杭州商人的历史地位及其对浙商精神的贡献》,《商业经济与管理》2010 年第 7 期。

的时候先人一步做出准确的判断；率先认识到机会的商业价值，把别人视而不见的创业机会牢牢地把握住。即善于小中见大，抓住不为他人所察觉的市场机遇，占领其他人不屑一顾的领域。

历史上，浙商正是善于审时度势，抓住商机，在钱庄走向衰落之时投资近代银行业，从而避免了晋商与徽商的命运，实现顺利转型。王孝通在《中国商业史》中曾说："浙人性机警，有胆识，具灵活之手腕、特别之眼光，其经营商业也，不墨守成规，而能临机应变。"善于抢占商机是温商的一大特色，吕福新从主体性分析的角度出发，指出温州商人具有"个众"特性，这种"个众"的市场主体属性，普遍表现为对市场获利机会的敏感性或敏锐性。对市场的敏锐洞察力和超前眼光，使温商能抓住不为常人所察觉的市场机会，能见微知著。如当欧元问世之后，细心的温商发现欧元纸钞尺寸稍大，原来的钱夹不好放，于是设计生产了欧元皮夹，现在欧洲市场到处都是浙商生产销售的欧元皮夹。以小见大，挖掘其内在商机，是其成功的一个关键因素。

杭州自古就是开放性的城市，在保持文化多元化、包容性的同时，自南宋起，就已是重要的对外贸易港口。在经济全球化的时代，杭州商人学会了在更大的范围、更高的层次配置资源，运作企业。同时，又能立足自身特色，找准比较优势，构筑竞争优势，走差异化、独特性发展道路，走向国际市场。如阿里巴巴是一家土生土长的杭州企业，但纵观其战略定位、资本运作、创业团队，国际化的烙印无处不在，它的发展历程融合了东方的智慧、西方的运作、全世界的大市场，是本土化与国际化融合的典范。

### 3. 模仿创新的成长战略史

考察温商、杭商企业的发展史，可以发现许多企业的创业历程都采纳了"模仿＋局部创新"的集中成长战略。从战略管理的视角来看，所谓"集中成长战略"是指企业在单一市场内，运用单一的优势技术，将其资源用于单一产品的利润增长的战略。而这里所称的"模仿＋局部创新"的集中成长战略，是指一个企业进入某个产品市场时，在仿制的基础上对产品功能、加工工艺、增值服务等领域进行局部创新，并对该产品市场采取迅速渗透的发展战略。温商、杭商的一些企业，最初以加工贸易起家，为其他企业提供代工服务，在累积了必要的资本、管理、技术和营销经验之后，往往选定某种产品进行仿制并局部创新，获得成本优势或服务优势，并集中资源在该领域与原有厂家展开竞争。这一特征与温商、杭商对"商机"的敏感具有高度相关性。进而言之，对于"商机"的敏锐嗅觉，是一种认知层面的关键成功要素，而"模仿＋局部创新"的集中成长战略则主要体现为行动层面的关键成功要素，二者之间的相关性,构成了一种"知"与"行"互相匹配的功能机制。

4. 互帮互助的商业发展情

在全国乃至全世界,到处都可以看到温商的身影,"走出去"让温商突破了企业成长的空间界限,获得了更多更好的商业机会。温商还有一个重要特色就是拥有功能完善的商会组织。温商在国内外建立了130多个商会和行业协会,包括五金商会、家具商会、服装商会和眼镜商会等,这些民间团体是温商在异乡合作创业与当地群众沟通联络的新"家",对温商发展有很好的推动和行业自律作用,如果哪个企业弄虚作假、不讲信用,商会知道了一公布,那家企业就很难在当地发展下去。商会在整个经济、政治与社会发展中扮演着重要的角色,尤其在行业自律方面发挥着日益重要的作用,因此也是温商发展的一个助推力。商会组织和行业协会使得温商能群起而动,抱成团、结成块,竞争力空前提高。

现代商业竞争要求企业"合作竞争未来",以合作寻求资源整合互补,以合作寻求规模与速度,以合作寻求降低风险。杭商也非常注重发展中的情分。一度与娃哈哈、均瑶牛奶齐名的"金义果奶",其创始人陈金义曾是杭商的杰出代表。不过,随后陈金义却在产业扩张的诱惑中,一次次陷入尴尬。2004年,陈金义刚刚陷入债务危机时,万向集团董事局主席鲁冠球给陈金义发去了"陈金义同志:我心痛!事至此,先了结。要多少?来人拿!鲁冠球。2006年7月28日"的传真。寥寥几句话,鲁冠球的关切之情跃然纸上。虽然金义集团没有重新走上正轨,但杭商企业家之间的义气传为美谈。这种义,也可以理解为一种相互的关爱。在2008年国际金融危机发生之际,徐冠巨董事长曾呼吁,要给予中小企业"大树对小草"般的关爱,帮助广大中小企业走出困境。

(二)杭商与温商竞争力的主要差异

杭商、温商作为浙商的主要组成部分,呈现出鲜明的地域特色,因而从竞争力而言,两大群体呈现出一定的差异性。

1. 从模仿型向创新型转变

温商创业尤其是早期创业具有很强的模仿性特点,一方面温商大多出身农民和手工艺人等,具有典型的草根性;另一方面创业是为赚钱和养家糊口,具有很强的务实性和功利性。特别是在市场环境和创业氛围没有普遍形成,而且具有容纳低价位商品的巨大市场时,温商这种无意识的、本能的模仿创业，以低成本的生产经营方式和优势取得了巨大成功。

科技创新，是不少杭商手中掌握的"核心武器"。这与他们的海归身份和高学历相匹配。然而与一般的科研人员不同，杭商是一群成功地把专业知识转化为生产力的企业家。创新与杭商精神的融合，产生的是核能量级的聚变反应。姚纳新率领的聚光科技创办仅 8 年，就荣登《福布斯》榜单，其自主研发生产的光电测量和环保监控分析系统，可与西门子、ABB 等跨国巨头"叫板"。在姚纳新看来，"创新"并不一定是轰轰烈烈的某一种技术革新，技术只是其中的必要条件，并非充分条件。了解市场需求和竞争对手，在管理和商业模式上的创新才更有价值，而这些创新内容都必须从思维方式的适应开始。

许多杭商意识到劳动密集型企业逐渐失去价格优势，不能依赖前辈们的惯性前进。他们以寻找新的动力为己任，寻找技术、管理等各种可能的突破。在新能源、新材料、高端制造领域探索新路，已成为他们的成功写照。科技创新正引导他们走入另一条通道。

2. 从积累型向运作型转变

温商在资源运作方面的典型特点是依靠商业网络，打造商业联盟，注重积累，整合资源。温州经济是一种"温州人经济"。吕福新指出，温商的优势，是在"体制改革和市场形成的先发优势"以及"专业市场和传统产业的集聚优势"的基础上，形成"个人独立和关系展开的主体优势"；温商并非少数商业精英或儒商，而是成群或连片的，具有国民性或民众性。刘昱、陈禹从系统的角度分析温商，指出温商系统是其成员在资助交互、协商、合作的基础上产生的个人关系网络，具有自发涌现性。温商往往以小型家族企业起家，充分利用血缘、乡缘、业缘关系，滚雪球式地"抱团"成紧密的产业集群——由优势产业、关联行业、协作配套业，形成相关产业链和"共生圈"。同时，温商注重行业协会的建设，发挥其营销网络、信息平台、协调发展、资源整合的功能。温州有组织健全、功能较强的商会如服装商会、烟具协会、眼镜商会、家具商会、五金商会等 130 多家。

许多杭商的创业资金、技术储备力量并不雄厚，但经营获得了成功，一个关键因素是擅长资源运作，每个企业在具体运作方式上则存在较大差异。但总体对于杭商而言，其资源运作的策略往往是巧用"借"术，善于借鸡生蛋、借钱发展、借才发挥。改革开放以来，杭商充分吸纳海内外资源和力量，借助外来资源寻求自身发展。在人力资源方面，杭商善于借才发挥，用借来之才弥补自己经商中的不足。而杭商"借术"能够行得通，原因有三：一是政策优势;二是杭商文化"开放包容不排外"的价值取向,对于各种人才以及新生事物,普遍能够包容和接纳;三是在利益分配上,杭商持"共享"的心态,使得资源拥有者乐于投入。

对于竞争的理念也不再是"你死我活",而把实现差异化竞争作为更佳的选择。有的杭商还像温商企业家一样冒险,但杭商的大胆不再依附于幸运。杭商选择的方向和下达的指令,会更加参考国内外产业趋势和各类可行性方案。杭商思考的不仅是企业成长,更多的是企业成长的意义和价值。

3. 从草根型向知识型转变

以温商占主导的浙商是"草根商人"和"百姓商人",文化程度低,所受教育比较少。据全国工商联调查资料显示,浙商的平均学历明显低于全国私营企业主平均水平。以高中为界,浙商低学历段(含文盲、小学、初中、普高和职高)四级学历的比例为85%,高于同期全国私营企业主11.7个百分点;而高学历段(含中专、大专、大学本科和研究生)四级学历的比例为15%,低于全国私营企业主9.1个百分点。大专以上学历的只占"浙商"总数的11.6%,同口径的全国平均水平为17.2%,浙商比全国平均水平低了1/3左右。2005年浙江省人事厅课题组发布的《浙江民营企业人才资源开发调研报告》指出:"浙江的民营企业大多是在市场化初期和工业化初期成长起来,民营企业家们近80%出身于农民,多数没有受过良好教育;70%以上只有初中以下学历,文化素质低。"老一代浙商中有的甚至连字也不认识。这也让人得出了结论——浙商老板学历和企业成功没有关系。

但在杭商企业群中,老板学历和企业成长的关联度明显加大,海归创业群体也在逐年增加。如浙江贝达药业有限公司董事长丁列明是美国阿肯色大学医学博士;杭州汇能生物技术有限公司董事长、总裁陈贵才曾在哈佛大学医学院博士后流动站工作;聚光科技的董事长王健获美国斯坦福大学博士学位;哈佛最年轻的设计学博士夏建统是浙江艾斯弧景观设计和天夏科技的总裁。

和传统温商大多引进技术团队、求教技术方案不同,杭商自己就是站在技术前沿、把握技术方向的重要人物。他们的个人头衔,有博士也有博士后,他们本身就是拥有国家专利的发明家。杭商不仅抓住商机,而且按照自己的个性实践创业理想。有过美国硅谷求学经历的王扬斌,更希望让西方企业的一些理念渗入企业。"白天当老板,晚上睡地板"的温商们正在被这些更具智慧的企业家所代替。

#### 4. 从机会型向战略型转变

温商资本总是会被舆论定位为"投机者"的角色,事实上在投机的背后,隐藏着的却是对实体经济的投资萎缩。原来温商以心无旁骛、踏踏实实做"实业"而著称,能把纽扣、针线、打火机这样一些利润很薄的产品做成世界第一。2007年开始,随着各种要素成本的提高,缺品牌、少技术的"浙江制造"显得力不从心。2008年金融风暴之后更加速了瓶颈的显现,劳动密集型企业逐渐失去了之前低成本带来的价格优势。在实业领域出现的产能过剩和竞相压价的残酷竞争,极大地打击了民营资本投资的积极性,但转向重化工、机械等大型产业缺乏产业基础,转向高科技又缺乏技术和人才支撑。于是,当其他领域可以获得高额投资或投机回报时,产业资本本能地放弃自身的产业属性,越来越倾向于追求投机化的投资活动。在全国,浙江约50%的民营资本从事房地产生产和投资,使得实体经济因为资本撤离或者投资不足而雪上加霜。2007年,浙江制造业占全社会固定资产投资比例近40%,2008年下降为36.6%,2009年下降至36%。

杭商能更多地从战略的眼光来对待投资,不被眼前的繁荣、浮躁所诱惑,及时转变观念,由过去发展中的机会导向转变为战略导向。1997年,西子集团与全球电梯业巨头美国奥的斯成立合资公司,当时美方占股份30%。2000年,美方要求控股西子奥的斯。公司管理层明白要想与世界500强企业竞争,必须先与其合作,加快发展的速度,做大做强企业,因而主动让美方控股80%。奥的斯控股后,世界上最先进的无机房、无齿轮第二代电梯技术很快被引进到西子奥的斯,西子奥的斯品牌由此在国内迅速奠定了超越同行的知名度,企业每年电梯产量以50%的速度递增,目前已稳居国内同行三甲。早在2003年,西子集团与日本石川岛(IUK)合资,成立杭州西子石川岛立体停车设备有限公司;2004年,西子集团又与日本三菱重工合作生产盾构;2006年,西子集团生产的盾构核心部件——刀盘就出口到日本。通过一系列的合资合作,西子集团凭借"以民引外、民外合璧"的战略思想,嫁接国际资本,引进先进理念,成功推进了"二次创业"。

杭商重视企业家自身能力的培养,从战略要素来看,既重视有形、短期的战略要素,也重视无形、长期的战略要素;从战略类型而言,既注重业务层面的竞争战略,也注重整体层面的公司战略;从战略过程来看,既侧重操作性的战略执行,也强调理念性的战略决策。

## 三、提升杭商竞争力的决定维度、互动关系与对策

谋求持续的竞争优势是杭商的终极目标和毕生追求,但是竞争力只是一种外在或表面的市场表现或结果,那么隐于其背后的真实力量或来源究竟是什么,它们又是如何形成竞争力的呢? 笔者在大量企业家的访谈中感受到,杭商竞争力蕴含的基本思想明确,即着重价值创造,倡导创新,关注社会责任,兼顾长期利益与短期利益,强调系统整体对外部环境的应变力,追求自身发展与外部环境的动态和谐。

### (一) 杭商竞争力的决定维度

本课题借鉴企业战略理论基础,认为杭商竞争力是在外部商业环境与企业内部资源、能力、知识的互动过程中形成的,主要体现在四个基本维度:一是杭商所处的环境特别是行业环境;二是杭商所拥有或控制的资源,尤其是战略资源;三是杭商所拥有的能力尤其是核心能力;四是杭商获取流量知识的能力(如图5-1、图5-2所示)。

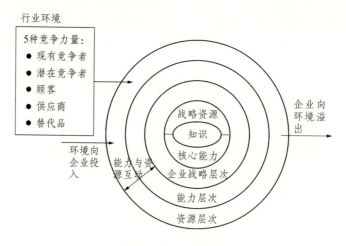

**图 5-1  杭商竞争力的决定维度及层次结构模型**

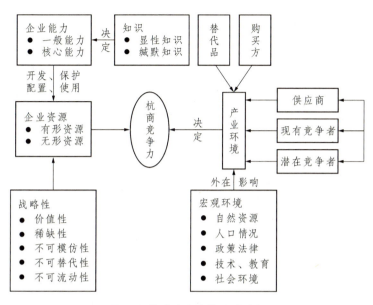

图 5-2　杭商竞争力的形成过程

## 1. 杭商所处的行业环境

行业环境与企业外部关系是决定企业竞争力的第一维度因素,是影响企业竞争力的外部条件,它可以增强或者削弱能力,实现或者损耗资源,可以从企业生存和发展的环境因素以及企业间的竞争关系上解释企业竞争力的强弱。一般来说,每一个企业都身处某种行业环境之中,行业环境通过市场转化为市场环境,对企业产生影响力。企业的许多行为都需要经过市场,如原材料的采购和商品的出售。企业所处环境能够明显地影响企业市场行为的效率,由此影响企业的赢利水平和竞争优势的创造与维持。影响企业赢利水平的行业环境因素主要有:现有的竞争者的威胁、潜在的竞争者的威胁、替代产品的威胁、供应商的讨价还价能力、顾客的讨价还价能力,这些因素综合起来影响着企业的赢利能力。

随着市场竞争的加剧,行业环境对于企业的赢利能力越来越重要。从某种意义上说,选择一个好产业远胜于选择一种好产品。战略学家迈克尔·波特曾指出,在一些产业中,很少的生产过剩也会引起价格战和导致较低的赢利能力。这是一些对激烈竞争和强有力的购买者施加结构性压力的产业。在其他产业当中,由于结构理想,生产过剩时期对赢利能力只产生相对来说微乎其微的影响。显然,如果企业在一个前途暗淡的产业中运作,即使企业家有天大的本领,付出了极大的努力,也可能收效甚微,更难为企业开辟美好的未来。

　　2. 杭商拥有的企业资源

　　企业资源是决定企业竞争力的第二维度因素，是企业竞争力形成的基础和前提，它从企业内部层次上决定企业竞争力。从理论上讲，环境对身处其中的所有企业应该具有相同或类似的影响，然而，处于同种环境的不同企业却具有不一样的市场绩效。无论是在富有吸引力还是缺乏吸引力的产业都存在着经营成功的企业，同时也存在着经营失败的企业。这就说明导致企业之间经营绩效差异或竞争力的有无与强弱的原因不仅在于其所处的环境，更在于其自身的素质。企业素质表现为企业所拥有或控制的资源的数量、质量及其运作效率。环境只是企业获取竞争力的外在条件，而企业资源才是竞争力的内因。企业资源是企业经营管理的基础和建立竞争力的前提，一个企业的资源状况直接决定着企业竞争力的大小。所谓企业资源是由企业拥有或控制，并使得企业能够在市场中运营的资产。这些资产可以划分三种类型，即物质的、人力的、组织的。除了有形资源外，企业资源还包括无形资源。

　　并不是所有的企业资源都能够对持续竞争优势产生作用，而只是其中的战略资源才能够胜任这种角色。当企业所处的环境相对稳定时，企业战略资源就能够发挥基础性作用。企业战略资源一方面直接创造竞争优势，另一方面构筑防护机制、维护企业竞争优势，使其尽可能延续，从而成为持续竞争优势。

　　资源对企业价值创造和竞争力的贡献在于两方面：一是资源能直接促使企业创造出多于竞争对手的价值，如大规模生产的能力和已建立的质量声誉，使企业生产的可察觉收益超过竞争对手；二是资源也会作为企业能力的基础，对价值创造和竞争优势产生间接性影响。

　　3. 杭商潜在的企业能力

　　决定竞争力的第三维度因素是企业能力，它是竞争力的内因，在更深层次上决定企业竞争力，企业资源对于建立竞争力具有非常重要的作用。但具有相似资源的企业经常在使用资源的效率和有效性方面表现出巨大的差异。因此，企业的成功不仅因为其拥有丰富的资源，还因为其隐藏在企业资源背后的配置、开发、使用和保护资源的能力，这是产生企业竞争力的深层次因素。能力是企业在组织过程中配置和优化资源以达到目标的才能和技能。企业的能力是组织内部特有的，必须在组织内部发展。能力特有的价值之一就在于难以模仿和转让,与企业的无形资产一起构成了竞争力难以模仿的特征。

企业本质是一个资源转换体,而其资源转换功能是以企业的能力为基础的。能力是企业资产、人员与规程的有机结合。规程是指企业为把输入转变为输出所采用的方法和过程,在生产实践中决定着企业的效率。企业能力与知识相关,看不见、摸不着,却又可以被人感知。它是企业竞争力的深层次原因。企业能力包括存量与增量两个层次,前者是指企业重复过去活动的能力,后者是指企业建立新能力的能力,主要是指企业的学习能力。高超的能力可以成为竞争力的源泉。它们可以使企业使用与竞争对手相同的要素投入而更有效地进行生产,或者生产出更高质量的产品。

4. 杭商追求的知识境界

企业核心竞争力的本质来源于企业具有的知识和能力,包括发现市场机会和识别市场机会的知识,开发新产品满足市场需求的研究开发能力,将个人创意整合到新产品中去的能力,将企业生产的知识产品推向市场、进行传播的能力。这些知识和能力的组合构成了企业的核心能力。也就是说,知识是企业竞争力的来源,企业现有的知识存量决定了企业发现商机和配置资源的能力,企业资源利用的有效程度和企业拥有的知识密切相关。拥有自己核心能力的企业不易被竞争对手模仿,从而形成独特、持久的竞争力。能力学派认为,核心能力是使企业独具特色并为企业带来竞争优势的知识体系,构成核心能力的要素是员工拥有的技术技能、企业技术体系、管理体系和在企业中占主导地位的价值观念,它反映了企业的基本素质和发展能力。企业核心能力是组织内部一系列互补的技能体系和知识体系的组合,它以知识的形式存在于企业各方面的能力中。知识是决定企业竞争力的第四层次因素,它是企业竞争力的核心和本质来源。[①]

（二）杭商竞争力与杭州城市的互动关系

企业是城市的细胞和微观基础,企业竞争力的强弱构成城市竞争力的微观基础;城市价值是由企业创造的,最终决定于企业竞争力;多数人谋生的场所是企业,企业的强盛决定着城市中人们生活水平的高低;企业发展使得城市就业人数增多,科技型企业的增加,劳动者的整体结构和素质水平会不断提升。杭商与城市的发展相互促进。

1. 杭商竞争力对城市的作用机理

城市竞争力是指一个城市在竞争和发展过程中与其他城市相比较所具

① 胡大立、卢福财、汪华林:《企业竞争力决定维度及形成过程》,《管理世界》2007年第10期。

有的吸引、争夺、拥有、控制和转化资源，争夺、占领和控制市场，以创造价值，为其居民提供福利的能力。

城市竞争力＝f（硬竞争力、软竞争力）。

硬竞争力包括人才竞争力、资本竞争力、科技竞争力、结构竞争力、集聚力、区位竞争力、设施竞争力和环境竞争力。

软竞争力包括秩序竞争力、制度竞争力、开放竞争力、管理竞争力、文化竞争力。

在影响竞争力变化的诸因素中，企业竞争力处于核心的地位。因为企业的根本性作用是创造增加值，国家财富的创造靠的就是企业。经济全球化使得各国企业直接面对国际市场的竞争，企业的竞争力不仅直接影响城市竞争力，还由此直接表现为一国的国际竞争力。决定城市竞争力各要素作用的发挥最终只能通过企业创造价值的能力得以体现出来。

城市价值是由企业创造的，城市价值大小最终决定于企业竞争力。城市财富创造的主体源自企业。不同时期、不同类型的杭商企业的发展，对经济有着强力的推动和拉动作用，使杭州经济领先于全国发达城市。

2. 杭商竞争力是城市的微观基础

以前，"城"是防御功能的概念，"市"泛指贸易与交换。随着时代的变迁，城市的功能、内容、结构和形态不断在演化。事实上，城市是一定区域中的社会实体、经济实体和科学文化实体的有机统一体。分属于三个实体的人们，其大多数谋生的场所是企业，企业从而成为一个城市的细胞和微观基础，企业的强盛与否很大程度上决定着这个城市中人们的生活水平的高低。

一些企业在一些城市的崛起，不仅改变了这个地区的经济面貌，而且也改变着中国的经济版图。像健力宝与广东三水、春兰与江苏泰州、长虹与四川绵阳、东风汽车与湖北十堰，一些在中国地理版图上名不见经传的小城市，因为有企业的崛起、品牌的扩张而在中国的经济版图上令人耳熟能详。企业的发展一方面为人民群众提供了越来越多的商品，丰富繁荣了市场；另一方面随着市场的繁荣发展，其配置资源的基础性作用不断加强，企业又从市场获取了大量价廉、实用的生产资料。十堰在国内的知名度，很大成分上正是得益于当地的大型企业——东风汽车公司；青岛能在全国享有盛名，是因为有海尔集团和海信集团。因此，可以说企业是城市的细胞和微观基础，企业竞争力的强弱构成城市竞争力的微观基础。

3. 杭商竞争力影响杭州的硬竞争实力

从人才竞争力来看，一方面，企业的发展促使城市就业人数不断增多，占总量的比例不断上升；另一方面，科技型、成长型企业的发展，使得劳动者的整体结构和素质水平不断提升，进而从数量和质量上左右着城市人才竞争力的增强。从资本竞争力来看，企业竞争力增强，其资本规模将日益增大，企业的资本数量、资本结构、资本流向对城市资本竞争力的影响也将越来越大。从科技竞争力来看，企业在技改投入、科研成果转化、科技创新等方面数量的多少、步子的快慢，都会从整体上对城市科技竞争力带来影响。从结构竞争力来看，企业的产业结构、组织结构、空间布局、产业集群和专业化程度的现状和发展的优劣，对城市结构竞争力有着直接影响。从聚集力、区位竞争力、设施竞争力和环境竞争力来看，企业竞争力强，尤其是产业配套能力的提升将使城市的聚集力和区位竞争力具有相当的优势。

**4. 杭商竞争力体现杭州的软竞争实力**

秩序竞争力主要是指政治的安定性、政策的连续性、经济的安全性和社会治安状况。企业是经济发展的主体力量，一个国家和地区经济政策的连续性、经济发展的安全性很大程度上会在企业发展上体现出来。如果企业发展不健康或起伏过大，不但经济政策的连续性、经济发展的安全性得不到保障，而且对社会治安、政治安定都有着直接的影响。制度竞争力主要表现为城市正式的政治、经济、文化制度。从经济制度来看，企业微观层面的产权制度、运行机制和体制的细微变化都会直接影响到宏观经济制度。同样，也会对政治、经济制度产生一定程度的影响。开放竞争力主要表现为经济对外依存度、经济一体化程度、对外经济文化交往度。企业在推进对外开放、对外贸易和经济一体化的进程中既是参与者，又是促进者，可以说，企业的参与程度、促进程度决定着一个国家和地区经济的开放度，对开放竞争力的影响巨大。我们也不难看出，企业对于文化竞争力和管理竞争力来说，一个层面就是在企业文化、干部职工的劳动态度、价值观念、社会心理和道德规范以及企业管理方式方法提高等方面扮演主体角色；另一个层面就是在战略、规划、组织、协调和控制等活动方面扮演客体角色。在这两个层面，企业的影响力都是相当大的。[①]

**（三）提升杭商竞争力的对策**

一群在行业内叱咤风云的民营企业家，一张逐年扩张的城市民营经济版图，一份让人赞叹的经济数据报表，杭商的强势崛起让更多的人认识到——杭州不仅是一处柔美的江南山水，还是一座活力四射的城市，创新的基因和能量渗透在这个城市的血脉中。不断增强民营经济的创新能力，拓

① 过聚荣：《简析企业竞争力对城市竞争力的作用机理》，《管理世界》2003 年第 9 期。

展民营经济的发展空间,实现新的飞跃,依然是杭州今后发展的主旋律。

1. 杭商竞争力面临的新课题

杭商源于个私经济,存在许多"先天不足"、"成长中的烦恼"以及"科学发展的倒逼压力"。现今,杭商已经站在新一轮发展的较高平台上,但从实现新的跨越的角度看,仍存在一些突出问题,制约着未来的发展。

(1)产业层次低,自主创新能力薄弱。

虽然杭商企业已遍布国内所有工业大类,并已逐步向服务业等领域扩展,但从总体上来看,仍主要分布于低端制造业或劳动密集型服务业、传统加工型等市场竞争激烈的产业,基本处于产业价值链的低端,附加值高、带动性强的知识密集型产业、具有先导性的新能源等新兴产业比重偏低,产业能级有待提升。2009年杭州市高新技术产业增加值占全省工业增加值比重达27.1%,仅列全省各市第4位,与省外无锡(占比达41.5%)等城市相比也存在一定差距。服务业方面,2009年杭州服务业增加值2213.14亿元,占GDP比重46.3%,总量与占比落后于北京、上海、广州、深圳等城市。企业目标尚未从产品创新转向核心专业化分工,特种或个性化服务能力不强,产业化层次不高,未形成生产性服务平台造成创新企业难以分包、整合,企业间难以通过互补整合。

杭州市目前人力资本积累不足,高层次创新人才严重短缺,每百万人研发人员数量比南京、上海、沈阳等城市落后,人才总量中高级技术职称人员比重低于全国平均水平。据对全市上规模民营企业的调查,拥有自主知识产权的不到三成,大部分企业研发投入所占比例不高。民营企业自主创新中也面临动力不足、风险意识不强、人力资源有限和融资困难等问题。以企业为主体、市场为导向的技术创新体系还不完善,民营企业技术创新能力比较薄弱,消化吸收再创新和自主研发能力不强,竞争力主要建立在低成本优势上。微观上缺少创新型和研究开发型企业——创新体系和生产性服务举步维艰——限制了人才的多样性互补;宏观上消费型城市主导也对产业体系健全和人才发展起抑制作用。

(2)家族化管理,治理结构存在缺陷。

家族经营制是杭商企业采取的一种较普遍的形式。杭商企业在创业之初,因资本有限,且技术、管理、信息等资源也极度匮乏,在这种情况下,家族经营的灵活机制和亲情凝聚力正好可弥补这些不足。但是,随着杭商企业规模的不断扩大,企业经营管理和组织结构越来越复杂,家族经营制越来越暴露出它的局限性和不足,已成为制约杭商发展的瓶颈。原来的夫妻店式、家族式的管理方式已远远不能适应跨地区、跨行业、集团化、国际化的大企业（集团）发展需要。建立科学有效的内部制衡、监管、预警、提前介入决策的制度机制已成为大型民营企业规避风险、科学管理、高效管理、健康发展的必然要求。虽然杭商企业绝大多数都已经是有限责任制及股份有限制企业法人，而实际上大部分治理结构仍不完善，现代企业制度实现效果不明显。企业的经营权、管理权、决策权高度集中在投资者尤其是企业主手中，缺乏有效的制衡机制；没有建立规范的财务制度；缺乏对中小股东利益的保护机制，等等。企业的股权大多绝对集中于家族，企业资产与家族财产之间没有严格的界限，企业的利润或亏损完全由家族成员按非市场原则共同负担。分配机制模糊，高度集中的私人产权和"一人说了算"的决策方式难以实现企业做强做大。

（3）行业门槛高，杭商优势逐步瓦解。

杭商在创业初期，具有机制灵活、面向市场的特点，形成了国有企业无法比拟的竞争优势，产品在市场上拥有较强的竞争力。近年来，随着国际市场国内化、国内竞争国际化，民营企业面临着更严峻的挑战：既有来自国有企业的竞争，更有来自跨国公司的竞争。杭商企业的各种优势正在逐渐减弱，原有的一些优势正在被新的形势、新的环境逐渐瓦解。因此进一步培育和提升杭商企业在新的发展阶段上的核心竞争力，才能推动杭商企业继续做大做强。

当前，我国虽然已有一些垄断行业对非公有制经济开放，但由于行政性垄断尚未完全破除，自然垄断行业呈现出一种"半行政、半市场化"的体制特征，距有效竞争相去甚远，从而导致垄断行业市场准入问题仍是影响和制约民营经济发展的一个主要问题。垄断行业主要集中在电力、电信、铁路、航空、石油等行业，这些行业基本都属于基础设施行业，其投资规模巨大、回收期较长，因此初始投资基本都来国有资本，加之杭商企业寻找项目大多存在"短平快"现象，使得杭商企业很难进入此类行业。杭商企业在融资等方面较之非杭商企业存在着更多的障碍，尚未取得与国有企业一样的待遇，融资在一定程度上成了杭商企业进入垄断行业的"瓶颈"。

（4）社会压力大，和谐发展任重道远。

发展成果要共享，收入分配要改革，公平分配的社会诉求越来越大。这构成一种社会压力，这种压力传导到杭商企业身上。当前对贫富差距的社会关注度越来越高，越来越多的意见认为，当前分配不公的状况越来越严重，尤其是劳动收入占比的不断下降，激起了全社会加薪的普遍愿望。在这种情况下,杭商企业的所谓低劳动力成本优势不复存在。10多年不加工资的历史将一去不复返了。"新生代"劳动力对企业的要求发生了根本变化,"忍"不再是他们的性格,抗议、罢工已成为当今现实。这些新的社会因素已经转化成了巨大的社会压力。这种压力不仅指向政府,更直接地指向杭商企业。

企业是和谐社会的经济细胞,企业和谐是社会和谐的重要基础。杭商企业和谐文化培育、社会责任建设关系企业与社会、环境的协调发展。杭商企业整体社会责任意识较强,"和谐创业"的特点使得企业较为注重文化价值对经济的引领作用,但由于缺乏政策层面引导,离和谐发展的整体目标还有差距,一些企业时有劳资关系、污染排放、质量安全等方面问题发生。杭州出台了《关于加强企业社会责任建设的意见》,从企业道德、财务规范、优质产品、保护环境、清洁生产、依法用工、和谐企业、安全生产、职业病防治、慈善事业等方面提出了相应标准,对引导杭商企业重视社会责任,从单纯追求经济效益向经济、社会效益并重,坚持诚实经营、公平竞争、互利共赢,实现企业内部、企业与外部社会、经济利益与社会环境效益的和谐统一具有积极意义。

(5)市场压力重,杭商经济依然脆弱。

世界金融危机之后,全球市场发生了重大变化,贸易保护主义日益盛行,我国的出口导向战略面临着前所未有的挑战。杭商企业是在出口导向战略下发展起来的,主要是面向国外市场。现在这种市场压力非常大,一些中小企业,做加工贸易、出口,传统的经营方式面临着转型的问题,迫切需要开拓新的市场,相当一部分需要从国外市场转到国内市场。但是,无论是开拓新的国际市场,还是从国外市场转到国内市场,都不是轻而易举的。许多订单式的企业实际上不是"企业",而是"生产车间"。很多中小企业实际上就是这样的"生产车间",它们是被动地根据订单来生产,没有什么营销队伍,也没有什么营销理念,你需要什么我就给你生产什么,赚取一点加工费。从一个"生产车间"转变成一个真正的"企业",在现有的国际分工格局下,是一个从蛹变成蝴蝶的"蝶化"过程,这种压力是非常巨大的。"蝶化"不成,大量的民营企业,尤其是中小企业就会变成"蛹尸"而寿终。

杭商的竞争力尽管有所提高,但整体看,创新意识淡薄,模仿、跟风仍是主要的做法。创新能力弱小、研发人员缺乏、资金少、员工素质偏低,等等,这些都使民营经济处于脆弱状态。同时,整体的资源环境压力非常巨大,这对原本就高排放、高污染的杭商企业来说,压力非同小可。资源、环境长期外部化的成本要慢慢地内部化,资源价格调整、资源税收提高等重重压力,致使脆弱的杭商企业有的无疑已经处于战略性存亡的境地。

2. 提升杭商竞争力的对策

构造诚信的市场环境,减少企业间拖欠,加速资金流动速度和提高资金运用效率;调整企业的发展战略,控制低水平的规模扩张,调整资金使用方向,加大研究开发的投入,提高产品竞争力和长期发展潜力;增强人力资源能力,需要全社会加强知识文化教育,提高知识服务水平,带动服务业竞争力的提升;提升杭商国际化水平,"走出去"仅靠企业很难,需要政府提供行政资源以及非政府组织提供的咨询和服务资源,如为企业海外投资提供有效的服务,改善管理水平,消除体制弊端,建立国际投资和管理的人才培养机制。提升杭商竞争力,从政府的角度而言,具体可归结为以下几点。

(1)倡导平等竞争,拓宽增长空间。

政府应贯彻落实国务院发展非公经济三十六条政策,通过放宽市场准入、拓展民营经济投资领域、深化垄断行业改革和促进民营经济与多种所有制经济资本融合,形成各种所有制经济平等竞争、相互促进的新格局。鼓励民资与国资、外资、股资对接融合,推进"以民引外、民外合璧",鼓励有实力的民营企业通过品牌延伸、资本渗透、跨国经营、海外合作等多种方式,提升国际竞争力;鼓励民营企业加大与国内外大企业、大集团的合作,依靠沿海优势,积极发展能源、原材料等临港型大工业,拉长和完善产业链。

(2)完善经济预警,降低发展风险。

政府应完善经济预警机制,重点针对宏观经济运行中出现的政策变化、资金短缺、成本加大等突出问题,及时发布产业政策、生产供需、汇率变化、资金技术等方面的信息,引导民营企业灵活掌握经济运行的主动权,合理控制投资规模,克制盲目扩张冲动,加强财务风险管理。政府同时应充分理解民营企业生存发展的实际困难,进一步强化机关效能建设,提高行政效率。如及时了解民营企业的资金、供销等情况,主动协调帮助解决生产经营中遇到的问题;建立多元筹资机制,积极牵线银企合作,规范发展担保公司创新金融服务,努力解决中小企业融资难,引导规范民间借贷行为,尽量降低民营企业的金融风险。

(3)优化产业结构,推进转型升级。

做强服务外包,围绕新能源、节能减排、低碳产业,争取在循环经济、建筑节能、节能交通领域形成新型产业链。政府可以根据民营企业抵抗金融危机的不同表现,趋利避害,充分利用国内外经济增速回落、放缓的机会,鼓励民营企业加快结构调整和转变经济增长方式,促进民营企业加快推进产业的转型升级。如针对不同的行业、不同规模的企业出台引导政策,对于利润增长较快,发展态势好的行业和企业,在符合环保政策的前提下,鼓励加快发展;对于利润有一定增长、竞争激烈的产业,根据企业的实际情况,对强势企业鼓励抓住机遇兼并重组、做大做强;对弱势企业积极引导产业内升级和产业间转型;对于衰退行业,分析其衰退原因,区别对待,有保有放,适度转移部分产业。在政策激励上,针对潜力较好的民营中小企业,设立激励基金和风险投资基金,切实扶持民营中小企业的成长。

（4）正视金融风险,提高应变能力。

全球化使市场范围扩大,机会增多,但风险加大,竞争更趋激烈,给民营企业的生存和发展带来了严峻挑战。特别是在通货膨胀和通货紧缩反复震荡的国际经济形势下,政府不仅要鼓励民营企业努力拓展海外市场,更要注意规避风险。倡导外贸民营企业加强与海外客户的联系,跟踪海外客户的资信动态;加强出口应收账款的跟踪追讨,积极运用出口信用担保规避出口风险;积极拓展新兴市场,规避市场系统性风险,如回避"美元区"市场,拓展"欧元区"市场;主动应对贸易壁垒,提高维护自身权益的能力;抓住人民币升值机会,大力引进先进的关键技术、急需设备,改善民营企业的装备水平,提高竞争力。引导民营企业继续弘扬敢为人先、和衷共济、致力创新的精神,抵御住国际风险,提升竞争力。

（5）弘扬城市精神,激发创新活力。

"精致和谐、大气开放"的城市人文精神和价值取向既是杭商过去的内在力量,也将是今后推动民营经济发展的不竭动力。一要鼓励民营企业敢于冒险、勇于创新,出新招、出实招、出绝招,真正做到"死棋肚里出仙招"。二要激发民营企业弘扬同舟共济的精神,职工与企业,企业与企业,党委、政府与企业,社会各界与企业都能和衷共济。三要鼓励民营企业弘扬致力创新的精神,倡导品质创业,追求合作竞争、和谐共赢的创新境界。传承恪守诚信为本的发展理念;积极引领时尚、创造市场,融合东方的商业智慧与西方的企业运作模式;具备国际视野、开放胸怀,注重商业模式的创新能力。注重吸取各地创业文化中的优秀元素,如北京多元文化的包容能力、湖湘文化的魄力以及北方文化的大气等。

## 参考文献

[1] 王国平.认真研究杭商现象,科学树立杭商品牌——在树立杭商品牌专题会议上的讲话[EB/OL].[2008-08-29]. http://www.hangzhou.com.cn/20080812/ca1562367.htm.

[2] 何一峰,苏良军.姜是老的辣吗?——中国民营企业竞争力和企业经验的半参数分析[J].南方经济,2008(5).

[3] 陈晓东.赢利、决策、责任与竞争力——2007年中国企业竞争力年会综述[J].中国工业经济,2008(1).

[4] 林汉川,管鸿禧.中国不同行业中小企业竞争力评价比较研究[J].中国社会科学,2005(3).

[5] 胡大立,卢福财,汪华林.企业竞争力决定维度及形成过程[J].管理世界,2007(10).

[6] 金碚,李钢.中国企业赢利能力与竞争力[J].中国工业经济,2007(11).

[7] 陈立旭.区域工商文化传统与当代经济发展[J].浙江社会科学,2005(3).

[8] 杨涌泉.晋商的衰败与新浙商的崛起[J].中文自修,2007(1).

[9] 韦立武.颤抖的浙商[J].董事会,2007(4).

[10] 晓舟.浙商,为什么成了弱势群体[J].时代潮,2005(23).

[11] 张俊华.杭州商人的历史地位及其对浙商精神的贡献[J].商业经济与管理,2010(7).

[12] 项国鹏.制度变迁中的"浙商"转型:从战术企业家到战略企业家[J].浙江社会科学,2007(3).

[13] 祖增.浙商资本的转型与回归[J].浙江经济,2010(4).

[14] 程宇宏,史丽华.浙商与粤商之关键成功因素的异同[J].商业经济与管理,2009(2).

[15] 马克斯·韦伯.新教伦理与资本主义精神[M].于晓,陈维纲,译.北京:生活·读书·新知三联书店,1987.

[16] 王孝通.中国商业史[M].北京:商务印书馆,1998.

[17] 吕福新.论浙商的个众特性——具有中国意义的主体性分析[J].中州学刊,2007(1).

[18] 吕福新.再创浙商新优势:制度和管理创新[J].管理世界,2004(10).

[19] 过聚荣.简析企业竞争力对城市竞争力的作用机理[J].管理世界,2003(9).

[20] 徐斌.浙商三十年的荣耀与反思[J].商业经济与管理,2009(1).

[21] 张宗和.浙商竞争优势的主观要件及其逻辑构造[J].商业经济与管理,2006(10).

[22] 杨轶清.企业家能力来源及其生成机制——基于浙商"低学历高效率"创业现象的实证分析[J].浙江社会科学,2009(11).

[23] 郁建兴,等.温州商会的例外与不例外——中国公民社会的发展与挑战[J].浙江大学学报(人文社会科学版),2007(6).

[24] 杨光飞.从"关系合约"到"制度化合作":民间商会内部合作机制的演进路径——以温州商会为例[J].中国行政管理,2007(8).

# 第六章　杭商经营之道研究

## 一、杭商经营之道概述

### （一）杭州的商业简史

杭州是浙江省省会，位于钱塘江下游北岸，也是中国历史上著名的七大古都之一。杭州地处大运河南端，是连接沪杭、浙赣、萧甬、杭长等铁路的枢纽，也是浙江省公路和内河航运的中心。民用航空线路，有定期班机往来于北京、上海、广州、桂林、长沙等地，并与香港直接通航。

杭州有着悠久的历史和文化。考古发现的"良渚文化"证明，早在4000多年前，已有人类在此繁衍生息。在3000年前的周代之前，杭州属于"扬州之域"。春秋时（前770—前476），这里曾是吴越两国争霸的地方。秦始皇统一六国后，杭州县治，称钱唐县，属会稽郡。至南北朝，改县治为郡治，称钱唐郡（唐时因为避讳，改"唐"为"塘"）。隋代开皇九年（589），钱唐郡改称杭州。到了唐代（618—907）初期，杭州日见繁荣，居民达10余万。大历年间（766—779），李泌来杭州任刺史，开六井，引西湖水入城，使居民有了饮用的淡水。长庆二年（822），诗人白居易任杭州刺史时，筑堤疏井，进一步治理西湖和开发杭州，使杭州成为著名的风景城市。

隋大业六年（610），京杭大运河开通后，杭州便成为"珍异所聚，商贾并辏"的集市贸易。唐贞观四年（630），盐官置县市，形成商埠，开元十一年

（723）置硖石、长安两市；乾宁三年（896），钱镠在杭州设海外贸易管理机构——博易务。到唐末，杭州已成为一个十分繁华的城市。罗隐在《杭州罗城记》中记载：杭州"东眄巨浸，辖闽粤之舟楫，北倚郭邑，通商旅之宝货"，已经呈现出"灯火家家市，笙歌处处楼"的繁华景象。白居易在《东楼南望八韵》中也以"鱼盐聚为市，烟火起成村"之句描述钱塘江沿岸一带的特色商贸集市。①

北宋端拱二年（989），在杭州设立两浙路市舶司，并规定："自今商旅出海外藩国贩易者须于两浙市舶司陈牒，请官给券已行，违者没入其宝货。"淳化三年（992），两浙路市舶司由杭州迁至明州定海（今宁波镇海），至道三年（997），又从明州定海回迁到杭州。至道元年（995），在杭州设织务（室），专门管理和收购本州及附近州县丝织品。②

宋室南渡，在杭州建都，历时150余年。在这段时间里，杭州作为全国政治、经济、文化的中心，更显得畸形繁华。宋高宗赵构耽乐湖山，在凤凰山一带营建"紫禁城"。"一色楼台三十里，不知何处觅孤山"，其盛可知。这时杭州的造船、瓷器、纺织、造纸、印刷等手工业作坊相当发达；商业繁盛，店铺林立；演出戏曲、杂技的勾栏瓦子有17处。据《咸淳临安志》、《梦粱录》等书记载，当时杭州户口蕃息达30多万家。

元代以后，全国政治中心北移，但杭州仍是我国东南地区的重要城市之一。据《马可·波罗游记》记载，当时杭州"城市中有大市十所，沿街小市无数"，"每星期有三日为市集之日，有四五万人挈消费之百货来此贸易，种种食物甚丰"。③元时，北关夜市已成为钱塘八景之一。

明清时期，杭州的工业、手工业、商业都有所发展。洪武元年（1368），置浙江市舶提举司，后几经罢设。此时已经常有海外商人来浙江经商贸易。崇祯十二年（1639），郑芝龙、郑成功父子在杭州设立了金、木、水、火、土五家商号，经营丝绸等外贸商品，有海船百余艘，水手上千人，贩销日本、印度等国。④

到清朝年间，杭州开始诞生了老字号的商铺：张同泰药店，嘉庆十年（1805），慈溪人张海在孩儿巷口创设张同泰药店，以"货真价实，存心利济"取信于市。边福茂鞋庄，道光二十五年（1845），诸暨边春豪在杭州下城长庆街开设边福茂鞋庄店，经营鞋子；辛亥革命时期，迁至上城太平坊，改名为福茂鞋庄。叶种德堂国药号，慈溪人叶谱山开设于清嘉庆十三年（1808），址望仙桥直街；民国23年（1934）迁址清河坊；其设备完善，拣选各省道地药材，配制各种验方，药效显著，远近闻名。宓大昌烟店，同治八年（1869），慈溪人宓

①②③ 杨金荣：《浙江省市场志》，方志出版社2000年版。

④ 杨金荣：《浙江省市场志·大事记·民国前》，[2011-09-30].http://zjtz.zjol.com.cn/05zjtz/system/2002/08/08/010112869.shtml.

庄晓在杭州清河坊开设宓大昌烟店,经营旱烟,质量上乘,远近闻名。方裕和南北货店,光绪七年(1881),镇海方仰峰在杭州清河坊大街开设方裕和南北货商店,经销的金华火腿、蜡烛、蜜饯、糕饼等远近闻名。颐香斋食品商店,清光绪七年(1881),苏州人葛锦山在杭州清泰街开设颐香斋食品商店,所经营糕点脍炙人口,颇为著名。朱养心药室,余姚人朱养心于万历年间来杭行医,在大井巷开设朱养心药室,其万灵五香膏、阿魏狗皮膏、铜绿膏、珍珠八宝眼药等,对跌打损伤、痈疽疮疡的治疗尤其有效。张小泉近记剪刀店,开设于清康熙二年(1663);光绪二年(1876)得官府批准"永禁冒牌",刻石碑于店门。奎元馆面馆,址官巷口,开设于清同治六年(1867),其虾爆鳝面蜚声海内外。胡庆余堂国药店,胡雪岩在大井巷筹建,清光绪四年(1878)正式营业;胡庆余堂实力雄厚、设备齐全、广采验方、选料讲究、制作精良,各种成药疗效显著,声誉日隆,被称为江南药王。状元楼,宁波人王尚荣开设于清同治九年(1870),处在盐桥,后迁望仙桥直街,又迁至清河坊,改名为状元馆,质优味美,誉满杭州。

清末时期,杭州的丝绸工业得到了极大发展。据统计,清光绪六年(1880),杭州有织绸机3000台(全省约1万余台),产绸71650匹。著名的企业有:蒋广昌绸庄,蒋廷梁、蒋廷桂兄弟于清咸丰年间开办;光绪二年(1876)绸机由6台增至数十台;民国4年(1915)扩建4个工场,增加铁木机和电力机71台,共有织机150台,成为杭州最有实力的绸庄。世经缫丝厂,由湖州富商庞元济和杭州商绅丁丙投资30万两创设;清光绪二十二年(1896)八月十五日在拱宸桥正式开工,有直缫式缫丝车208台,自备发电设备,日产丝一担,以"西泠桥"为品牌;光绪二十四年(1898)关闭后,被日本商人盘去重开。通益公纱厂,庞元济和丁丙投资40万两,并向国库借银数十万两于光绪十五年(1889)在拱宸桥筹建;光绪二十三年(1897)开工,时有纱锭1.5万枚,布机300台,工人1200人,年产棉纱200万磅。

到了民国年间,杭州的工商业在动乱的时局中艰难发展。民国元年,朱光焘创办纬成丝呢公司,资金2万元,置提花机10台。次年增资为4万元,正式成立纬成股份有限公司,开始技术改革,由人工挽花之木机机坊改为应用提花铁机之绸厂,后连续采用日本式小篾缫丝。公司创立初期,雇佣日本技工,同时,该公司在嘉兴开办丝厂、绸厂,在上海开设大昌炼染厂、上海绸厂。1911年,杭州观成堂绸业董事金溶仲,购得日本提花机10台,建立振兴绸厂,生产"蚕丝牌"绮霞缎,是杭州近代丝织业的开端。同年,徐吉生在杭创设"庆成绸庄"。民国5年(1916),在金洞桥、善安街设置工场,扩充织机至

120 台,改名为"庆成绸厂"。民国 13 年(1924),购进全铁电力织机 40 台和日式坐缫车 120 台,改称"庆成缫织厂"。

民国二年(1913),中国银行杭州分行设立,代理国库业务。经理许引之,续任蔡元康,副经理金润泉,后升经理。

民国 4 年(1915)4 月,交通银行杭州分行和盐业银行杭州分行先后成立,7 月浙江地方实业银行(浙江银行改组)开业,资本 100 万元,官六商四,总行在杭州,上海设分行。民国 12 年(1923)3 月,官商分家,官股称浙江地方银行,商股称浙江实业银行,总行在上海,杭州、汉口设分行。

民国 11 年(1922)5 月 5 日,都锦生创办的都锦生丝织厂试制成功第一幅丝织工艺品"九溪十八涧"。1926 年,该厂生产的五彩风景织锦、五彩丝织国画获得在美国费城举行的国际博览会的金质奖章。

新中国成立以来,杭州的面貌发生了深刻的变化。尤其是改革开放以来,杭州更是发生了翻天覆地的变化,经济也得到迅速发展。娃哈哈集团、华立集团等大型杭州企业正执时代之牛耳,引领着新一代杭州商人向更好更快的目标迈进。

### (二)杭州的商业文化

在中国传统文化的孕育下,在地域文化的变迁和多元化文化的综合影响下,杭州商人逐步形成了独特的思维方式和性格特征,同时也萌生了独特的杭州商业文化。杭州历经了吴越文化、楚文化和中原文化的浸融,又深受滨海地区的原始文化、通商诸国的外来文化的影响。特别是吴越国和南宋时期,随着中国社会经济重心的南移,杭州不但逐渐确立了重要的经济地位,而且成为一个重要的文化区域,对杭州商业文化产生了极为深刻的历史影响。相随我国传统文化中"仁、义、礼、智、信"等文化核心思想本源,杭州传统商业文化的精髓也始终凸显出"诚信真善、义利并举"的文化内涵。杭州商人一向崇尚的"诚信之德"、"真善为本"、"以德治商"等富含儒韵的商道思想,在他们的经商实践中具体表现为"以诚待人,以信待物"、"童叟无欺,信誉至上"、"以质取胜,货真价实"、"勤俭敬业,吃苦耐劳"等经商理念,成为商人之间相互实现各自经济利益的基础保障和传统商业文化的核心思想。在杭州传统商业中被普遍遵循的"以和为贵"、"和气生财"、"和而不同"等经营思想,是儒家的和谐观念在杭州商业文化中的具体反映、在杭州传统商业领域中的文化延伸。

杭州商业文化是在几千年商业历史积淀并不断吸收、融通各种外来文化的基础上形成和发展起来的。杭州作为商业古都,在历史上特别是南宋以来,成为各地商人、各大商帮的云集之地。杭州商业学习和吸收了各地商人、商帮的许多精华,如晋商的博大宽容的经营胸怀、兼容并蓄的经营气度、求同存异的经营策略和自强不息的经营精神,徽商贾而好儒、亦贾亦儒、仁义诚信的儒商文化,宁波商帮的冒险精神和开拓精神等,各地商人、商帮在杭州经商给杭州商业文化的发展提供了丰富的营养。在与国内各地商人交往的同时,自宋朝以来,杭州商业以茶、丝绸为主要商品,与日本、朝鲜、泰国及波斯湾地区的通商不断加强,使杭州商业文化在与国外交流中得到进一步发展。

杭州山水秀美,物产丰富,历史悠久,人文荟萃。杭州特有的地理环境、生产生活方式、历史上多次人口迁徙和文化交融,造就了杭州人兼有农耕文明和海洋文明的文化特质,锤炼了杭州人海纳百川、兼容并蓄的生活气度,砥砺了杭州人厚德崇文、求新求实的精神品格,形成了杭州城市精致和谐、大气开放的人文精神,造就了毛源昌、胡庆余堂等一大批"中华老字号"商业企业。正是这样的文化特质、生活气度、精神品格和人文精神,催生和形成了杭州特有的商业文化。①

（三）杭商的经营之道

经营之道,就是根据企业的资源状况和所处的市场竞争环境,对企业长期发展进行战略性规划和部署、制订企业的远景目标和方针的战略层次的理念和方法。企业的经营之道包括经营理念、管理制度以及技术创新等方面。

经营理念即系统的、根本的管理思想。管理活动都要有一个根本的原则,一切的管理都需围绕一个根本的核心思想进行,这个核心思想就是我们这里所说的经营理念。一个企业的经营理念在很大程度上受到企业家精神的影响,企业家精神是一个由世界观、价值观、信仰、意志、经济伦理、思维方式、实践能力等多种要素组成的文化有机系统,是企业家学识、品性、理念、能力等的有机结合。杭商的经营理念与杭州商人特有的品性密切相关,主要体现在诚信厚德、和谐大气等方面。杭商中不乏饱学之士,他们博学卓识重文化,贾而好儒,亦贾亦儒。同时,杭商又是务实的商人,他们"不重形式重实效",不尚空谈,踏实肯干;不投机取巧,富敬业精神;对于探索中的尝试,多做少说,甚至只做不说;对于卓有成效的发展路子,不管外界议论,绝不动摇。杭商的文化人特质,使他们在气质、智力、判断力和洞察力上高人

①吴德隆等:《杭州商业文化的现状和发展研究》,《杭州研究》2007年第3期。

一筹,在市场瞬息万变、供求盈亏莫测的情况下,善于审时度势,精于筹划,应对自如。因为杭商务实经营、踏实创业的态度,他们白手起家,几十年如一日地艰苦创业、顽强拼搏,使杭商的事业得以一步步发展壮大,从一棵小苗慢慢长成参天大树。正是因为杭商的这些特点,使得晚清进士叶景葵、文学家陈蝶仙、大学老师马云等知识分子能创办出浙江兴业银行、日用化学工业企业、阿里巴巴等执行业牛耳的民族企业。

企业管理制度是企业为求得最大效益,在生产管理实践活动中指定的各种带有强制性义务,并能保障一定权利的各项规定或条例,包括企业的人事制度、生产管理制度、民主管理制度等一切规章制度。如何制定科学可行的企业管理制度是现代企业寻求经营之道的一个重要方面。杭商的制度先发优势是一种后发优势中的先发优势,[①]主要是在改革开放之初全国市场化程度都不高的情况下,通过对企业制度和组织的创新或创造,抢占了市场先机。这些新的市场化的组织形式,不仅可以有效地利用未被利用的各种市场机会,而且可以有效地推出新的产品和提供新的服务,为工业化提供有效的组织形式和运行机制。青春宝集团董事长冯根生就曾敢做"出头鸟"打破"三铁"(干部能上能下,破掉"铁交椅";职工能进能出,破掉"铁饭碗";收入能高能低,破掉"铁工资")开启杭商管理新模式。事实证明,冯根生的锐意改革让企业的生产力得到了解放,实现了发展。青春宝集团首次打破"三铁",为国有企业的改革闯出了一条新路子,开启了国有经济发展的新气象,引领了浙江省乃至全国范围内的改革热潮。这之后,浙江省大胆进行混合所有制等改革,国有经济保持强劲的上升势头。

技术创新指的是用新知识、新工艺、新技术,采用新的生产方式和经营模式,通过提高质量、创新产品、创新服务,占据市场并实现市场价值的经济技术活动。技术创新是贯穿企业活动的全过程以获得企业经济利益为目标的一系列活动。有人说,企业经营是龙头、管理是基础、技术是工具,技术创新能把企业的各个子系统进行有机联结并使之高效运转,从而实现企业利益。杭商企业的技术创新充分体现了杭商审时度势、奋力开拓的创新精神,是推动现代杭商企业持续发展的不竭动力。杭商的创新过程具有明显的技术溢出效应,而这种技术溢出是通过模仿来实现其价值的。如阿里巴巴创始者马云通过技术创新和渠道创新走出了一条IT业与中小企业联合的新路子,成为互联网发展的新引擎。

本书通过对杭商经营之道各方面的研究,总结出杭商厚德笃行、善捕商机、和谐共赢、开放大气以及善于借势五大经营之道。这些经营之道是在杭

① 吕新福等:《浙商崛起与挑战——改革开放30年》,中国发展出版社2009年版。

商长期发展过程中产生并发展完善起来的,对杭商的继续发展有借鉴指导作用。

# 二、杭商经营之道之厚德笃行

## (一) 厚德笃行解读

《周易·坤》曰:"地势坤,君子以厚德载物"。

杭州商人在上百年的经商过程中一直秉承着一种厚德的品质和理念。这种理念首先表现在诚信经商,遵守职业道德,树立企业的信誉上。诚信是一种品行,更是一种责任;不仅是一种道义,更是一种准则;不仅是一种声誉,更是一种资源。对于企业来说,诚信和信誉也是一种资本,是企业生存发展的基石,是打造企业品牌、扩大商誉的重要途径。

著名商人胡雪岩在胡庆余堂药店中,挂了一块"戒欺"的牌匾。他在跋文中写道:"凡贸易均著得欺字","余存心济世,誓不以劣品弋取厚利","采办务真,修制务精,不至欺余以欺世人"。万向集团董事长鲁冠球认为,诚实是做人之本,守信是立事之根。诚实守信,对自己,是一种心灵的开放,是对自己人格的尊重;对他人,是一种交往的道德,是一种气魄和自信;对企业发展,则是一种精神,是无形资产,更是管理价值的有效提升。

经商,最重要的在于如何经营人心,得人心者得市场。孟子说:"得道者多助,失道者寡助。"得道者的表征就是有"德",得道的过程则是经营人心的过程。因此得道者得人心,他们拥有的是无形资源,即使是在最失意的时候,这种人心齐聚的优势,也会帮助得道者化险为夷,安渡难关。大智之人,懂得得失的因果,取舍的辩证,人心的背向。而失道者则不然,一味地追求得与取,最终只会迷失方向,等到众叛亲离之时,再幡然醒悟,已为时晚矣。娃哈哈集团与经销商之间长达20年的忠诚度,主要靠两点维系:一是信誉,二是要让经销商真正赚到钱。基于这两点才有了今天的娃哈哈集团,有了中国第一位饮料行业的首富宗庆后。万向集团在20世纪80年代初,通过经销商开拓了出口市场,近些年,随着海外公司的建立,很多客户找到总公司要求直接供货,万向都没有答应。因为和经销商有约定,经销商开拓的客户,由他们经营。而且,万向集团给经销商和自己的营销公司同样的价格,以确保经销商的利益。现在,万向集团已经在美国、英国、德国、加拿大等7个国家建立了11家公司,海外营销体系日益完善,但是,万向集团和经销商的关系与合作仍然十分密切。

其次,杭商的厚德中还表现出很强的儒商气质。儒商精神主要包括恪守信用、诚信为本、诚实不欺、利以义制、以义取财、仗义疏财等商业道德。《论语》有云:"富贵而可求也,虽执鞭之士,吾亦为之。"可见儒家并不"罕言利",但"不义而富且贵,于我如浮云",正所谓"君子爱财,取之有道"。从本质上来说,儒商精神反对的是为富不仁,强调的是利以义取。正是基于这一点,鲁冠球要求万向奉行的投资原则是:暴利行业不做、千家万户能做的不做、国家做的不做,甚至因为竞购而可能产生矛盾的时候,鲁冠球也会选择退出。

杭州商人笃信"义利双行"、"以利和义"的信条,形成了"言必信、行必果"的商业文化。杭商的这种胸怀和境界,不仅体现在企业经营中,也体现在他们强烈的社会责任感上。从胡雪岩创办木船义渡开始,杭商在上百年的发展历程中,在扩大经营、创造财富的同时,都积极承担社会责任,为公益慈善事业的发展作出贡献。"穷则独善其身,达则兼济天下",这是杭商创业精神的最高体现,也是杭商财富态度的最佳写照。

从 1993 年至今,贝因美已经无偿向全国近 500 家多胞胎、数千个困难婴幼儿家庭提供了援助;每个分公司成立,贝因美不搞庆典活动而是进行爱心捐赠,向全国各地儿童福利院捐赠每年达上千次,总价值超过 1.5 亿元。2008 年,贝因美与中国少年儿童基金会联手在京设立了 1000 万元"贝因美母婴关爱基金",首批启动的 100 万元基金将捐赠给农村留守女童,此举旨在继续以实际行动传播"爱"的精神,呼吁全社会共同关注弱势群体,关注贫困婴童的健康成长,把爱献给最需要的群体。

相随我国传统文化中"仁、义、礼、智、信"等文化核心思想本源,杭州传统商业文化的精髓也始终突显出"诚信真善、义利并举"的文化内涵。如在谢宏看来,"生意"就是追求生命价值和生活意义的一种活动。而"生意人"就是追求生命意义和生活意义的人。马云在创建淘宝时,就把它定位成为一家不考虑挣钱,而是考虑如何为社会、为产业、为别人做点事情的公司。胡季强时常告诉自己:"德行善举是唯一不败的投资。任何善举都只是一个企业、一个社会公民应尽的责任和对社会的点滴回报而已。"

《礼记·中庸》:"博学之,审问之,慎思之,明辨之,笃行之。"杭州人有"杭铁头"精神,性格外柔内刚,既韧又硬,坚而不脆,牢不可摧。这种性格使得杭商多了一份韧性,在竞争中永不畏惧,在困难面前百折不挠,呈现出很强的持续性和稳定性,表现出谦逊低调,稳健务实的经营风格,成为商界"常青树"，也造就了杭州经济有序竞争的繁荣。"双料"首富宗庆后的创业之路是从 14 万元借款，靠代销人家的汽水、棒冰及文具纸张赚一分一厘钱起家的。如今，当年的"小不点儿"已成长为拥有资产 300 多亿元、在全国 29 个城市建有 150 余家全资或控股子公司、年销售收入可达 500 多亿元的中国最大的食品饮料巨人，"娃哈哈"品牌也驰骋全国。同样，被誉为中国企业家"常青树"的鲁冠球，从 4000 元创业到每年数百亿元营业额，从一家乡镇企业慢慢地发展成为一个资产超过 300 亿元的企业集团，用他的话说"一切都是干出来的"。杭商百年的经营文化和辉煌历史都深深地体现着"笃行"这一优秀的商人必备的品质。

杭商的务实还体现在不盲目跟风，具有自己独特的发展思路，从而寻得一种飞跃。发生在 21 世纪初的网络业的泡沫，无疑给 IT 产业带来了巨大的打击，一些 IT 企业纷纷破产。而信雅达和阿里巴巴却是这一场战争中的幸存者，或是胜利者。在业界不景气的情况下，信雅达平稳地保持住了 40％的增长率。成立没多久的阿里巴巴也顺利熬过了这场网络寒冬，并于 2003 年成立了淘宝网，2004 年开通支付宝业务，2005 年收购雅虎，成为业内奇迹，到现在发展成为最有竞争力的 IT 企业。在中国的奶业市场上，一直有这么一句话"赚孩子的钱比喝水还容易"，所以大量的企业纷纷涉入该行业，从而导致丑闻不断。然而在这一件件涉及众多奶粉企业的丑闻中，贝因美却始终能"独善其身"，为国产奶粉赢得了荣誉和尊严。

杭商作为一个群体在竞争如血腥般战场的商场中能赢得一席之地，并经久不衰，创造出无数个商业奇迹，奠定了其在中国商界的地位，无疑与其厚德笃行的经营之道紧密相关。这种传承上百年的经营秘诀成为其在商业的开拓发展中不可或缺的力量。

（二）案例选编

1. 谢宏：有商道、商德，懂得生活①

谢宏，1965 年生，贝因美的创始人和现任集团总裁。目前担任浙江省优生优育协会副会长、浙江省预防医学会专业委员会委员、中国杭州婴童行业协会会长等多种社会职务。著有《婴幼儿的认知、语言与意识发生》、《论产前筛查的科学体系》、《国民素质的提高应从婴幼儿抓起》等作品。

从 20 世纪 90 年代末期以来，中国奶粉行业先后爆发了一系列令人痛心

①《"哲商"谢宏：婴童产业的传奇人物》，［2011-09-30］. http://biz. zjol. com. cn/05biz/system/2010/12/10/017155203. shtml.

的事件。先是 1998 年的"二噁英事件",后是 2004 年的"大头娃事件",再到 2008 年的"三聚氰胺事件"。在这一件件涉及众多奶粉企业的丑闻中,贝因美都能"独善其身",以至于 2008 年秋天的一个时期,国内不少超市的货架上国产奶粉只有一个品牌在销售,那就是贝因美。

对于"三聚氰胺事件",谢宏说:"'三聚氰胺事件'损害了'中国制造'在国际上的声誉,杭商不能违背商道、商德。"谢宏觉得,要衡量杭商的价值,首先要看创造了多少价值,其次要看解决了多少人就业,最后要看诚信如何。

为了推进行业的规范化发展,2004 年 9 月,谢宏发起建立了中国唯一的婴童行业组织——杭州婴童行业协会,并率旗下知名婴童企业签订《自律书》,承诺"以质量求生存,用良知做事业"。这个由贝因美牵头、企业自发成立的民间组织在杭州市政府的大力支持下,已经汇集了企业会员 50 多家,个人会员 30 多名,名誉会员 220 家。作为杭州婴童产业的行业老大,贝因美当仁不让地担任了协会的会长单位。谢宏及贝因美集团为协会的运作付出了巨大的精力和财力,每年仅为协会提供的经费就在 7 位数以上。

从 2004 年开始,国内外婴童行业的大大小小企业每年都要汇集到杭州。由杭州婴童行业协会承办的一年一度的中国妇幼婴童产业博览会已经成为中国婴童产业最具影响力的专业展会,并且在亚太地区也颇负盛名,最近几届的交易额都突破了百亿元。

2007 年,贝因美与中国少年儿童基金会联手设立了 1000 万元的"贝因美母婴关爱基金",将关爱的焦点投向农村留守女童。贝因美此举继续以实际行动传播"爱"的精神,呼吁全社会共同关注弱势群体,关注贫困婴童的健康成长,把爱献给最需要的群体。

2008 年的"5·12"四川汶川地震产生了近 4000 名地震孤儿,许多孩子失去父母,失去依靠,急需社会各界的帮助。为切实帮助他们健康成长,2008 年 6 月 1 日,贝因美与中国儿童基金会合作,正式启动 6 年期、投入达 1200 万元的"中国儿童基金会·贝因美母婴关爱基金四川地震婴童公益扶养计划"。"贝因美四川地震婴童公益扶养计划"旨在向四川地震中的 0—6 周岁孤儿、单亲婴幼儿以及被认养的孤儿,根据年龄段不同,有针对地设计、提供包括育婴咨询、知识指导、产品资助在内的全方位支持,参与该计划的婴童统一扶养至其满 6 周岁。

商人,通俗地讲就是"生意人"。谢宏曾说:"我认为,'生意人'的解释应该改一改,懂得生活价值和生命意义的人才是'生意人'。"商道、商德和懂得生活,是杭商们要努力的方向。

2. 俞先富：200 余项工程，100％的合格率①

① 陈小芳、蒋妙芳：《先富的思路——记杭州萧宏建设集团有限公司董事长兼总经理俞先富》，《中国第三产业》2004 年第 9 期。

"这些年来我们经手的工程不少，但每一笔工程我们都做好，做踏实，因为任何一丝纰漏都有可能造成巨大的损失。老老实实做人，不求名、不求利，只有心里无所求了，才能静下来好好做手头的事情。凡是萧宏公司的一分子，就要对得起政府，对得起老百姓。"这句话，杭州萧宏建设集团有限公司董事长兼总经理俞先富讲了 30 多年，也踏踏实实践行了 30 多年。

俞先富，男，1958 年 5 月出生，中共党员，大专文化，工程师职称，现任杭州萧宏建设集团有限公司党委书记、董事长兼总经理，是杭州市高新区（滨江）和杭州市人大代表。曾先后荣获中国经营大师、全国乡镇企业家、全国优秀经营者、浙江省优秀乡镇企业家、浙江省创业标兵、杭州市优秀党员、杭州市劳动模范、第三届中国改革"十大最具影响力新锐人物"等多种荣誉称号。

萧宏建设集团自创业之初始，始终坚持"质量第一，信誉至上"的企业宗旨。俞先富抓工程质量，素有"三铁"精神（铁的纪律、铁的手腕、铁面无私），近 30 年的施工磨炼，企业全员的质量意识在实践中不断提高、不断升华。

杭州市供水抗咸一期工程是一项造福于民的浙江省和杭州市重中之重的百姓工程，对改善杭州供水质量，改变市民长期吃咸水的历史有着十分重要的意义。俞先富深知施工的艰巨，工程要在珊瑚沙水库沿之江路向钱塘江外拓 12 米，围筑新的防洪大堤，内建 2.75 米×2.75 米大型钢筋混凝土输水方渠，总长达 7.6 千米。抗潮施工，顶潮作业，钱塘江畔的施工难度和技术要求远非一般工程可比。俞先富艺高人胆大，凭借与钱塘江搏击 10 余年的施工经验，毅然承担了占总工程量 70％以上的施工任务。为了打好这场硬仗，俞先富亲自筹划作战方案，设立现场指挥部和公司其他领导一起坐镇指挥，顶风冒雪，带领千余名职工夜以继日地激战在钱塘江畔。钱江大潮举世闻名，一月两汛潮起潮落。与潮汛抢时间，与咸潮争速度，俞先富向全体建设者发布动员令，与钱江潮水打起了"潮进我退，潮退我进"的拉锯战，素以"敢打硬仗肯吃苦"闻名的萧宏建设者们，以英勇和顽强战胜了涛涛潮浪，以聪明和智慧赢得了宝贵时光，创造了两年工期一年完工，在次年 5 月供水旺季前提前供水发挥效益的施工奇迹。

近年来，萧宏建设集团得到了快速发展，先后承建了省内外大中型工程 200 余项，工程合格率 100％，并获得了大量的荣誉，曾获得"西湖杯"、"甬江杯"、"省市政工程金奖"、"钱江杯"、"部优工程质量奖"、"中国市政金奖杯示范工程"等多项国家、省、市优质工程。俞先富本人也获得了"杭州市劳动模范"、"中国经营大师"等荣誉称号。企业在立足杭州的基础上多方位拓展，目前不仅省内各地区均有施工业务，并设有办事处，还进入上海、苏州、西藏等地建设市场，发展势头令业界称奇。

萧宏建设集团的这一系列发展，得益于企业家的求真务实，特别对于建筑企业，所有的建筑项目都关乎人民的住行最基本安全。200 个工程，100％的合格率不是简单的数据统计，而是体现了萧宏集团始终把人民的住行安全放在第一位，始终坚持"老老实实做企业，踏踏实实做项目"。

### 3. 孙亚青：王星记传承，诚信为本，质量为上[①]

① 江山：《中国杭商"诚信兴商"八大事件》，《杭州杂志》2009年第 10 期。

孙亚青，1959 年出生，毕业于浙江工业大学企业管理专业，中级馆员职称。她是"百年老字号"王星记掌门人、浙江省非物质文化遗产王星记扇业传承人、杭州市第十届人大代表、杭州第十届党代会代表、浙江省工艺美术行业协会理事、浙江省"老字号"协会副会长，获杭州市十大杰出女企业家、第三届杭州市优秀创业企业家、中国骄傲·第五届中国时代十大创新企业家等荣誉，任浙江省民营经济研究会常务理事、浙江省商标协会理事、杭州市商标协会理事、杭州企业家协会理事、杭州市旅游商品行业协会第一届副会长、杭州市工艺美术行业协会第二届副理事长、上城区工商联副会长。

杭州是我国制扇名城，自古有"杭州雅扇"之说，南宋以来有不少制扇艺人会集杭州。1875 年王星斋在杭州清河坊创建王星记扇庄（后改名王星记扇厂），迄今已有 130 余年历史。"王星记"扇子与丝绸、龙井茶齐名，被誉为"杭产三绝"而名扬天下。历来还被书画名家们题字作画，被国家博物馆收藏，被国家元首作为"国礼"馈赠，被国外客商称为"东方瑰宝"争购而远渡重洋。

"百年老字号"的生存与发展问题是目前杭州经济学者和企业家们最关心的事情之一。实施创新是一方面，通过技术、管理的创新形成相对竞争优势，再借助"百年"积累下来的声誉使企业不断发展壮大。同时，孙亚青认为，更为重要的是，作为"百年老字号"企业，以诚信为本才能使企业长治久安，而产品质量恰恰是企业诚信的一大表现形式。

2009 年 6 月，海南一顾客来到王星记邮电路门市部购买扇子。因为时间紧迫，顾客没来得及看货就要求包装购买一把《清明上河图》屏风扇，回到海南后发现扇子缺少扇骨一条。顾客联系了孙亚青总经理，说明了这一情况。接到消息后，孙亚青总经理立即要求工作人员对此事做了调查，对没有在卖货时当顾客面展示检查一事提出批评，要求一定要先确保产品质量，再给顾客包装。如果实在时间紧迫，可以选择邮寄的方式为顾客服务，这样就可以避免此类情况再次发生。同时，决定在最短时间内给顾客换一把同样花色样式的扇子，并亲自检验产品质量，邮寄到户。事后，顾客给王星记寄来了表扬信，表示了对王星记办事效率、产品质量的肯定。

# 三、杭商经营之道之善捕商机

## （一）善捕商机解读

一个高明的企业家与一个赌徒的根本区别，就在于勤于学习，善于思考，能审时度势，随时捕捉稍纵即逝的机遇。成功的企业家往往具有一种独特的眼光和敏锐的市场嗅觉，善于捕获各种商机，在纷繁复杂的竞争中利用"第三只眼"来发现机遇。而对于市场的正确把脉，杭商有其独到的高明之处，即在对"势"——市场契机的成功掌控。

杭商的杰出代表胡雪岩在对于市场的把握上曾这样认为"与其待时，不如乘势"。顺势而为，如顺水推舟，事半功倍；逆势为之，则如逆水行舟，艰难险阻下难免功败垂成。对于商机的把握关键在于要有一双慧眼，判明大势进退。机遇稍纵即逝，只有看得清、瞅得准、下手快，方能在竞争激烈的商场环境中激流勇进，独占鳌头。

观念的创新和对市场规律发展的敏锐把握是杭商在每个商业时期屡屡抓住机遇的制胜武器。杭商在进行每一项投资决策时，都是基于对市场规律的超前反应，一旦机会来临绝不会袖手旁观。即使有些条件尚未成熟，如资金短缺、市场尚未开拓，他们也会"边开工边运行"，通过各种渠道资源来克服困难，最终开创大事业和新领域，成为市场的先导者。

20世纪90年代是互联网发展和中小企业成长的高速时期，从大学走出来下海从商的马云嗅到了这次机遇，以50万元资金创办阿里巴巴，专门为中小企业提供走出去的平台。马云依靠敏锐的市场意识和敢想敢干的创业激情，在互联网经济大潮中搏击，最终带领阿里巴巴成为世界最大B2B商业网站，并在香港上市，成为中国第一家市值超过200亿美元的互联网公司，排名亚洲第一、全球第五。

"天高任鸟飞，海阔凭鱼跃"。商业的竞争充满着各种机会与挑战，谁占领了瞬息万变的市场的制高点,敏锐地触动到那个需求的神经,谁就能大展身手,在这片江湖中试比高。而身处其中,杭商无疑是高手,其如狼般善于发现猎物的嗅觉与其果敢、开放、胆略恰到好处地结合让他们在市场竞争中如鱼得水,先行一步。

被称为"天堂硅谷的先行者"的郭华强总是能以其敏感和经验捕捉到行业的先机。1993年,新利在全国率先推出自助刷卡委托,并完善了自助系统。而后,郭华强领导开发的证券柜面交易系统,则掀起了新一轮大规模柜台交易系统的升级浪潮。中国证券电子化从此由手工操作转为自动委托。新利也借此一发不可收拾,当年就创下600多万元的纯利。而当证券IT领域已是烽烟四起,大大小小的软件公司层出不穷之时,郭华强把目光瞄准了电子影像缩微技术。这种技术在美国花旗、运通、三和等银行均已采用,而国内银行仍采用纸张保存和胶片缩微保存两种方式。郭华强便集中力量开发,并在中国银行进行了市场的首轮开拓,最终成功地控制了该项目的核心技术,遥遥领先于同行业。

（二）案例选编

1. 冯根生:狂商的敏感[①]

① 张一青、蒋天颖:《温、甬、杭三地浙商群体比较》,中国社会科学出版社 2008 年版。

冯根生,曾任中国(杭州)青春宝集团有限公司董事长,正大青春宝药业有限公司总裁、副董事长,全国首批执业药师,高级经济师。从事中药生产制造、管理53年,是全国"五一"劳动奖章获得者、全国劳动模范、全国医药系统劳动模范和浙江省劳动模范、首届全国优秀企业家和中共十三大代表,并获得中国经营大师、中国企业技术经济大师、全国优秀经营管理人才、全国医药行业优秀企业家、浙江省突出贡献企业经营者等多项荣誉。

青春宝集团有限公司是由100多年历史的中药老店胡庆余堂郊外的制胶车间发展起来的。1972年,建立杭州第二中药厂(系全国规模最大的中药厂之一)。1992年,与泰国正大集团(C. P. Group)合资建立正大青春宝药业有限公司。1999年初,上海实业控股有限公司收购了正大健康产品有限公司90%的股份,即上海实业控股有限公司目前拥有正大青春宝药业有限公司55%的股份。公司位于浙江杭州美丽的桃源岭下,有员工1500余人,占地面积12万平方米,拥有近10万平方米现代制药厂房,是国内规模最大、设备最先进、以天然药物为主要原料的集科研、生产、经营为一体的综合性制药企业。

　　冯根生认为,青春宝的成功与他的敏感有很大的关系。考察青春宝的发展轨迹,我们就可以发现,事实上,它每一次面临的发展机遇,都与某种形势联系在一起:1978年以前,企业发展不快,国家投资拨款根本轮不到青春宝,但1978年底的党的十一届三中全会一召开,解放思想、以经济建设为中心就成了社会发展的主旋律,冯根生"闻"到工作重点要变,静观分析,大势明朗,于是以最快的速度提出申请要搞技改,尽管有关部门犯难,但最终冯根生还是如愿以偿。又如,1984年在全国还没有实施厂长负责制之前,他率先在全国试行干部聘任制。同时,他还打破了传统的医药企业供销模式,不走医药站老路,建立了企业自己的供销队伍。当中央决定城市改革以国企为突破口时,冯根生静中求"变",率先打破国企"三铁",实行全员劳动合同制。同样,在党的十五大报告中提出要"按劳分配和按生产要素分配"时,冯根生对此做出的反应,就是试验在全厂进行了职工持股的改革。

　　俗话说,枪打出头鸟。而在冯根生身上,因为他没有私心,他一鼓作气飞出了敌人的射程外,所以这只出头鸟成了领头鸟。正是冯根生这种敢于在别人动手之前实施变革,敢于做"出头鸟",并奋力飞出敌人射程的"狂劲",才带领着青春宝集团在竞争的洪流中创出一片天地。

　　2. 吴忠泉:居安思危,从长计议①

　　对市场的敏感是每个企业家的基本功,而将这个基本功运用得炉火纯青的就非金都房产集团总裁吴忠泉莫属了。

　　吴忠泉,金都房产集团总裁,1968年8月出生于浙江余杭。1994年创办了浙江金都房地产开发有限公司,开始在房地产业闯荡。

　　1990年,22岁的吴忠泉完成大学建筑学业,分配在余杭审计局。这是一份十分体面的机关工作。可吴忠泉的"不安分"悄悄成为其事业的源头,科班出身的吴忠泉凭借着自己的专业知识、缜密思维和实地考证,预测房地产业的走势,辨别着"商机"。

　　① 江山、朱欢:《恪守 敏锐 承载——现代杭商杰出代表吴忠泉的创业故事》,《杭商杂志》2009年第4期。

　　1994年,余杭撤县设市,政府提出了"蒋村商住区"的概念,把蒋村的土地向社会出让,建设面向杭州市区出售的住宅。吴忠泉等人意识到,越来越多下海经商的人已经积累了一定的财富,这些人对于改善自身的居住条件有着迫切的要求。他与几个朋友一合计,觉得应该可以试试。于是,几个年轻人义无反顾地进了当时刚刚起步的房地产圈,26岁的吴忠泉甚至没和父母商量就辞去了稳定的工作，从一名普通的机关员工，一跃成为业界最年轻的房地产老总之一。

在金都品牌价值不断提升的今天，吴忠泉还是不忘居安思危，从长计议。正是这一贯以来的敏锐，带动了他对房产关注点的不断转移，从关注房子"有与无"到"面积大与小"再至"品质好与坏"。正与杭州提倡"生活品质之城"的城市发展理念不断契合。杭州的"生活品质之城"建设是一件长久、多元素的大工程，预示着城市建筑也需要跟随潮流。这时，绿色、节能建筑就变得必不可少了，而此时金都提出的"人居环境"建筑风格也正好把握住了这一有利的发展时机。

"任何商品越来越好卖的时候，风险也在加大。"在房地产市场最红火的时候，吴忠泉却在担忧。这样一种朴素而敏感的判断能力，取决于其长期以来对生活、经济的关注。金都集团在成长过程中，经历过国家三次宏观调控，而每次都能够成功化解，这得益于金都从成立伊始，就一直坚持走市场经济、完全市场化的道路。从1994年成立以来，金都房产的设计定位、开发建设、市场营销，一直延续着"市场化"这三个字。金都的最大优势，就在于它是一个天天在练长跑的运动员，在市场中滚打摸爬的经历，有助于它成功应对任何困难。

进入2008年，国际宏观经济风云不断。美国次贷危机爆发，世界五大投资银行三家落马，引发全球性经济危机的多米诺骨牌效应，这也给中国的经济运行和房地产行业带来心理和资金流上的影响。2008年10月22日晚，中国人民银行、财政部出台一系列暖市政策，加之同月中旬杭州市出台的"24条"房产新政，业界普遍视之为"减压"方式，受长期宏观调控的楼市也初现松绑迹象。而此时的吴忠泉认为，房地产行业是个综合性的行业，与宏观经济及金融政策都有较大的关联性。但也不能简单看成，政策出台了，后期就没有调整了。只能说，随着政策的松动，消费者的购房需求会被重新激发，市场也会重新活跃。

凭着对市场特有的敏锐度，吴忠泉对这个行业的生命力充满了信心。在他看来，无论是中国改革开放30年以来日益膨胀的住房需求，以及发展率只有56％的城市化进程、新农村建设、缩小城乡统筹等，都预示着城市的发展空间还很大，杭州市民目前的平均居住面积是32平方米左右，随着城市人口集中、城市品质的提高，房地产的需求至少还将保持20年。

3. 孙德良:做敢于第一个吃螃蟹的人[①]

① 余广珠、孙德良:《我的成功八分靠运气》,《今日早报》2005-09-26(6)。

孙德良,中国电子商务风云人物,中国互联网早期创业元老之一。1972年出生于浙江萧山,现任浙江网盛生意宝股份有限公司董事长兼总裁。

孙德良有一个"118理论",就是自己的成功,一分靠努力,一分靠能力,还有八分就是靠运气。运气是机会带来的,而机会是给有准备的人的,孙德良的运气来自他对市场特有的那份敏锐。

1995年,从沈阳工业大学计算机专业毕业的孙德良怀揣着梦想,回到杭州找工作。当时,杭州一家最大的互联网公司正在招聘员工。第一次面试后,公司因为他只是普通大学计算机专业本科毕业的学生而没有录取他。但是心有不甘的孙德良没有放弃,继续寻求进入这家公司工作的机会。一个多月后,发现这家公司在招英语翻译。最后,孙德良以英语翻译的身份进入这家公司工作。第一份工作犹如一把钥匙,给孙德良打开了进入互联网领域的一扇大门。

1996年8月,亚特兰大奥运会召开,孙德良和同事翻译奥运会的一些信息,然后卖给那些当时还不能出国采访的媒体。这次经历对孙德良触动很大:"可以说经历了一次洗脑。当时我觉得互联网真神奇,居然可以在短短数秒之间传送这么多信息,以后完全可以靠互联网赚钱。"1997年,孙德良因所在公司倒闭而失业了,但这段经历却让孙德良在互联网里嗅出了商机,他决心在互联网行业干点事情。

1997年10月,在杭州举行的一个服装博览会上一次意外的发现,让孙德良迈出了创业的第一步,成为敢于第一个吃螃蟹的人。他发现同学有整整一抽屉来自全国各地大大小小化工企业的名片,当时眼前一亮,为什么不做化工网呢?化工原料的价格变化快,和国际接轨早,完全符合互联网的特性。当年底,全国第一个专业化的垂直化工网站(China Chemical Network)正式面市。1998年,网站推出不久销售额就超100万元,2001年年销售额更达5000万元,利润超过2000万元。同时,在化工领域之外,孙德良又相继开通了医药网和中国纺织网。

时间进入2009年,随着第三代移动通信(3G)牌照的发放,一场移动互联网战役似乎一触即发。在两大通信巨头火拼移动互联网市场的背后,孙德良也一直在密切关注3G在中国的发展,凭借着那份"吃螃蟹"的勇气和对市场敏锐的洞察力,孙德良在这块市场上分到了属于自己的那杯羹。

① 戚娟娟:《"信雅达"篇:"天堂硅谷的先行者"——郭华强》,《中国企业家》2002年第6期。

### 4. 郭华强:天堂硅谷的先行者①

郭华强,出生于1956年,杭州信雅达系统工程股份有限公司董事长兼总裁,1986年毕业于中央广播电视大学。

10多年前,郭华强便看中了家乡山清水秀间蕴涵的灵气,信誓旦旦地喊出:"要把杭州变成中国的西雅图。"他说这话时,杭州还显然与软件无关,只是人们印象中的观光胜地。

时光流转到21世纪初,在中国的金融、证券软件领域,却很少有国内的IT企业能与杭州的公司一较高下。在这里,谁都不否认,郭华强是个先行者。于是,就能听到有同行这样评价:"事实上,是他最早发现了这个市场,又为这个产业培养了很多人"。

敏感与经验,使这个"天堂硅谷的先行者"总是能不断地、恰到好处地捕捉到行业的先机。郭华强是善于捕捉行业先机的,无论在新利还是信雅达。他承认,这部分是得益于早年在浙江省工商银行软件科的工作经验,让他至今对金融电子化领域的发展动向都能保持着良好的嗅觉。

1993年,新利在全国率先推出自助刷卡委托,并完善了自助系统。而后,郭华强领导开发的证券柜面交易系统,则掀起了新一轮大规模柜台交易系统的升级浪潮。中国证券电子化从此由手工操作转为自动委托。新利也借此一发不可收拾,当年就创下600多万元的纯利。当时的郭华强认为,那时,中国的证券业刚起步,证券交易还都是通过手工完成的,银行系统的很多业务也都是人工完成,证券和银行系统的自动化这一块业务,完全可以有很大的发展空间。

此后,因与香港大股东在经营理念和发展思路上相左,郭华强逐渐把注意力转回更名后重新起步的信雅达上。彼时的证券IT领域已是烽烟四起,大大小小的软件公司层出不穷,学金融出身的郭华强又开始了另一番盘算,琢磨着在大金融领域为信雅达找个新出路。这一次,郭华强把目光瞄准了电子影像缩微技术。经常会去美国的证券业、银行业和IT公司走走看看、感受一番的郭华强了解到,近几年来,美国花旗、运通、三和等银行均已采用了光盘缩微档案。国外一些发达国家在20世纪90年代初就已注重实现会计档案的电子图像(光盘缩微)自动保存。但是在中国,银行、保险、工商、证券等领域,档案保存还维持在传统的状态下,一般采用纸张保存和胶片缩微保存两种方式。这又是一个还未有人涉足的市场。于是,郭华强立刻做出判断:这事情由信雅达来做!

2000 年,信雅达实行股份制改造时,公司将经营骨干和主要创业者吸纳进来,由原来的 2 位股东变更为 16 位股东,其中有 2 个法人股东、14 位自然人股东。

2001 年,信雅达将市场细分后,把各个事业部独立为子公司,比较顺利地完成了从行业化向产业化的转型,既集中了资源,也降低了成本。在这一年业界不景气的情况下,信雅达平稳地保持住了 40% 的增长率。

2002 年 11 月,信雅达公司以 1800 万元人民币普通股股票上市交易,证券简称为"信雅达",成为浙江省首家在国内主板上市的软件公司。2006 年,信雅达公司被杭州国家高新技术产业开发区管委会认定为"2005 年度重点高新技术企业"和"先进企业"。2007 年,信雅达连续第五年蝉联中国软件百强企业。2008 年 2 月,信雅达的电子文档防伪认证机被列为"2007 年度国家重点新产品计划"。

这一系列的成功,理应归功于信雅达总裁郭华强。郭华强善于发现,而当别人同样发现了这个市场时,他已在其中走出很远,甚至筑起了技术与销售的壁垒。

# 四、杭商经营之道之和谐共赢

## (一)和谐共赢解读

京杭大运河的开通,历史上几次大的战乱导致北方人口大量南迁,以及南宋在临安建都,使得杭州在文化上具有一种包容的特征。作为江南水乡的杭州,西湖的柔情让杭州更具一种兼容并蓄的气度。这些对于杭州商业特点和商人性格的形成具有重大影响。杭州传统人文特色以精致和谐为主,更多地强调和合、统一、有序,重视和谐、安定和可持续发展,重视团队精神和集群的协作配合。所以杭商之间没有你死我活的恶性竞争,在发展过程中更多的是合作竞争,包括企业之间、企业与社会之间、企业与员工之间、企业与消费者之间的和谐共赢。

孔子曾说"私惠不归德",就是指私心惠己不道德。所以对于财富和利益的分配,其强调"货不必藏于己,力不必为己",并倡导"仁人君子应该乐分施"。"和谐"其本质在于互相合作、互利互惠、共同发展,而"赢"由五部分组成:"亡"、"口"、"月"、"贝"、"凡",其中"贝"则意为取财有道,"凡"意有大气量、共同分享,故"赢"可释为同发展同分享。

合抱之木,生于毫末,而毫末之始在于其根系,根系发达需营养不断,方能大树参天,枝繁叶茂,荫庇一方。杭商和谐共赢的观念源于厚德笃行的优秀品质,正是充分认识到只有顾客、员工、社会才是企业这棵大树茁壮成长的根系所在和营养的提供者,认为企业存在的最大价值就是不断为顾客、员工、社会创造价值,实现和谐共赢。

喜欢看金庸武侠小说的马云具有一副古代剑客的豪迈和大气,主要体现在他对企业共建共享、对财富共同拥有的看法和行动上。在阿里巴巴发展的十几年中,他一直只做一件事情,即帮助小企业通过电子商务的平台突破走出去的困境,让他们具有更大的生存空间。他认为阿里巴巴的存在价值在于分享精神和共赢理念,所以从创建的第一天开始,他就没想过用控股的方式控制阿里巴巴,而采用股权分散,这样,其他股东和员工才更有信心和干劲。马云侠客式"财散人聚"的做法,既让员工分享了他的成功,也让公司得到了更大的发展。

与徽商、晋商那种为了生存而创业有很大的不同,杭商的创业只是为了更美好的生活,追求一种生活品位和自身价值的提升。所以杭商在创业成功后就会主动承担起社会责任,将企业的发展和社会的发展紧密结合。他们始终坚信企业在一定程度上也是一个社会公民,企业的发展更多的是建立在社会不断发展进步这一基础上的,企业和社会两个方面可以实现共赢。娃哈哈集团宗庆后认为,企业所取得的利益应该"普惠共享",这样才更具意义。贝因美从成立的第二年,就建立了一个特别的机制,每年会在销售额中拿出 1% 或 0.5% 的营业收入来做公益,至今已达 5 亿元。祐康在发展壮大的历程中始终坚信企业利润的最大化不是企业的最终目标,社会价值、员工价值、品牌价值等价值最大化才是"祐康"的终极目标。当这三者能够统一于企业发展过程中时,企业利润最大化和股东权益最大化就会是自然而然的事情。

正是深谙利益均衡、和谐共赢的道理,杭商才能在每次危机中险中取胜,甚至每一次危机对于杭商都是一次新的机遇和起点。每次危机来临,杭商都能够将企业的员工拧成一股绳,在逆境时互相抱团取暖共渡难关,从而在危机过后实现再次飞跃。

在当今纷繁复杂的商业环境中,企业不可能独善其身,脱离于社会之外。企业发展必须担负起一定的责任,以及具有一种使命感,将企业的目标与社会的要求有机地融合在一起,实现和谐共赢才能取得自身的发展和突破,才能为社会所接受。正是基于对和谐共赢这一经营理念的深谙,杭商才取得了现在的辉煌,涌现出一大批优秀的公司和企业家,百年来在中国商界屹立不倒。

(二)案例选编

1. 马云:客户第一、员工第二、股东第三[①②]

马云,浙江杭州人,1964年出生,阿里巴巴集团主要创始人之一,现任阿里巴巴集团主席和首席执行官。他是《福布斯》杂志创办50多年来成为封面人物的首位大陆企业家,曾获选为未来全球领袖。除此之外,马云还担任软银集团董事、中国雅虎董事局主席、亚太经济合作组织(APEC)下工商咨询委员会(ABAC)会员、杭州师范大学阿里巴巴商学院院长、华谊兄弟传媒集团董事。

2003年,马云利用"非典"危机试验网上生存网上交易,同时为客户化解危机,一举把互联网产业从冬天带到春天。这种化解和利用危机的能力也是非常值得称道的。"非典"之后,马云总结出阿里巴巴三条思想原则:第一,唯一不变的是变化;第二,永不把赚钱作为第一目的;第三,客户第一、员工第二、股东第三。

对客户,马云认为公司创造的价值和对社会作出的贡献,就是让客户成长起来,客户因此给了公司钱,又使公司成长起来。客户与公司就是这样相互支持,和谐发展的。2010年6月24日,阿里巴巴网络有限公司联手万事达卡国际组织宣布启动全球速卖通(AliExpress)万事达卡客户专属优惠计划。当日起至2010年9月30日,全球速卖通买家只需用万事达卡支付累积消费金额超过1000美元的订单,即可获得高至累计金额10%的优惠回馈。阿里巴巴的这一举措为他的客户,特别是中小型客户提供了极大的优惠和便利。

对员工,马云一向视他们为朋友、兄弟。1998年,中国的网络形势已经逐渐向好的方向发展,马云也嗅到了其中的良机。于是,他作出了人生中颇具里程碑意义的决定:从北京回到杭州,重新创业!马云约齐团队的所有人,说出了自己的决定,他对大家说:"我给你们3个选择:第一,你们去雅虎,我推荐,雅虎一定会录用你们,而且工资会很高;第二,去新浪、搜狐,我推荐,工资也会很高;第三,跟我回杭州,只能分800块钱,你们住的地方离我5分钟车程以内,你们自己租房子,不能打出租车,而且必须在我家里上班。

①《阿里巴巴全球速卖通联手万事达卡推出客户专属优惠计划》,《中国信用卡》2010年第14期。

②马金胜:《马云:东方智慧西方运作》,《北大商业评论》2009年第9期。

你们自己做决定。"马云给他们3天时间考虑。眼见从杭州跟自己闯到北京来的亲密伙伴陆续走出房门，马云心里有些失落，却依然十分坚信自己的选择。仅在3分钟后，所有人选择了返回房间。就在那一刻，坚强的马云流泪了。也就是在那一刻，一种信念深深埋进了他的内心：朋友没有对不起我，我也永远不能做对不起他们的事情！

2008年经济危机的到来令经济学界和企业界开始反思多年来信奉的价值投资理论是否正确。因为这场危机给全球的核心警示之一就是对股东利益的"极致"追求鼓励了华尔街的贪婪，导致了公司治理失控和风险加大，最终肇始于虚拟经济的问题蔓延到实体经济，形成了全球经济衰退的局面。然而，2009年5月7日，在阿里巴巴的股东大会上马云再次强调了他在公司上市之初曾在投资者圈里引起轩然大波的理念：客户第一，员工第二，股东第三。马云认为，将股东的利益放在第三位，是因为股东利益是结果，这家公司不是慈善机构，它必须挣钱。股东的钱不是公司的收入，股东的钱是对公司的信任，因为这份信任，公司就必须切实处理好与股东的关系，并为股东谋取福利。

2. 王德润："以优质服务为重，以职工利益为重，以社会责任为重"[1]

王德润，1956年出生，中共党员，高级经济师。1996年5月起任杭州长运总公司副总经理，1998年6月起任杭州长运集团公司总经理、党委副书记，2001年4月至今任杭州长运运输集团有限公司董事长、总经理。

对于杭州长运来说，优质服务可以说是企业的立足之本。如何吸纳国内同行业的优质服务理念，并在此基础上走出自身更好的路子，王德润经过长期的研究，实现"四个率先"：率先推出以"延误旅客30分钟，赔偿票价50％"为核心内容的快客班车"十大服务承诺"；率先在全国同行中推出服务纯金号86046666，24小时为旅客提供咨询、受理投诉、订票等亲情服务；率先开通火车站至四大汽车站的站际免费接送车，首创公铁、公公无缝衔接；率先推行客车公交化发班，实现了杭州至周边城市发车密度不超过10分钟一班，杭州市至长三角地区主要城市发车密度不超过20分钟一班的运营体制。随着"四个率先"的推出，温馨化的服务提升了旅客的出行品质，为中国道路客运开创了新的发展模式。

王德润是个亲和的企业领导者，在掌舵杭州长运这十几年中，他始终将职工的利益摆放在第一位。王德润说："只有将员工利益放在第一位，只有

①江山、叶钢强：《鼎新 坚守 眷注——现代杭商杰出代表王德润的创业故事》，《杭商杂志》2008年第12期。

让员工觉得在杭州长运工作能体现自身的价值，企业队伍才能团结一心，才能把事情做好。"为了提高员工的工作积极性和职业素养，杭州长运每年都会动用大量的经费，为职工提供在同行业中最好的工资福利待遇和学习培训机会。也正因为如此，杭州长运的整体服务质量广受社会好评。也正因为王德润的耿耿眷注，杭州长运3000多名企业员工组成了一个优良的营运团队，为杭州旅客运输事业作出了积极的贡献。

2008年年初，国内遭遇了百年未见的冰雪灾害天气。1月26日，当杭州市和部分省、市积雪达到30厘米，大雪梗阻了杭州连接全国各地的交通要道之时，王德润提出杭州长运必须"全力以赴、安全有序"地完成这场抗冰雪之战。他将责任背负在肩，与军、警、民紧密配合，实现了道路运输企业有史以来最成功的合作。春运期间，杭州长运共安全发送旅客269万余人次，实现了"除夕夜没有一名旅客滞留，没发生一起重特大安全事故和有责投诉事件"的春运目标。因在抗雪救灾中成绩显著，杭州长运被浙江省交通厅和杭州市委、市政府评为"全省交通行业抗雪救灾先进集体"和"杭州市抗雪救灾先进集体"，王德润被评为"全省交通行业抗雪救灾先进个人"。

3. 宗庆后："饮料大王"的"春风行动"①

2010年10月28日，2010年《福布斯》富豪榜发布，娃哈哈集团宗庆后家族在成为胡润百富榜首之后，再次登上《福布斯》富豪榜首富宝座。这是中国第一次有"饮料大王"成为全国首富，"饮料大王"在积极经营企业创造财富的同时也积极投身慈善事业。

①《娃哈哈宗庆后：创建慈善新平台 拓宽慈善模式》，[2011-09-30]. http://shipin. peo ple. com. cn/GB/13159 877. html.

宗庆后，浙江杭州人，出生于1945年10月，中共党员，高级经济师，浙江大学MBA特聘导师。1987—1991年，任杭州娃哈哈营养食品厂厂长；1991年至今，任杭州娃哈哈集团公司董事长兼总经理。

2008年12月28日，宗庆后向杭州市"春风行动"捐款500万元。这是杭州市"春风行动"开展9年来金额最大的单笔捐款。在这之前一年，宗庆后向杭州市"春风行动"捐款300万元，一直保持着杭州"春风行动"单笔捐款金额最大的记录。

宗庆后说："娃哈哈集团是在改革开放中发展起来的，娃哈哈的发展离不开市委、市政府的支持，更离不开父老乡亲的支持。在家乡父老乡亲有困难的情况下，更应该施以援手。"娃哈哈集团这几年来除了不断通过捐款等形式做慈善献爱心，更通过在中西部贫困地区建厂等方式，实现贫困地区的造血功能，来达到帮助脱贫的目的。近年来，娃哈哈集团已经获得了全国对口扶贫先进单位、全国对口支援先进单位等称号。

但从内心来说,宗庆后并不欣赏动辄就捐资产的慈善行为。因为在他看来,捐出全部资产的行为背后,不过是无法支付高额遗产税和企业避税的变通做法,并不是真慈善,只有持续地为社会创造财富才是真正的慈善。宗庆后说,企业家若把辛苦赚来的钱用来投资,就能产生更多的就业机会,能为国家和社会带来更多的财政收入,但若是捐出去,这些资产就失去了"生命力","杀富济贫"并不可取。因此,宗庆后更关注能切实地为更多人谋求长远福利的慈善活动。

2009年,娃哈哈集团健全公益行为实施机制,搭建了一个汇聚爱心的平台,让更多公益的行动得以生根发芽。经过精心筹备,以"大爱无疆,泽被社会,让爱无所不在"为宗旨的"娃哈哈慈善基金会"建成,专门从事慈善、公益活动的运作,让娃哈哈的公益行为能够持续发展。娃哈哈"聚爱"基金由此诞生。通过娃哈哈慈善基金平台,2009年6月,为支援川、黔贫困地区的教育发展,娃哈哈出资200万元启动"接过爱心教鞭,托起明天希望"大型爱心支教公益活动,志愿者报名达到了3526人,远远超过计划招募的100人。2009年,娃哈哈"圆梦阳光操场"活动进行得如火如荼,娃哈哈支出400多万元在四川南充市、泸州市、达州市、甘孜州、凉山州等100多个乡镇中小学建设的爱心操场沐浴阳光,为孩子们的梦想插上翅膀。2009年10月,娃哈哈集团联合百度空间,发起"聚爱娃哈哈 点亮爱的心愿"大型慈善公益活动,提交爱心梦想的网友,就有机会成为"娃哈哈爱心大使",其爱心创意将获得娃哈哈慈善基金会的资助而付诸实现,网友参与公益活动的积极性高涨。

"饮料大王"的各项春风行动的意义远远甚于捐助资金本身,就如娃哈哈的"支教"活动意义深远,超出"支教"本身,他为大众的公益热情创建了一个广阔的平台,让施助者从另一种角度的帮助,让以企业为支点的公益活动的价值最大限度地得以释放,用企业公益的星星之火引爆整个社会巨大的慈善能量,同时还一举多得地解决了毕业生的就业困境,为和谐社会的建设添砖加瓦。

①《胡季强:上善若水常于心 至诚至爱康恩贝》,[2011-09-30]. http://health.sohu. com/20090921/n266885771. shtml.

4. 胡季强:"就是倾家荡产,也要致力于救灾救难!"[1]

胡季强,浙江东阳人,1961年出生。1982年浙江医科大学(现浙江大学医学院)本科毕业,工商管理博士,高级工程师,执业药师,现任康恩贝集团有限公司董事长。

2003年,"非典"疫情伊始,胡季强就始终关注着。

当广东的疫情开始出现蔓延端倪,当浙江的一瓶米醋从几块钱飙涨至百元以上,当药店的板蓝根开始被抢购一空时,胡季强感到十分震惊,他敏锐地意识到,灾难已经离我们的国家、我们的同胞越来越近了。关键时刻,康恩贝要担当起企业公民的责任,为国家分一份忧,为社会解一份难。

2003 年 4 月 20 日,浙江省卫生厅宣布,杭州市发现 SARS 病例。虽然是星期天,胡季强还是立即召集公司相关人员开会,紧急部署预防"非典"事宜,做出了打好"非典"攻防战的决断,并及时与浙江省药监局领导取得联系。

2003 年 4 月 21 日下午,康恩贝集团行政例会上,胡季强组织人员专题讨论了"非典"防治的相关事宜。宣读了集团公司《关于做好非典型性肺炎防治工作和应急供应防治"非典"产品的紧急通知》,要求与会者做好两方面的工作:一是把防治"非典"提高到关系企业发展和稳定的高度来认识,生命权是最高的人权,要从对员工生命权高度负责的角度来认识问题;二是站在企业角度,主动参与到帮助政府做好防治"非典"的工作中去。

2003 年 4 月 25 日晚,胡季强借在兰溪巡视工作之际,召集集团部分企业召开"非典"防治及应急供应工作现场会,听取"非典"防治工作及抗"非典"产品应急供应市场的进展情况。会上,胡季强再次强调,我们要以强烈的社会责任意识,配合政府抗击疫情,为国分忧。

2003 年 4 月 27 日上午,在股份公司召开的"非典"事件营销工作专题会上,胡季强部署了下阶段的工作安排,要求销售公司研究对策,制订预案,调动一切资源,尽力为客户和社会服务,并强调,防治"非典"不能想着乘机牟利,不能做任何损害消费者利益的事,有些事情哪怕赔钱也要做。

2003 年 4 月 28 日上午,召开股份公司总裁专题办公会议,研究分析夏季医药市场商情,布置落实抗"非典"药品捐赠等公益活动。

2003 年 4 月 29 日上午,胡季强到下属的浙江现代中药与天然药物研究院听取关于抗"非典"药物研制、报批的进展情况,并就目前已进入研究院研发战略体系的抗流感、抗病毒药物和消杀类产品进行了深入研讨和筛选。要求研究院面对突发疫情,第一时间拿出针对性的产品,以解政府之急、公众之忧。

2003 年 4 月 30 日下午,胡季强出席"抗击非典,青年志愿者在行动"捐赠活动,康恩贝加班加点生产的、总价值超过 1500 万元的药品和消毒清洁用品开始送往特定地区和特定人群。

"非典"期间,康恩贝向各地捐赠的"非典"防治专用药品和现金累计价值达 1800 万元。

这一幕幕场景,所有的这些数据,都在向我们昭示着一个企业的责任心,对社会的大爱与奉献折射出企业的价值取向,是企业公民的社会责任,而为社会、为消费者提供安全、优质的产品则体现了企业真正的责任和诚信,是最高层次的社会责任。

# 五、杭商经营之道之开放大气

## (一)开放大气解读

开放,就是要有囊括大典、网罗众家的气度,博采众长、有容乃大的精神,海纳百川、宽容博大的胸怀。大气,就是以更宽的胸怀和视野、更大的气魄和手笔来从事商业创业活动。杭州的钱塘江以博大开放的胸怀接纳了大气磅礴的东海之潮而名扬天下。而杭州的商人以其百年来具有的开放大气和独特的战略眼光而享誉海内外。在经济全球化的时代,相比于其他城市的商人,杭商更具备国际的视野、开放的胸怀,能立足自身特色,找准比较优势,构筑竞争优势,走差异化、独特性发展道路,以特色走向国际,在全球竞争中谋求有利地位,实现了内生创新与对外开放的和谐、本土化与国际化相得益彰。

经过了几千年商业历史积淀以及不断吸收、融通各种外来文化,杭州商业文化得到了快速发展。特别是在经济全球化的时代,杭州商人学会了在更大的范围、更高的层次配置资源、运作企业。同时,又能立足自身特色,找准比较优势,构筑竞争优势,走差异化、独特性发展道路,走向国际市场。所以杭商在经营之中有一种一脉相承的理念:扎根本土,胸怀天下。如万向集团鲁冠球认为企业间的竞争如同围棋对局,判断一局棋是否安全,有一个简单的标准——是否有两个"真眼"。企业要活下去,不仅要比别人多"一口气",还必须要有"两只眼":一只眼是国内市场,另一只眼是国际市场。所以万向集团作为一家"从田野崛起的企业",在其创业之初就已经将眼光投放在国际市场,而且要建立全球性的生产体系。

杭商开放大气的经营之道使得他们能够以更宽的胸怀和开放的视野,更大的气魄和力度来审视商界,站在商业的高点,广纳一切有用资源,博采众长,以一种前瞻的眼光谋求更大的发展。当马云决定进军 C2C 领域时,许多人认为马云是"疯子",因为在 C2C 领域,eBay 才是真正的"大鳄"。但马云仍然信心十足,他说:"在 C2C 领域,我们能在中国创造一个比 eBay 更加 eBay 的 C2C,那就是淘宝,我相信淘宝现在的人,我们可以做到。"果然,两年之后,在会员数和交易额等指标上淘宝全面超越 eBay 易趣,硬是占据了国内 C2C 市场 80% 以上的份额。与 eBay 易趣的叫板与竞争,体现的是马云的铮铮铁骨,是他必胜的信念和坚强的意志。马云的"气势汹汹"使阿里巴巴成为众人眼里一个不可忽视的伙伴和对手。

杭商的开放还体现在敢于突破传统,标新立异,以一种创新的思维来实现转变,引领潮流。而这些不论是观念上的还是制度上的创新都成为杭商乘势抓住机遇的有效手段,有利抢占新商机和开拓新领域。祐康食品创造性地采用火车运输,成为首家打破地域经营格局的冷食企业,把产品销到北至哈尔滨、南至深圳的全国 30 多个大中城市,建立了有效的销售网络。并在营销中确定"三四三"销售策略,即产品市内销售三成,省内销售四成,省外销售三成,成功地避免了因地域性气候变化而导致产品销售的大起大落,从而迅速地在激烈的市场竞争中站住脚跟,并成为冷饮界的一匹黑马。

（二）案例选编

1. 鲁冠球:扎根农村,放眼海外[1][2]

鲁冠球,浙江万向集团董事局主席兼党委书记。1954 年 1 月出生于浙江杭州萧山。15 岁辍学,做过锻工。1969 年 7 月,带领 6 名农民,集资 4000 元,创办宁围公社农机厂,现已发展成为国家 520 户重点企业和国务院 120 家试点企业集团之一,资产近 300 亿元,员工 1.3 万多名,拥有国家级技术中心、国家级实验室、博士后科研工作站。

鲁冠球一直有很深的"农民情结",他坚信"企业办得再大,还是要扎根农村",但就是这样一个农民企业家,却在企业起步伊始便将目光放在海外——为海外汽车企业提供零部件制造,涉足的是工业化程度和市场化程度较为成熟的领域。他始终认为,企业要活下去,不仅要比别人多"一口气",还必须要有"两只眼":一只眼是国内市场,另一只眼是国际市场。

事实上,万向集团始终睁大"两眼"注视着这个时刻变化的经济世界。崛起于阡陌之中的万向集团,其不断扩张的举措就是两条线:在国内,与主机厂建立战略同盟;在国外,接轨国际跨国公司、国际先进技术和国际主流

①《解剖鲁冠球与万向集团 30 年不败的秘密》,《上海证券报》2007-07-08(8)。
②《温总理十六字提炼万向精神,指出"这也是浙江精神"》,《万向新闻》2009-03-17(1)。

市场。万向集团在向海外迅速扩张的步伐中,以股权换市场、以设备换市场、让利换市场等步骤令人侧目。在鲁冠球的企业战略中,万向集团不仅要建立全球性的销售体系,而且要建立全球性的生产体系——通过收购生产线,在成熟市场中设立生产基地,并随着市场份额的不断扩大,在海外设立更多的生产基地。

20 世纪 80 年代,随着国家大力发展交通运输业,万向以汽车的关键零部件——万向节作为突破口,调整其他农机产品,专业生产万向节,使之成为企业拓展市场的拳头,国内市场占有率在 65% 以上,真正实现了"小产品大市场"。

20 世纪 90 年代,随着国内市场的饱和,万向又把目光瞄准了更广阔的国际市场。及时调整企业发展战略,对汽车零部件进行系列开发,以资本运营为主要手段,积极培育新的产业。1994 年,万向美国公司的成立,为企业跨国发展战略的实施和对市场信息的有效处理提供了有力保证。

2001 年 8 月 28 日,他还一举收购了纳斯达克的上市公司 UAL,开创中国乡镇企业收购海外上市公司的先河。至此,他手中的上市公司内有万向钱潮,外有 UAL。如今,鲁冠球已经将 26 家海外企业揽入自己的企业帝国版图之内。

2009 年 3 月,温家宝总理参加了十一届全国人大二次会议,在听取鲁冠球等全体代表发言后,分别作了总结讲话。他说,万向和浙江企业的发展,我很关注。其实万向企业的成长,主要有三个精神值得发扬,一是创业精神,二是克服困难的精神,三是创新精神。有了这三个精神,你就能够克服当前金融危机带来的影响,继续把万向企业办好,这也叫万向精神。而且,我以为这不仅是万向精神,恐怕也是浙江精神,就是艰苦创业、大胆创新、克难攻坚、勇往直前,这也是浙江精神!

一代农民企业家鲁冠球摒弃了传统小农民的小气节小胸怀,而是将眼光投向全球,将开放大气的新农民气节投入自己的工作决策。扎根农村,是为了不忘自己的根本,放眼海外,是为了将根本的品质发挥到全世界。

2. 戴天荣:前瞻——祐康发展制胜法宝[①]

从 3 分钱的白糖棒冰中看到国内巨大的冷饮市场,从单纯做贸易转向产贸结合,从简单的市场经营到融入全球一体化浪潮……戴天荣的眼光非常独到,而他的这种前瞻也成为祐康在市场化经营中的制胜法宝。

戴天荣,毕业于杭州大学企管系,澳门科技大学工商管理硕士,浙江大学 MBA 特聘导师。1991 年起创办祐康食品集团有限公司,担任董事长、总

[①] 江山、张凌鸿:《前瞻 践诺 纵越——现代杭商杰出代表戴天荣的创业故事》,《杭商杂志》2010 年第 3 期。

裁、党委书记,先后被评为浙江省优秀企业经营者、全国乡镇企业家等。浙江省第十二次党代会代表,杭州市第十届、十一届人大代表,中国侨商联合会副会长。

20世纪80年代,20岁出头的戴天荣在一家公司从事商品贸易工作,同时还做过百货、丝绸、钢材等生意。那时候,人们收入很低,物质供应匮乏,可就是在这样的条件下,戴天荣敏锐地发现,消费者的消费需求也在发生着变化。老百姓的需求不再简单局限于解决温饱问题,而是提出了更高更新的要求。戴天荣说:"让我印象深刻的是,那时候卖3分钱一支的白糖棒冰和5分钱一支的赤豆棒冰,销路非常好。我就想,当人们收入增加了,生活条件好了,对冷饮的需求肯定会快速增长,市场前景肯定看好,当时冷饮行业才刚刚起步,正是进入的最佳时机,所以我很果断地辞职下海了,把单纯做贸易转向了产贸结合,办起了祐康。"戴天荣的预测没有错,从20世纪90年代开始,我国冷食市场就保持了年增长20%以上的速度,2008年全国的冷食消费总额已近300亿元。如此庞大的市场,给祐康的发展提供了广阔的空间,经过10余年的发展,现已成为国内冷食行业的龙头企业之一。

戴天荣提出的目标是打造"国际祐康,实力祐康,百年祐康"。当戴天荣2000年第一次向员工透露祐康一定要走国际化路线时,企业员工大多是礼貌地抑制了吃惊的表情。但是戴天荣坚信唯有国际化才能生存,在食品行业摸爬滚打十几年,戴天荣很清楚如何将企业做大:"贷款去央视铺广告,销售马上就会上来的。但是后续如何跟上呢?"戴天荣认为先做大后做强不符合自己对企业的预期,"我的想法是,先做精做细,然后做强做大"。

正是基于从"做精做细到做强做大"的理念,祐康从1999年完成股份制改造后,便开始着手企业国际化经营了。对此,戴天荣有着自己的理解:"国际化不仅仅是海外销售,而应该是把中国当做国际市场的一部分,重新布局产品的生产和销售。"他对国际化的执著追求,在完全没有上市需要的1999年,将祐康按照上市公司的标准完成了公司的法人治理结构。实践证明,他的这一做法给祐康跨越式成长创造了最基本条件。

2000年,祐康集团按照整合资源、延伸发展的理念,与泰国波马公司合资成立了祐康达美公司,并投资成立了祐康电子商务有限公司。

2004年,旗下关联公司祐康国际在新加坡证券交易所挂牌上市,并与新加坡著名的食品投资经营企业集团第一家食品集团结成全面的战略合作伙伴关系,为集团的发展搭建了更好的平台。

①施惠萍:《企业国际化进程中的资本运作——访华立集团董事长汪力成》,《浙江财税与会计》2002 年第 6 期。

2007 年,祐康与台湾统一企业集团合资成立浙江统冠物流发展有限公司,专业提供冷链订单、仓储、配送、分拣及各种流通加工等现代化物流管理"一条龙"服务。2008 年,公司投入 1 亿多元,建成了亚洲最高的 VNA 冷冻库。这不仅保证了物流质量,还大大降低了能耗和物流成本。

如今,祐康集团已与国家游泳队续约,将合作伙伴协议延长至 2012 年伦敦奥运会。在戴天荣的带领下,祐康必将越走越远。

3. 汪力成:进攻就是最好的防御①

汪力成,1960 年 9 月出生,华立集团董事局主席、浙江省十届人大代表、浙江大学 MBA 特聘导师、全国工商联第九届执行委员、浙江省工商联副会长,曾获"全国劳动模范"、"中国第二届创业企业家"、美国《财富》杂志(中文版)"2001 年度中国大陆商界风云人物"、"2003 年度首届浙江商人年度风云人物"、"2004 年度浙江省优秀社会主义事业建设者"等荣誉称号。

"华立"从一个不知名的小企业成长为全国同行中的老大及跨国企业集团,在中国加入 WTO 前几年,就已经感觉到了面临的机遇和压力,并已着手研究和应对经济全球化的挑战。汪力成谋划出"两手抓"的战略,第一只手抓"西部大开发",向西部进军;第二只手抓"走出去",全面融入全球经济。"进攻就是最好的防御",早在 20 世纪末,"华立"就制定了"21 世纪国际化战略"。对汪力成来说,全球化绝不是简单地进行国际销售或在国外办厂,他看中的是全球的资源,包括技术资源、人力资源、资本资源或资金资源。"华立"的全球化核心概念就是要真正实现包括市场、技术、人力、资金在内的资源配置的全球化。

1990 年,"华立"成立了国际贸易部,继而改组成立了进出口公司。1997 年,海外事业部的正式挂牌,华立集团为最终大踏步"走出去"一点一点地积蓄着力量和经验。2000 年,"华立"进入美国,在硅谷投资设立了独资企业——华立控股(美国)有限公司,并以该公司为母体在美国发展。

2001 年,美国华立收购了飞利浦 CDMA 核心技术项目,从表面上看,这次收购带有偶然性,因为"华立"从来没有宣布过要进入芯片行业,但是偶然的背后是必然。早在两年前,"华立"就已经投入精力研究手机的整合。汪力成在得知飞利浦决定放弃已经投入 2 亿美元的 CDMA 项目的计划后,立即组织此项收购行动。收购飞利浦 CDMA,使"华立"在实施企业国际化进程中站到了一个新的起点上。

2001 年初,举目四望之下,汪力成通过美国华立收购了太平洋系统公司(PFSY)58%的股权,从而成为这家美国纳斯达克上市公司的控股公司。这次收购使汪力成拥有了实现海外扩张的平台。事实证明,汪力成收购的PFSY公司成了进军美国的"桥头堡"。通过"走出去"掌握人家的核心技术,再"拿回来"重新进入中国的资源配置,商战的胜算便这样被汪力成掌握了。于是,美国《财富》杂志(中文版)将其评为"2001 中国商人"第一位。从此,在他的众多头衔中又多了一个"中国第一商人"的称号。

2006 年,"华立"在泰国中部的罗勇工业区投资开发占地 400 万平方米的"泰中罗勇工业园",成为中国首批在海外设立的 8 个工业园之一,吸引了一大批中国企业前去投资落户,带动了中国企业的跨国经营,这标志着华立集团全球战略实施又取得了新的进展。

2008 年,华立集团及下属在杭成员企业进驻新启用的华立科技园,标志着华立集团立足余杭,面向全球,再次进入新的发展时期。

4. 费建明:应对金融危机,降低成本,自主创新[①]

① 廖小清:《达利(中国)公司老总费建明:降低成本+自主创新》,[2009-05-26]. http://biz. zjol. com. cn/05biz/system/2006/03/16/006518160. shtml.

费建明,达利(中国)有限公司副董事长、总经理,浙江省丝绸协会副会长,杭州市丝绸协会会长。

在 2008 年金融危机中,纺织服装企业受到了前所未有的冲击。正当国内众多纺织服装企业因为外需下降而苦恼时,位于杭州市萧山区的达利(中国)有限公司却取得了新的业绩。2009 年 1—4 月,该公司实现利润 2658 万元,同比增长 298.82%,创历史同期最高纪录。作为主要从事真丝面料印花及染色加工、真丝针织服装生产及出口的达利,85%以上产品都出口欧美,在金融危机中也同样未能幸免,2009 年 1—4 月,达利的销售收入近 3 亿元,同比下降 18.98%。

为什么销售下降了,利润反而上升了呢?达利执行总裁费建明透露了公司的秘诀:"降低成本,自主创新。"

在金融危机中,服装行业受到的影响首当其冲。为尽量减少市场对公司的冲击,2008 年 10 月份,达利成立了一个全新的部门——成本控制中心,并制订了 2009 年制造成本下降 4420 万元的控制目标。与此同时,公司还把成本控制与公司相关负责人的考核进行挂钩,实施相应的奖罚,提高公司员工参与控制成本的积极性。

费建明透露,该公司在服装面料裁剪环节,以往原料损耗率在 1%—2%之间,现在降到了 0.5%。仅此一项,2009 年 1—4 月就节省成本 140 万元。

通过各项降低成本措施,2009 年以来,公司总能耗同比下降了 32.04%,总计节约 1374 吨标准煤。仅前面 4 个月,达利的制造成本就下降了近 2000 万元。

自主创新也是达利利润提高的另一个重要环节。在达利的 5000 名员工中,其中开发部员工就有 500 多人。以往该公司自主品牌销量仅占 15%,其他的都是为别人做贴牌加工,订单也大多外包给配套企业。2009 年以来,公司贴牌加工量大幅减少,自主品牌却迅猛增加,仅美国市场,前 4 个月自主品牌订单就增长了 5.31%,带动了利润指标增长,于是出现了销售量下降而利润却提高的良好局面。

"这样一来,不仅保住了公司,而且实现了'不裁员、不减薪'的承诺。"费建明说,公司未来的目标是致力于开发国内市场和自主品牌,减少对出口的依赖,将自主品牌提升至 50% 以上,国内销售占总销售的 50%,把金融危机当做一场难得的机遇来应对。

费建明的言辞之间无不透露出杭商人特有的自信与大气,他的勃勃雄心让我们看到中国传统的丝绸产业正在迎来重振昔日辉煌的宝贵时机。

# 六、杭商经营之道之善于借势

## (一) 善于借势解读

荀子《劝学篇》言:登高而招,臂非加长也,而见者远;顺风而呼,声非加疾也,而闻者彰。假舆马者,非利足也,而致千里;假舟楫者,非能水也,而绝江河。君子生非异也,善假于物也。

兵书则言:能相地势、能立军势、善以技、战无不利。

正所谓"借势者强",大凡成功的商人不仅仅是顺势而为,同时也是借势和用势高手,他们懂得如何广纳资源为我所用,不断提升企业实力,在商场征战中取胜。杭商作为有名的商帮,无疑是善借和善用"势"的佼佼者,而且他们擅长借力于政府。

"顺势谋发展,借势求成功"。杭商不仅在资金和资源等方面善于通过各种渠道关系来促进企业发展,而且在发展过程中不断加强与政府等职能部门的关系,不论在政策上还是在市场开拓上竭尽全力获得政府资源支持,为企业的发展创造良好的环境。由于能够与政府保持紧密的联系和有效的沟通,所以杭商能在第一时间掌握政府的政策导向,把握经济发展命脉,做出正确的决策。

　　商业上的成功也为杭商参与政府的决策提供了一种渠道和便利，一些成功的杭商开始涉足政界，在政府里面担任一些咨询的角色。据不完全统计，全国 400 多万浙商中，在各级人大、政协中参与参政议政的人员达数千人，其中杭商占 1/3 以上。作为一个新阶层的代表，杭商群体积极参政议政，在政治舞台上展现了自己的身影，如冯根生、鲁冠球、宗庆后便是其中的代表人物。

　　由于杭商善于借助政府在区域经济发展中的公共服务职能以及自身在政府等职能部门担任的职务，提出一些改善政府管理能力的建议以及促使政府搭建相关产业的有效运行合作平台，来实现企业与政府间的良好互动，因而能为企业的发展提供良好的外部环境，取得共同发展，合力共赢。

（二）案例选编

1. 胡雪岩：借势崛起的杭商第一人[①]

　　咸丰十年（1860），胡雪岩当跑街期间，其钱庄主人死后无子嗣，于是将钱庄传给了他，从此他开始了自己的经商生涯。他开阜康钱庄，并与官场中人往来，成为杭州一大商绅。咸丰十一年（1861）十一月，太平军攻杭州，胡雪岩从上海、宁波购运军火、粮米接济清军。左宗棠任浙江巡抚，委任胡雪岩为总管，主持全省钱粮、军饷，因此阜康钱庄获利颇丰。京内外诸公无不以阜康为外库，寄存无算。他还协助左宗棠开办企业，主持上海采运局，兼管福建船政局，购买外商机器、军火及邀聘外国技术人员，从中获得大量回佣。他还操纵江浙商业，专营丝、茶出口，操纵市场、垄断金融。至同治十一年（1872）阜康钱庄支店达 20 多处，布及大江南北。资金 2000 余万两，田地万亩。由于辅助左宗棠有功，曾授江西候补道，赐穿黄马褂，从而成为一个典型的官商。

　　胡雪岩的经历充满传奇色彩：他从钱庄一个小伙计开始，通过结交权贵显要，纳粟助赈，为朝廷效犬马之劳；洋务运动中，他聘洋匠、引设备，颇有劳绩；左宗棠出关西征，他筹粮械、借洋款，立下汗马功劳。几经折腾，他便由钱庄伙计一跃成为显赫一时的红顶商人。他构筑了以钱庄、当铺为依托的金融网，开了药店、丝栈，既与洋人做生意，也与洋人打商战。

　　也有人将胡雪岩评价为"一代奸商"。曾国藩之子曾纪泽在《使西日记》中，依据来自洋人的材料，把挖国家墙角的胡雪岩直斥为"奸商"："十二月初二日，葛德立言胡雪岩之代借洋款，洋人得息八厘，而胡道（时胡为布政使衔

①江山等：《聪颖 仁义　诚信——杭商杰出代表胡雪岩》，引自江山等：《中国杭商：超越资本的经营者》，浙江工商大学出版社 2009 年版。

①曾纪泽:《使西日记》,湖南人民出版社1981年版。

②《改革开放30年"浙商10大标志性事件"发布》,[2008-06-20]. http://biz.zjol.com.cn/05biz/system/2008/06/17/009631702.shtml.

在籍候补道)报一分五厘。奸商谋利,病民蠹国,虽籍没资财,以汉奸之罪,殆不为枉,而复委任之,良可慨已!"① 然而在当时的中国,政府的力量是无穷大的,权限极大,所以企业要做大,必须找到这个靠山。胡雪岩倚靠政府发展企业,正是出于商人的敏锐,商人的审时度势应势而动的高度敏锐,这种对企业环境,对政治局势的高度敏感性是一个合格的商人必须具备的品质。

2. 徐冠巨:新一代非公有制企业代表担任"掌门人"②

徐冠巨,浙江杭州萧山人,1961年7月出生。浙江省委党校工商管理专业研究生毕业,高级经济师。现任传化集团董事长、全国政协委员、浙江省政协副主席、浙江省工商联合会会长,2003年当选浙江省政协副主席后被媒体誉为"民企高官第一人"。

2003年1月,在浙江省政协九届一次会议上,42岁的民营企业家、浙江省工商联会长徐冠巨当选为浙江省政协副主席。这是浙江省政协成立以来,首次由改革开放大潮中成长的新一代非公有制企业代表人士担任副主席。徐冠巨从2002年7月起担任浙江省工商联会长,这也是从1952年成立以来,浙江省工商联第一次由新一代非公有制企业代表人士担任"掌门人"。

在此之前的10多年里,靠2000元借款起家的传化集团在徐冠巨的精心经营下,已成为浙江省知名的民营化工集团,并率先在全国民营企业进行党建工作。1995年,该公司18名党员成立了传化集团党支部,江泽民和胡锦涛两任总书记都曾亲自考察或关注过传化集团的党建工作。1998年7月,中共浙江传化化学集团委员会宣告成立,这是中国民营企业史上第一个中国共产党委员会。

尽管以民营企业家的身份担任副省级高官引起社会广泛关注,但徐冠巨把更多的目光放在了他关注的实际问题上。2005年,浙江省工商联进行了大规模的调研,听取了地方党委、政府领导和26个有关部门的情况介绍,召开了15次企业家座谈会(19个行业协会、商会和122家企业参加了座谈会),走访了74家企业和3个市场后,完成了主题为"浙江省民营企业转变经济增长方式"的调查报告。徐冠巨主持并参与了这项调研。调研结果显示,民营企业仍然遇到一些不公平待遇。以金融方面为例,中小民营企业贷款难的问题仍旧比较突出。他告诉记者:"外资可以在中国办银行,中国民营经济却只能参股,不能控股,真正意义上的民营银行至今还没出现。"

徐冠巨还在不同场合为民营企业争取发展空间。国务院早有政策出台,允许非公有制经济资本进入垄断行业和领域,加快垄断行业改革,但徐冠巨认为,实际执行有时候不尽如人意,还有很多政策壁垒应该破除。

3. 沈爱琴:"人民选我当代表,我当代表为人民。"[①]

① 晓知:《全国人大代表沈爱琴:让丝绸走向奥运》,《浙江人大》2006年第3期。

沈爱琴,杭州人,1945年出生,初中学历,万事利集团董事长,主要经营丝绸产品,全国人大代表。曾被评为全国劳动模范、全国优秀企业家、全国"三八"红旗手、中国经营大师、浙江省突出贡献企业经营者。

2008年北京奥运会为万事利带来了契机,作为万事利集团的领头人,沈爱琴经常这样说:"我们要把丝绸当做文化来做,借北京奥运会契机,我们将代表中国文化的商品展示给世界,就是想让丝绸成为一种文化交流的载体。"

2005年11月12日,在深圳举行的2005年第4期全国人大代表培训班的会议室里,当全国人大代表、万事利集团董事局主席沈爱琴手举着万事利集团生产的全真丝五福娃丝巾和贺卡,自豪地向大家展示时,整个会场顿时响起了一阵阵热烈的掌声。因为,在此前一天——11月11日晚上8:30,2008年北京奥运会吉祥物五福娃才正式对外发布。参加培训的代表在第二天便看到了这新鲜出炉的吉祥物丝绸品,确实是一饱眼福。

在把自身企业做大做强的同时,作为人大代表的沈爱琴也不忘在代表如何与选民更好地沟通的问题上动脑筋求创新。

2005年"两会"前,经过长时间的酝酿与策划,一条由沈爱琴等牵头发起的四级人大代表联系选民热线在杭州北山街道正式开通了。该热线工作室专门设置一部热线电话、一个电子信箱和一个专门网页,同时还随时接待选民来访,广泛听取群众的意见、建议和要求。这种由四级人大代表联动,在社区开通联系选民热线,公开征求议案和建议的形式,在全国尚属首创。

"人民选我当代表,我当代表为人民。"沈爱琴认为,人大代表不能仅仅局限于一年参加一次人代会,会前匆匆忙忙组织一个议案。开通这条"选民热线"就是一次很好的突破,拓宽了代表联系群众的渠道。

# 七、新时期杭商的挑战与抉择

## (一)新时期杭商面临的挑战

源于2008年的美国次贷危机波及整个世界,最终演变成为一场国际金融危机,如今这场危机已经过去两年多了,危机本身的高潮期已经过去,但后危机时代的影响却依然强烈。

从国际经济环境来看,国际经济增长的减缓,国际贸易摩擦的增加,国际原油价格的持续上升,人民币对美元汇率的升值,对出口构成不利影响,降低了外需对区域经济的拉动力量。从国内经济发展来看,通货膨胀的压力不断加剧,消费需求结构的变化,导致产业结构变动加快,使得企业面临生存困境。

杭商在这样的大环境下遭遇了极大的挑战。

1. 要素瓶颈的制约

(1)能源供应制约加剧。浙江是一个典型的资源小省,一次能源95%以上靠外省调入。而制造业持续地快速增长对能源的需求特别是电力的需要不断加大,导致不得不采取限电等措施来解决问题,这给企业造成了很大的经济损失。同时,石油和煤炭这些被称为经济发展血液的重要能源的价格攀升,使得企业的成本不断增加。

(2)劳动力资源的短缺和用工成本的加大。杭州企业中绝大部分还是属于劳动密集型,而杭州本地的劳动力,特别是那些低廉劳动力越来越短缺,使得企业不得不依赖于中西部的劳动力补充。随着近年来国家对中西部投资的加大,越来越多的当地人更愿意选择在离家近的地区就业,这更加剧了企业劳动力的短缺。近年来东部沿海城市出现的"民工荒",便是很好的例证。人才资源总量不大,加上高等院校和科研院所缺乏,企业人才素质提升缓慢,伴随着劳动力的短缺和生活成本的提高,企业在工人工资方面的支出成本也相应地增加了。

2. 融资难及资金运营问题

银行贷款是中小民营企业的主要融资手段,当前,贷款利率的提高使得融资渠道单一的中小企业陷入了"债奴"困境,企业生存面临"寒冬",而杭州绝大部分企业是民营中小企业。

(1)贷款难、利息高这两大问题是中小企业在融资方面面临的主要问题,而这些问题在加息之后更是凸显出来。首先,中小企业很难受到大银行的关注,通常能够选择的也只有城市、农村商业银行等中小银行;其次,如果没有担保抵押来规避风险,即便一些中小企业愿意付出高利息,也拿不到贷款。

(2)融资渠道单一是民营中小企业的又一大难题,也是中小企业发展受制于银行贷款利率的主要原因。目前,中小企业资金来源主要依赖银行贷款,除了抵押担保,我国的中小企业几乎没有其他办法向银行贷到款,流动资金拆借也很困难。

资金运营一直以来是民营中小企业的软肋。很多民营企业的经营者和财务管理人员还没有完全摆脱旧的思维模式,风险意识缺乏,往往简单地认为只要管好、用好资金,就不会有任何风险。一些中小企业的财务人员往往只具备"做账型"素质,因此无法采取有效措施应对财务风险,尤其是政策调控带来的负面影响。

### 3. 品牌效应的短板

随着市场化、科技化、专业化的不断推进与发展,品牌逐步成为各个企业成功的关键因素,一个好的品牌不仅仅为公司带来良好的声誉,带来更多的市场份额、更多的销售收入,同时给了客户更明确的选择目标,为客户带来更优质的产品。

杭商在前期的发展中一直以价格低廉,跟风模仿,前瞻的市场眼光和无所畏惧的胆略而迅速占领市场,叱咤江湖。但其对于品牌和自主创新的观念一直很淡漠,相对于其他商帮,杭商中真正比较响亮的品牌实在不多。尽管近年来杭商企业的创新能力有所增强,品牌建设有所进步,但对于绝大多数企业,特别是中小民营企业来讲,其生存和发展主要还是要靠土地、劳动力等生产要素的投入和投资的拉动,而不是通过技术创新、工艺创新、流程创新等来实现。据统计,2009年杭州市工业企业科技活动经费支出总额占销售收入比例仅为0.85%。同时,民营企业具有自主知识产权和核心技术、具有较高附加价值的名牌产品相当匮乏。据对237家上规模民营企业调查,被省级以上科技部门认定为高新技术企业的有71家,占30%;拥有自主知识产权的有95家,占40%;拥有自主品牌的有138家,占58%。[①]长期处于产业价值链末端,使其在市场环境出现剧烈波动时,缺乏竞争力,受制于人,不能掌握发展的主动权。

①《增强民企创新活力打造民营经济强市》,[2008-12-16]. http://www.chinacity.org.cn/csfz/csjj/39629.html.

杭商要发展,要升级转型,树立自己的商标形象,构建自己的营销网络,就必须树立起自己的品牌,并且不断自主创新,拥有自己的知识产权体系,唯有这样才能在市场竞争中走得更远。

### 4. 经营管理理念的落后

杭商前30年的驰骋商场很大原因在于善于把握"天时",更多靠的是战略制胜而非管理制胜,所以虽然他们中很大一部分文化程度低,但敢于冒险、勇于创新、善于在混沌状态中打拼的精神为他们铸就了一个时代的奇迹。但慢慢地品味杭商的历史，就会发现广大的杭商们所创造的基业还不够大，不够强，难以与跨国公司、500强等巨头匹敌；几十年的发展却还没有完成从产业资本到金融资本的自由飞越，还没有从产品经济过渡到品牌经济时代，还没有从粗放式的感觉经营转变到科学化经营。我们必须清醒地认识到，杭商仍然处于发展的初级阶段，这主要在于缺乏对先进经营管理理念的把握和运用。

"转型"已经成为一个时代的口号。同样，杭商也需要转型，特别在日益复杂的经济大环境下，"转型升级"成为必然。而这种转型不仅仅是生产方式上的转变，更应是一种经营管理理念的突破和创新。

5. 企业家角色的转变[①]

①《如何长久造福后人？浙商到了必须转型的关键时刻》，[2011-10-26]. http://www.zjsr.com/zheshang/a/zheshangcaijing/20110329_5448.html.

杭州企业中许多都是民营中小企业，所以员工对企业主的称呼多为"老板"，而非总经理或董事长。虽然"老板"一词本身不具有贬义，但其在一定程度上折射出杭商在发展中对自己角色定位的模糊，还未能向企业家这一角色转化。现在社会对企业家的要求更多的是强调他们对社会责任的担当上。

杭商在发展中虽然秉承"和谐共赢"的理念和主动担负起对历史和社会的责任，但在未来的"转型"中有几个不可回避的挑战。第一，如何由自我富裕发展到大家富裕。正所谓"独乐不如众乐"，这需要企业家的社会责任和广阔胸怀，需要思考如何营造良好的环境，将利益惠及员工、合作者、社区等各种利益相关者。第二，如何从创造物质性财富发展到创造精神性财富。前几十年的发展助力了杭商的原始积累，这种积累到达一定程度后必然要思考如何将物质与精神两个方面有机结合起来，在让员工钱袋富裕起来的同时如何来丰富脑袋。第三，如何从个别儒商的自我提升转变为培养一大批具有高素质高涵养的新杭商，实现"有钱人"和"文化人"的统一。企业家群体的素质直接关系到一个商业社会和商帮的道德与文明。杭商下一步的发展障碍并非缺乏果断力、判断力，而是杭商这一个群体的自身素质的提升。

6. 传承问题

民营企业的传承一直以来是企业发展过程中的难题。未来20年、30年是杭商传承的高峰期。新一代杭商如何继承老一代披荆斩棘打下来的江山，突破"富不过三代"这个历史魔咒，仍然面临诸多挑战。

在传承过程中，不仅仅是位置的交接，更多的还有文化、品牌、理念等的一脉相承,是如何将事业更进一步辉煌。历史已经改变,当今商场的竞争比几十年前更加激烈、更加变幻莫测,其对于新一代杭商提出的要求和挑战更大,面临的问题也越来越多、越来越复杂。虽然新杭商在学历教育、知识储备、创业条件、现代意识包括国际视野等方面都远远超过老一代。但是他们的冒险精神、勤奋吃苦、商业直觉乃至平和却永不满足的心态,却要逊色得多。也就是说,"穿皮鞋"的杭商二代,比光脚"穿草鞋"的父辈少了很多"野生的自然条件",而多了守业再创业的压力。

杭商们走到了一个新的时代节点,面临新的挑战和机遇,老一辈杭商急需年轻的接班人来帮助他们开拓疆域,夯实基业。

### (二)新时期杭商的战略抉择

面对复杂的外部环境和内部局限,杭商需要站在历史的高点,重新审视自身的发展,突破局限,转变观念。新一代杭商在商业竞争中更需要睿智和勇气,在新的征程上开疆拓土,续写辉煌。

#### 1. 实现战略转型,大胆走出去

面对能源的困境、劳动力的短缺和用工成本的加剧等外部环境的恶化,杭商必须突破区域的发展模式,主动跳出浙江,站在全国、全球的平台上参与资源的整合和分配。比如,在国家大举推进中西部开发的战略中,杭商应该主动抓住机遇,积极参与当地的建设,建立自己的生产基地、营销基地和工业园区,充分利用当地的资源和劳动力,助推自身发展。

同时,面对资源的困境,杭商应该摒弃先前粗放式的经营发展模式,需要时刻抓住政策导向,从传统产业转移到新兴的国家战略性产业上。比如,将传统制造业向新能源产业、信息产业、服务业方向发展,同时搭乘低碳经济的快船推动自身的转型升级,从而跳出资源紧缺、劳动力成本上升的不利局面。

金融危机让全球汽车产业一片萧条,作为汽车零部件巨头的万向集团并没有因为业界"常青树"而豁免:2008年成为其近40年经营史上最为困难的一年,从10月开始,订单骤然下降,销售收入从每月50亿元减少到了30亿元,全年销售收入比预定的500亿元减少了25亿元。正是国际市场的这种倒逼外力,迫使万向集团在危机中转型升级,开始向新能源汽车产业进军。

杭州圣奥集团通过科技创新,调整生产结构,将目标瞄准低碳和科技,将纳米技术和竹炭材料运用到产品上,同时还把传统家具与现代前沿科技结合,打造智能化家具,实现了产业突围。

## 2. 拓宽融资渠道,提高资金利用效率

在资本市场高度发达的今天,融资难问题却成为民营中小企业挥之不去的阴影。杭商要取得发展不得不在这个问题上突破,拓宽融资渠道。

一要建立和完善企业法人治理结构。吸收现代企业制度和管理制度的要素,按照现代企业制度的要求,真正建立起股东大会、董事会、监事会制度、总经理聘任制度以及员工激励和约束机制,逐步成为产权明晰、股权结构合理的市场主体,推动企业制度的多元化和社会化。

二要培育企业家的信用意识,加强与银行的沟通联系。企业在经营过程中应该保持良好的信用记录,让银行及时地了解企业的财务状况,来获取信任。在加强与城市、农村商业银行的同时,要不断取得大型商业银行的支持,搭建顺畅的平台,以便获得更多的资金支持。

三要改善企业内部的财务管理。尽快建立和健全企业财务会计制度,加强财务会计监督管理,完善企业内部融资管理机制和内部资金运营体系,全面评估企业的信用状况,从而做出正确的选择,提高资金的使用效率,加大投资回报。

四要建立开放式的股权结构。利用企业的机制优势、技术优势和市场优势,吸引创业基金、投资基金等风险投资。同时向股份有限公司转变,鼓励企业内部职工参股。

五要加强同行业之间的联系。企业应该在经营过程中树立良好的形象,搭建与同行业企业间的沟通平台,加强交流。当企业出现暂时的资金困难时,可以直接通过行业内部或是行业协会这一桥梁来缓解资金压力,渡过难关。

## 3. 推进品牌建设,树立企业形象

所谓品牌经济,就是以品牌为核心整合各种经济要素,带动经济整体运营的一种经济形态。现代市场经济从某种意义上讲就是"品牌经济",尤其在产品同质化竞争日益激烈的今天,品牌对企业的生存与发展越来越重要。据统计,世界级的品牌数量仅占全球各产品牌子总数的3%不到,而其产量却占到40%以上,销售额占全球销售总额约50%,个别行业甚至高达90%。[①]

品牌已经成为一个企业的无形资产和竞争力量。在激烈的国际市场竞争中,没有品牌的产品是无法进入世界主流市场的,只会被边缘化。国际市场竞争越是趋于激烈,市场的焦点就越是集中在自主研发能力和著名品牌上。未来国际大市场,将越来越被拥有自主知识产权和世界著名品牌的企业所主宰。

①《中国需要品牌经济》,〔2009-08-17〕.http://news.brandcn.com/pinpaipinglun/200908/199153.html.

杭商要想获得长期稳定的发展,提高自己的地位,参与国际市场竞争,必须创立自己的品牌和拥有自主知识产权。品牌建设是一项长期的工程,其不仅包括产品商标的认可度,还包括企业的信誉、产品的质量、企业价值理念、员工素质等这些关乎企业形象的层面。所以,杭商在制订企业品牌战略规划时,要统帅和整合企业的一切价值活动,优选高效的品牌化战略与品牌架构,推进品牌资产的增值,并最大限度地合理利用现有的品牌资产。

在由低端产业链向高端发展时,杭商必须不断有意识地打造属于自己的品牌,积极宣传,树立良好的企业形象,提高企业的社会认可度和自身价值。

### 4. 不断突破,勇于创新

杭州企业经过初创期的快速发展取得了令人瞩目的成就,但各种弊病在发展过程中也慢慢地呈现出来,成为新时期杭商发展的瓶颈。战略转型,不可回避的一个问题便是一种理念和制度的突破和创新。

在管理模式上的创新不仅仅是一种简单的复制国外和某个著名企业的成功模式,或是片面的照搬照抄地移植,而是要有一种思维上的根本转变,走"引进——吸收——消化——再创新"的路子,探索适合自身的发展道路和管理模式。这样才能打造属于自己的核心竞争力。

管理创新还体现在对商业模式的创新探索上。商业模式创新很重要的特点就是借助于价值网络来打通上下游,从封闭的价值链转向开放的价值网络,这是全球的新趋势。在所有的创新之中,商业模式创新属于企业最本源的创新。离开商业模式,其他的管理创新、技术创新都失去了可持续发展的可能和赢利的基础。所有成功的大企业都是从小企业秉持成功的商业模式一步步走过来的。

杭商的突围需要构建属于自己的商业模式,这种模式是具有独特价值的,别人难以模仿的。在营销上,企业要从传统的店铺模式转向商场化运营模式和借助电子商务等新兴平台来实现产品销售的裂变。万向集团的反向OEM模式——控股自己原来的海外销售渠道企业,顺利消除了诸多国际贸易障碍并形成协同竞争效应,便是一个很好的模式探索。

在不断寻求突破的过程中,杭商企业要创造一个良好的创新氛围,构建优秀的企业文化体系。杭商的历史文化就是一个包容和谐的文化,在新时期,更需要培养一种宽松自由民主的文化,鼓励创新,鼓励标新立异,让员工敢想敢做,突破体制和传统的束缚,转变观念,积极发挥每一名员工的智慧。

### 5. 提高企业家素质,担负社会责任

杭商中的老一辈在创业之初大多文化层次不高,很多都是草根出生,他

们敢闯敢干,凭借胆略和智慧开创了大片基业。但在当今,如果一个企业家没有很好的知识储备和思维创新,最终会被时代所淘汰。所以杭商要基业常青,就必须实现自身的转型,不断提高自身素质,即如何实现从"有钱人"向"文化人"的转变,成长为新一代的"儒商"。这种转型不仅仅是知识学历上的提升,更主要是经营管理理念和自身道德素质的修炼,要有一种开放大气的胸怀和高瞻远瞩的眼光。站在前沿,树立竞争合作的共赢理念,增强全球化意识,主动迎接经济全球化的挑战;加强合作,谋求共赢,促进共同发展。同时作为一个企业家还必须具备良好的决策能力、组织能力、创新能力、激励能力、思维能力,在复杂和变化的环境中做出正确的选择。

在不断提高自身素质的同时,杭商还必须担负起应有的社会责任。著名管理学家德鲁克曾经指出,企业家应当承担三个责任:一是取得合理的经济效益;二是使企业具有生产性,并使员工有成就感;三是承担企业的社会影响和社会责任。杭商应该成为经济发展与社会进步的推动者、管理变革与创新的实践者、企业发展的领导者、社会责任的承担者以及优秀人才梯队的培养者。[①] 企业的发展离不开社会、股东、员工、消费者、合作伙伴、政府等利益相关者创造的良好环境,因此作为一个有责任感、使命感的新杭商,在承担应有的法律经济责任外,还要担负起道德责任、慈善责任在内的社会责任,这也是企业树立品牌,加强形象的时机。

杭商在发展过程中必须履行好经济效益、环境效益、社会道德三个层面的社会责任,实现企业与股东、消费者、员工、社会大众等相关者的多方利益。这些思想和理念不仅企业家自身要具备,而且还要在企业内部形成广泛的共识,并使之成为企业上下的自觉行动。

### 6. 加强与政府的联系[②]

企业的发展在很大程度上离不开政府机构的支持。虽然,杭商一直以来是政治公关的大师,善于利用整合一切资源。但在新时期,对很多杭商来说,特别是那些民营中小企业,如何与政府建立良好的关系是一个难题。

政府会通过政策、法律等方式以修改"游戏规则"的手段来改变企业的外部环境,从而产生对企业的影响。每一次宏观调控,政府的有些措施都可能会对企业产生至关重要的作用,特别是银行的加息和放贷收紧政策,会导致企业融资难问题进一步加剧,或是资金链断裂,使得企业面临生存困境。

在与政府公关上可以有两个目标导向的选择。一是环境导向的政府公关,主要以构建与政府相关部门和谐关系为出发点,以政府管制判别为基础,以信息沟通为主要工作内容,其最大价值是为企业的正常运营建构一个

①《绿地集团张玉良:当代中国企业家的社会责任》,[2008-06-14]. http://house. focus. cn/news/2008-06-14/486537. html.

②《企业如何认识政府公关》,[2008-10-10]. http://news. cn-fol. com/081010/101, 1598,4868786,00. shtml.

和谐的政府关系环境；二是市场导向的政府公关，以获取企业竞争优势或市场利益为出发点，以议题管理、声誉管理等为核心手段，目的是影响政策制定、获取政府资源，从而实现企业的市场目的与战略目标。

杭商在发展中，应该将政府定位为合作者，加强联系，及时正确地了解把握政府的政策动向，提前做好应对措施。同时，应该扩大自身的影响力，发出自己的诉求，积极参与一些措施的制定和实施，以此获取税收优惠和贷款支持，优化市场环境。

## 参考文献

[1] 徐平华.人道与商道[M].北京:石油工业出版社,2006.

[2] 吕福新.论浙商从"个众"到"合众"的转型——具有中国意义的企业主体性转变分析[M].北京:中国发展出版社,2006.

[3] 杨艾祥.马云创造[M].北京:中国发展出版社,2006.

[4] 徐王婴.浙商之变[M].杭州:浙江人民出版社,2005.

[5] 杭州众商集议会缘起[J].东方杂志,1909(12).

[6] 吴晓波.从企业家到事业家的跳跃——读徐王婴新著兼对浙商的期待[M].杭州:浙江人民出版社,2005.

[7] 周膺.杭商的文化学特征与杭州人文精神[M].杭州:浙江工商大学出版社,2010.

[8] 杨宏建.浙商是怎样炼成的[M].北京:北京工业大学出版社,2006.

[9] 林一.新浙商财富传奇[M].北京:群言出版社,2006.

[10] 王翔.话说浙商[M].北京:中华工商联合出版社,2008.

[11] 陈海忠,杨一琼.浙商文化教程[M].杭州:浙江工商大学出版社,2010.

[12] 吕新福,等.浙商崛起与挑战——改革开放 30 年[M].北京:中国发展出版社,2009.

# 第七章　杭商品牌发展研究

　　杭商，顾名思义就是杭州的商人或商帮。这既是一种地域概念，也是一种文化概念。杭商是指与一群杭州城市创业文化呈现高度相关的商帮群体，他们在创业中呈现出相同的文化与精神，其经营行为表现出相同的价值取向。

　　杭商既融于浙商，又异于浙商。杭商和浙商共同植根于改革开放的沃土中，熏陶于江南文化的氛围中，里里外外自然浸染了不少浙商的特点。近代浙商搏浪上海滩，杭州商人在其中举足轻重；改革开放以来浙商再度崛起，杭州商人在其中也是星光熠熠。坚韧不拔的创业精神、敢为人先的创新精神、奋发有为的自强精神、不图虚名的务实精神、恪守承诺的诚信精神、勇往直前的开拓精神、吐故纳新的包容精神和互信互利的团队精神，这些浙商精神在杭商身上同样具备。在浙商的大群体中，杭商的文化人创业是最大的特色，正因为有了这个特色，造就了杭州经济有序竞争的繁荣，并随着时代的变迁，杭商精神愈加厚重。

　　在改革开放中，在建设中国特色社会主义的伟大实践中，在杭州打造"生活品质之城"的行动中，发展杭商品牌，对于提升杭州乃至浙江产业能级、转变经济发展模式，走出一条具有时代特征、杭州特点的发展道路，以及提高杭州知名度、美誉度都将起到重要作用。

## 一、杭商的由来与杭商品牌的构成

　　杭商是在中国商业史上具有独特品牌、独特文化的商帮，对于推动中国商业经济发展具有重要的作用。弘扬杭商文化和杭商品牌不仅有助于发展中华传统商业文化,而且对加快杭州经济发展更具有不可估量的价值。

## (一)杭商的由来与当代发展

### 1.杭商的由来

明清时期旧商帮的基本特点是指以地域为中心,以血缘乡谊为纽带,以相亲相助为宗旨,以会馆公所为其在异乡的联络计议之所。新商帮则是植根于当地共同的商业气质和文化脉络的团体,不仅具有地域的概念,而且具有人文的概念。历史上的商帮大体上崛起于明清时期,比较著名的有十大商帮,即山西晋商、徽州(今安徽黄山地区)徽商、陕西陕商、福建闽商、广东粤商(潮商)、江右(江西)赣商、洞庭(今苏州市西南太湖中洞庭东山和西山)商、宁波商、龙游(浙江中部)浙商、山东鲁商等。其中,晋商、徽商、潮商为势力最大、影响最远的三大商帮。[①]改革开放以来,新的商帮渐次崛起,据一项在北京地区进行的企业界人士调查显示,目前中国存在着 45 个地域性商人圈。其中,形成于沿海经济发达地区的浙江商帮、山东商帮、苏南商帮、闽南商帮、珠三角商帮被并称为中国新五大商帮。在这五大商帮中,一个得到广泛认同的说法是,继徽商、晋商之后,浙商已成为 21 世纪中国第一商人群体,浙江商帮精神和浙商品牌的传播已经成为一大热点,而杭商则是浙商中的劲旅。[②]

杭商是指在杭经营的商人和商帮、杭州以外的杭籍商人、商帮的总称。杭商的历史与文化源远流长。杭州自隋唐以来就逐渐发展成为一个商品云集、出口繁荣的重要地区。据南宋史研究最新成果表明,杭州在南宋时期已出现了市场经济萌芽。著名南宋经济史研究专家葛金芳指出:"在海外贸易的拉动下,以生产交换价值为己任的商品经济日趋繁荣,以分工和专业化生产为基础的市场经济在经济生活中发挥出越来越大的作用,此与汉唐农业社会(以生产使用价值为己任的自然经济)形成鲜明对照。这是中国传统社会发展历程中真正具有路标性意义的重大转折。"[③]随着商品经济的发展,南宋临安的市场十分繁荣,不仅有白天所开的日市,而且出现了早市、夜市、季节市、专业市等不同类型的市场。夜市结束于深夜三四更,到了黎明四更,早市又开张了。换言之,一天中安静的街市,不过一个小时左右而已。元代的大城市,除了北方的大都(北京),就要推南方的杭州和泉州。杭州也是一个"水浮陆行,纷纷杂集","旁连诸蕃,椎结卉裳"的繁荣港口,一直是东南沿海的重要商品生产基地和出口商品的集散地。明清时期杭州已成为全国最

① 廖新平:《中国传统十大商帮的兴衰分析与闽商可持续发展》,《福建商业高等专科学校学报》2007 年第 5 期。

② 则龙、詹晨:《盘点五大新商帮》,《商业文化》2003 年第 4 期。

③ 葛金芳:《走向开放型市场的重大转折——兼论中国传统社会发展路向的转折发生于南宋时期》,《浙江社会科学》2008 年第 9 期。

主要的丝织业中心。明代张瀚说:"大都东南之利,莫大于罗绮绢纻,而三吴为最","今三吴之以机杼致富者尤众"。又说:"杭州其都会也……桑麻遍野,茧丝绵苎之所出,四方咸取给焉,虽秦、晋、燕、周大贾,不远数千里而求罗绮缯币者,必走浙之东也。"[①]杭州和嘉兴、湖州等地的商人,还将本地的丝织品打入欧美国际市场。据记载,这里丝绸经吕宋运往美洲的总值每年达300万—400万比索。清朝中叶以后,杭商迎来了发展的黄金时代,胡庆余堂创办人胡雪岩富甲天下。民国时期又涌现出了都锦生等一批著名企业家。

① 张瀚:《松窗梦语·商贾纪》,中华书局1985年版。

### 2. 杭商的当代发展

杭商的整体崛起,是在改革开放之后。改革开放以来,杭商获得了新的发展,杭州涌现出了两代在浙江乃至全国都具有影响力的企业家群体:第一代是20世纪80年代涌现的以冯根生、宗庆后、鲁冠球、沈爱琴等为代表的老一辈企业家;第二代是以马云为代表的年轻一代新型企业家。他们引领着新一代杭商,是杭州这座城市的骄傲。

改革开放的30多年,是杭州城市发生翻天覆地变化的30多年,是杭州企业由小到大、由弱变强,涌现出一大批全省乃至全国"排头兵"的30多年,也是杭商迅速成长,在中国众多商帮中脱颖而出,走向全国、走向世界的30多年。

改革开放以来,浙商抓住发展民营经济的政策机遇迅速崛起,成为当今中国的第一大商帮。其中,以徐冠巨、冯根生、鲁冠球、宗庆后、汪力成、马云等为代表的一大批杭商跃然而起,成为浙商的领军人物。传化集团董事长徐冠巨当选浙江省政协副主席、省工商联会长,开创中国私营企业家出任省级领导的先例;中国乡镇企业协会会长、万向集团创始人鲁冠球,是国内第一位领衔全国性行业协会一把手的企业一线负责人;在美国《财富》杂志的首选投票评选中,华立集团董事长汪力成荣登"2001中国商人"榜首;资深企业家冯根生,是1988年第一届中国优秀企业家20位得主中,长期活跃在生产经营第一线仅有的两人之一;阿里巴巴集团创办人马云,获选2000年《福布斯》杂志封面人物,成为50年来中国企业家获此殊荣的第一人。在从2005年开始连续3年的"浙江年度经济人物"评选活动产生的27名企业家中,杭商有16人当选,占了近60%。因此,无论从历史还是从现实看,杭商作为全国商人群体的"排头兵",是当之无愧的。

迈向知识经济时代,杭商已经在开放、传承、革新、转生等一系列重大过程中进行了自我演进与发展。一大批集知识和资本于一体的新型企业家,赋予了杭商新的时代内涵。他们的成功,是杭州知识分子创业、文化人创业的缩影,是杭州和谐创业发展模式的典范,是中国经济崛起的样本。当代杭商的发展已经不仅仅局限于杭州一城一地,而是扩展到更大范围。正是因为杭商的特征和精神适应了中国经济发展方式转变的趋势和要求,因而杭商在中国众多商帮中脱颖而出,成为极具活力、创造力和持续力的商人群体,成为知识经济时代的引领者。

### (二)杭商品牌的构成

杭商品牌包括杭商行业品牌、杭商企业品牌、杭商产品品牌和杭商个人品牌。产品品牌、企业品牌、行业品牌是社会经济生活的基础,也是杭商品牌的载体。产品品牌是企业品牌和行业品牌的前提和基础;企业品牌是发扬产品品牌和行业品牌的中介力量;行业品牌则是产品品牌和企业品牌发达的外在标志。杭商无论在历史上还是现代商界,开发出许多著名的产品品牌,产生了众多的企业品牌,也发展了多领域的行业品牌。有了它们,杭商才得以经久立世。

#### 1. 杭商的产品品牌

产品品牌是企业的生命,是企业发展的基石。产品品牌往往是企业品牌的基础和前导,没有产品品牌就没有企业品牌。依赖杭商的产品品牌,杭商得以发展壮大,得以扬名世界。杭商的产品品牌,在历史上享有盛誉,像龙井茶叶、张小泉剪刀、王星记扇子、西湖绸伞,都是经久不衰的传世佳品。2008 年,商务部公布了"中华首批老字号"名单,其中出自杭州的老字号达 18件,位居全国各省会城市之首,占浙江全省总数的 50%。老一代杭商锻造产品品牌之成功,老一代杭商产品品牌之多、之盛,由此可见一斑。此外,杭商的产品品牌大多属生活日用类产品,比较注重日常性与品位性的统一,上述入选"中华首批老字号"的 18 件杭商老字号主要集中于食品、医药、丝绸、餐饮等行业,这反映了传统杭商产品品牌的又一突出特点:生活品质导向。

进入改革开放新时代后,新一代杭商继承老杭商的优良传统,追求品质,不断创新,创造了杭商产品品牌的新辉煌。截至 2009 年底,杭州已拥有国家驰名商标 78 件,其中行政认定 33 件,拥有浙江省著名商标 320 件,均居全国前列。并且这些著名商标的行业分布也更加广泛,除了医药、食品加工、餐饮等传统行业之外,服装、电子、机械、化工等新兴行业也成为杭商哺育和打造产品品牌的成功领地。从 20 世纪 80 年代至今,娃哈哈、万向节、传化、万事利等产品品牌先后登陆各类媒体,进入国人视野,最终成为广为国内国际民众所知、得到普遍好评的知名品牌。现今,杭商产品品牌数量多,行业分布广,市场占有率和民众评价高,杭州已成为名副其实的产品品牌云集之城。

## 2. 杭商的企业品牌

企业品牌是指企业作为市场主体,在生产经营领域及消费者心目中享有美誉和较强影响力。企业品牌可以为企业产品、企业管理者及员工带来不可估量的经济价值和社会收益。

杭商企业品牌数量多、影响大。在 2009 年公布的中国企业 500 强名单中,杭州有 21 家企业入围,其中包括万向、娃哈哈、广厦、万事利、恒逸、荣盛、西子电梯等知名杭商企业,入围总数居全国省会城市和副省级城市第一位,居全国城市第四位,仅次于北京、上海、天津。在同年公布的中国大企业集团竞争力 500 强企业名单中,杭州有 38 家企业入选,其中包括传化、华欣控股、万向、天马控股、杭叉工程机械、吉利控股、盾安控股、金鱼电器等知名杭商企业集团,入选总数继续位居全国第一。杭商企业不仅具有群星闪烁的特点,而且不乏充当行业龙头老大角色的"超大恒星",例如阿里巴巴是电子商务业的领军企业,娃哈哈是当之无愧的中国饮料企业领头羊,万事利作为丝绸行业的冠军举国公认,等等。此外,杭商企业历来是媒体的宠儿,是社会公众的焦点,与之相关的热点新闻层出不穷,其中以阿里巴巴最为典型。2007 年金秋,阿里巴巴网络有限公司在香港上市,创造了中国互联网最大的上市奇迹。阿里巴巴集团董事局主席兼首席执行官马云,又一次成为国内外关注的新闻人物。当年由 18 个人、50 万元资金创办的网络小作坊,8 年后变成了世界最大的 B2B 商业网站。从中央领导的关注,到媒体的竞相追逐,再到与盖茨、索罗斯等全球经济巨人的携手合作,马云及其领导的阿里巴巴不断地吸引着人们的眼球。所有这些再次证明了一个事实:杭州是企业品牌荟萃之地。

## 3. 杭商的行业品牌

行业品牌是指一个区域特定的产业或行业,在全国或国际上享有盛誉或较高知名度,且在本行业的市场份额中占有相当的比重。

杭州块状经济发达,行业品牌众多。从具体领域分布来说,由于杭州市民历来注重生活品质,兼之杭州高校众多、文化科技发达,因而其与日常生活休闲、高新技术及文化创意相联系的行业发展势头良好,涌现的行业品牌较多,包括丝绸、服装行业,纺织印染行业,食品、饮料、婴童行业,房地产建筑行业、餐饮休闲行业、化工行业，医药、保健行业，电子、机械制造行业，网络及电子商务行业等。

以饮料行业为例，杭州拥有娃哈哈和农夫山泉两家国内知名饮料企业。其中，娃哈哈集团更是中国最大的食品饮料生产企业，全球第五大饮料生产企业，其瓶装水、含乳饮料、八宝粥罐头等产品多年来产品销量一直位居全国第一。

此外，杭州拥有众多的"之都"或"之乡"，这同样表明了杭商行业品牌的实力。例如"东方休闲之都"、"中国茶都"、"女装之都"、"丝绸之府"、"动漫之都"、"电子商务之都"、"中国制笔之乡"、"造纸之乡"、"运动休闲之城"等，这些称号映衬的正是杭州旅游休闲、食品饮料、服装纺织、电子、机械、动漫等行业品牌的实力。

# 二、杭商品牌的生长基础及其与其他品牌的关系

## （一）杭商品牌的生长基础

杭商具有的文化特色是与杭州特有的文化、历史和经济结构分不开的。其中，杭商具有独特的"人文基因"、"儒商知性"、广博的人脉资源、品牌竞争力、良好的市场潜力和突破自我的动力等经营特色，这些特色是杭州深厚的历史文化底蕴和经济品格的典型表现。

### 1. 杭州文化造就杭商品牌的"人文品格"

杭商受杭州历史积淀和城市文化的影响，有着特属于"杭商"的独特气质与特征。同传统的商人相比，杭州的商人多了几分雅气，像吟诗作画、写字赋曲一样潇洒有品位，别有一番风致。杭商的这种"人文基因"，离不开其生活环境源远流长的发展历史。杭州具有悠久的历史，其间积淀了底蕴深厚、丰富灿烂的文化，使杭州具有"文献之邦"、"宗教圣地"、"东南诗国"、"书画之邦"、"人物都会"、"文物之邦"等诸多美誉。其地处浙北平原，处于吴、越两大文化发源地之间，是良渚文化发祥地、京杭大运河南终端、吴越文化中心地、南宋古都，是历史文化名城和中国七大古都之一，已有2200多年历史。杭州的地域文化是在吴文化与越文化的交融中、中原文化与江南文化的融会中形成和发展起来的。被尊为中国商人祖师爷的范蠡是越国丞相，因此我们甚至可以说杭商就是全中国商人的开山鼻祖。南宋时期，北方人大量南迁，北方的文化因此融合到杭州文化之中，杭州因此成为中原文化的

复兴基地、宋学各派交往的平台、民族精神冶炼的熔炉，也带来了杭州商业的空前繁荣。明清时期，杭州又成为浙东以黄宗羲为代表的"求真务实、经世致用"精神和浙西以顾炎武为代表的"天下兴亡、匹夫有责"精神的交融之地，形成以清河坊为中心向周边辐射的、风格独具的商业文化。杭商传奇人物胡雪岩的故事，在杭州乃至在全国都流传甚广，这不仅是因为他的发迹极富传奇色彩，而且最重要的是他作为大实业家的经商文化之传奇。杭州商人的开放性表现为杭州文化的包容性——既能吸收外来文化，又能坚持本地文化特性，坚持本地文化和外来文化相结合。这些都是杭商精神的文化底气和学术底蕴。杭州有得天独厚的生态环境布局，自然生态和人文生态如此和谐交融的人居环境，成为打造"商业文化之都"的良好条件，而这样的"商业文化之都"正好与悠远的杭商发展史一脉相传。

当前的杭商群体，无论是杭州籍在杭州创业的，杭州籍在外地创业的，还是外地籍在杭州创业的，他们都或多或少地受到杭州文化的熏陶，他们身上都烙着杭州城市的人文精神和价值取向，这种无法褪去的无形相似造就了杭商在经营理念和为人处世上的类同，即使他们活跃于世界的不同角落，这种类同始终是维系彼此关系的不灭烙印。

**2. 重视教育、集聚人才造就杭商品牌的"儒商知性"**

教育是现代经济发展的重要动力之一。现代经济已进入到知识经济时代，经济增长紧密依赖知识的生产、传播和应用，以知识扩大传统生产要素的生产能力，以知识提供调整生产要素、创造革新产品和改进生产程序的能力。在中国的省会级城市中，杭州是集聚人才和技术最充分的城市之一，科技创新和产品研发的实力都很强。杭商既有悠久的尚文传统，又有相当发达的现代教育资源，作为文化城市的创新先锋，杭商在经营理念、发展思路、开拓创新方面无不体现出超凡脱俗的学家风范，这是杭商在21世纪占据前瞻地位，实现可持续发展的优势所在。

注重高学历人才培养。浙江省是教育和文化较为发达的省份，杭州集中了浙江省80%以上的高等院校和科研机构。目前在杭高等院校20余所，在校学生达6万余人。1998年以原浙江大学、杭州大学、浙江医科大学、浙江农业大学四校合并后组建的新浙江大学，其规模之大、学科门类之齐全为国内之冠，每年为杭州企业输送了大批高素质的人才。人才的学历层次和职称层次得到显著提升，今后杭州将成为长三角南翼人才高地和全省人才培养集聚中心，大专以上学历人才将达到80%以上。

集聚高素质创业人才。杭州拥有良好的生活环境和创业环境，每年能吸引大批外地人员来杭工作创业,各类人才的聚集,为杭商的崛起提供了有力的支撑。据统计,2000 年底杭州人才总量达 47.38 万人(含省部属在杭单位),截至 2008 年底,全市人才总量已达 122.36 万人(含在杭省部属机关、企事业单位的人才)。① 杭州拥有各类人才总量在长三角地区排行达到第三。杭州经济社会的持续、快速、健康发展,为其更好地吸引人才、留住人才提供了重要保障。人才队伍稳定发展,使得杭商队伍的文化层次、人员素质得到了显著的提高。

3. 杭州城市的兼容性造就杭商品牌的人脉资源

开放兼容是杭商又一个鲜明的特色,也是历史上杭商得以长久发展的重要原因。杭商的成长本身就是从发展中逐步走向开放,在开放和融合中不断发展的过程。杭州的经济、文化、人口、建筑、饮食、民间习俗等都具有开放、交流、融合的特点。例如,杭州文化就是本地文化与外来文化不断融合碰撞的产物。秦汉时期,它吸收融汇了越文化、吴文化、楚文化等。魏晋隋唐时期又融汇了以佛教文化为主的印度文化,大大丰富了杭州文化的内涵。元明清以来,杭州文化在不断吸收本国其他地区文化的同时,又吸收了伊斯兰文化、基督教文化及以科学技术为主要内容的西方文化等。杭州文化在开放中融合诸多外来文化而得以不断发展,同时,又保持自己的独特个性。这种文化的开放性带动了商业的多元性。正是由于融合了多种文化,杭商的经营理念、商业习俗才变得丰富多彩。

改革开放以来,杭州也是我国较早开放的沿海城市,目前已经与世界上 190 多个国家和地区建立了直接贸易关系,截至 2009 年底,已批准成立外商投资企业 10036 家,实际利用外资 211.01 亿美元,其中世界 500 强中有 70 家投资项目 117 项在杭落户,② 杭州开放兼容的历史特色使得杭商文化丰富多彩而又保持自己的独特个性。在跨世纪发展中,杭商继续秉承着开放兼容的特色,实行对外开放,促进杭州持续快速发展。

4. 杭州城市品牌优势造就杭商品牌的竞争力

杭商天然具备的竞争力优势还体现在杭州这座城市的知名度,以及这种城市品牌带来的对资本、人才、信息的强吸引力。"历史文化名城"是杭州的品牌诠释,对杭州跨世纪发展具有重大意义。近年来,通过不断地建设和改善,杭州中心城市的集聚功能日益突出。在全国的省会城市中,杭州可能是获取各种荣誉最多的城市:国家卫生城市、国家园林城市、全国绿化先进城市、中国优秀旅游城市、国际花园城市、中国人居环境奖、联合国最佳人居

① 于跃敏:《2008 年杭州人才发展报告》,杭州出版社 2009 年版。

② 《我市累计批准外资企业突破万家实际到资总额超 200 亿美元》,[2010-02-11]. http: //www. hzwjm. gov. cn/Item/3084. aspx.

奖、国务院首批公布的国家级历史文化名城。按照杭州市的规划,到2050年要建成生态环境良好、城市景观优美、服务设施完善的现代化国际风景旅游城市。杭州的老字号品牌是历久弥新的城市名片,例如位于杭州吴山脚下的胡庆余堂,与北京的同仁堂并驾齐驱,同享盛名,为当时全国最著名的、最大的国药店。借助于城市的环境资源,杭州不失时机地提出了"住在杭州"、"游在杭州"、"学在杭州"、"创业在杭州"等富有创意的宣传口号,进一步扩大了杭州的商业吸引力。

杭商对城市品牌的利用还体现在对会展经济的挖掘上。由于杭州是难得的旅游胜地,环境优美,同时有较高的开放度,最近几年杭州市不失时机地发展会展经济,在全国省会城市中十分引人注目。每年在杭州举办的展览吸引了大量浙江中小企业通过展览会来展示产品。自2000年开始,杭州每年定期举办一次西湖博览会,成为国内城市中唯一一个举办综合博览会的城市。西博会的成功举办,使杭州基本确立了自己在长三角地区的领先地位——仅次于上海,优于其他城市。不过,根据国际上城市发展的规律,会议城市或展览城市能够保证一个规模较小城市的繁荣,如日内瓦、汉诺威、巴塞罗那,但是作为一个大都市,还需要一批优势产业的支撑,杭商在发展大产业方面还有更大的空间,还需作更多的努力。

近年来,杭州城市品牌化的不断改进为杭商品牌的发展创造了更加完善的配套环境和设施条件,建设"生活品质之城"使杭州的城市品牌定位更加清晰,明确了杭州的发展方向,为杭商品牌发展提供了助力平台。

### 5. 杭州城市的消费潜力造就杭商品牌的市场潜力

杭商品牌的发展离不开环境的支持。杭州是浙江省的经济、政治、文化中心,依托浙江省雄厚的资金实力和产业支持,杭州拥有良好的商业氛围,并连续几年被评为中国最佳投资城市。在历史上杭州就已经是东南地区物产集散中心,辐射赣、闽、苏和长江下游广大腹地。杭州近年来经济快速发展,经济总量连续多年保持全国省会城市第二、副省级城市第三的位次,综合经济实力跻身全国大中城市前十位。雄厚的经济基础,为杭商发展提供了良好的物质条件。而发达的第三产业,则为杭商成长创造了优越的服务条件。

同时,以杭州为省会的浙江消费能力和消费层次也在不断提升,潜力巨大的市场也必将吸引更多的国内外投资团体。对杭商来说,城市消费潜力的不断增加也为其发展铺平了道路。2008年底杭州人均生产总值按户籍人口计算突破1万美元。国际经验表明,这是消费结构、产业结构发生重大转变的一个节点,现在杭州就处在这一节点上。这几年,随着消费结构的变化,杭州产业结构也发生了明显变化:物质产品边际效用逐步递减,享受型、发展型服务消费逐步增加,服务业正在成为杭州经济最具潜力的消费增长点。住房、汽车、旅游、通信已逐渐成为杭州城市的消费热点。随着人均收入水平的提高,人们对生活方式和生活质量有了更多更高的追求,消费结构加快由生存型向发展型、享受型转变。买平安、买健康、买知识、买时尚、买休闲已经成为消费新潮流,这为杭商品牌的发展提供了广阔市场。

**6. 杭州的创新基因是造就杭商品牌不断发展的动力**

杭商有着与所有浙商一样务实勤奋、敢于创新的优点。在市场经济的条件下,区域商帮已经很难像以前的"徽商"、"晋商"那样主宰某个经济领域。但是现在杭州已经集聚了一大批拥有杭商品牌的企业群体,而且这些群体在某些领域中,完全可以说是称雄一方。尤其在改革开放后,杭州本地的民营企业借势发展,在中国企业中练就了很强的竞争力,成为杭商品牌不断突破的发展动力。

杭商企业自主创新高地建设在不断突破中。至 2009 年末,全市拥有省、市级企业(行业)研发中心累计达到 349 家。杭州有"天堂硅谷"的美称,是国家信息化试点城市、电子商务试点城市、电子政务试点城市、数字电视试点城市、国家软件产业化基地、集成电路设计产业化基地。近年来,杭州致力于以信息和新型医药、环保、新材料为主导的高新技术产业发展且势头良好,已成为杭州的一大特色和优势。通信、软件、集成电路、数字电视、动漫、网络游戏六条"产业链"正在做大做强,有 13 家企业进入全国"百强软件企业"行列,14 家企业进入国家重点软件企业行列,23 家 IT 企业在境内外上市。杭州的创新基因推动形成了与 21 世纪经济大环境的发展态势相适应的新一代杭商群体,也造就了杭商品牌持续发展的动力。

**(二)杭商品牌与城市品牌、行业品牌、区域品牌的关系**

2007 年,杭州市委、市政府先后出台《关于"生活品质之城"城市品牌研究推广和管理工作的若干意见》(市委〔2007〕1 号)和《关于推进城市品牌、行业品牌、企业品牌互动的实施意见》(市委办〔2007〕16 号),由此标志着杭州进入全面实施品牌战略、高度重视品牌无形资产经营的历史新阶段。杭商品牌的提出和打造,意味着杭州城市品牌、行业品牌和区域品牌的宣传推广增添了新的载体和渠道。打造和宣传杭商品牌,同样离不开城市品牌、行业品牌和区域品牌的引领和支撑。总之,为了实现杭商品牌与城市品牌、行业品牌和区域品牌的互促共荣,必须正确认识和处理好彼此之间的关系,而这也是杭商品牌发展的应有之意和重要内容。

### 1. 杭商品牌与城市品牌

城市因工商业而兴,因工业、服务业及文化创意产业而荣;城市因优秀人才而更旺,因诸多名人而更名。杭商尤其是"品质杭商"对于杭州"生活品质之城"的重要意义是不言而喻的。"品质之城"需要"品质杭商"。概括而言,杭商品牌是城市品牌的基础、表现与媒介。具体言之如下。

其一,"品质杭商"为"品质之城"创造了坚实的物质基础。所有杭商都无一例外地从事社会产品和服务的生产,参与物质和精神财富的创造,只不过存在数量多少与贡献大小的差异而已。正是有了杭商的实业兴办和财富创造,有了杭商的产品生产、服务提供,广大杭州居民才有就业谋职、致富安家的机会,才能便捷地购买和享用各类社会产品和服务,进而才能满足自身的各种需求。换言之,杭商正是"生活品质之城"建设的基本力量,他们为"品质之城"创造了坚实的物质基础;有了他们的存在和参与,杭州全体居民共享经济、文化、社会、政治和环境等多个领域的品质生活才能最终变为现实。

其二,"品质杭商"为"品质之城"提供了鲜活样本。"品质之城"是否属实,杭州的城市品牌是否虚夸,最终要接受实践的检验和大众的认可。而是否有大量"品质杭商"选择在杭州生活和创业,正是一个十分简便和灵验的标准。商人本来就是经济实力雄厚、社会适应能力佳、流动性强的群体,由此使得他们对自己生活和创业的城市的选择余地很大。因而,我们可以断定,只要杭州吸引了众多杭商在此居住和创业,其"生活品质之城"的城市品牌便是名副其实。事实也说明了这一点:在2008年度全国民营企业500强评选中,杭州有81家企业入围,位居全国城市之首,超过北京、上海、广东、深圳等城市;在2009年度中国企业500强评选中,杭州有21家企业入围,居全国省会城市和副省级城市第一位,居全国城市第四位,仅次于北京、上海、天津;在2008年度中国企业集团竞争力500强评选中,杭州有36家企业入围,居全国大中城市第一位。这三组数据雄辩地说明了在杭州生活和创业的杭商之多,充分地表明了杭州对"品质杭商"的强大吸引力。

其三,"品质杭商"为"品质之城"拓展了传播渠道。商人是流动性很强的群体。广大杭商同样为了业务洽谈、考察学习等各方面需要而频繁奔波于国内各地及海外各国,以娃哈哈、阿里巴巴、万向等为代表的品质企业更是频频布阵海内外,积极在外建立生产基地,设立经营场所。随着杭商战场的日渐开拓、轨迹的向外延展,以及随着"杭州制造"陆续登陆国内外各地市场,"品质之城"的城市品牌和城市美誉也就无形之中得到了传播。在人们没有亲自前往、实地考察某个城市的前提下,人们往往是借助其他媒介来认识该城市的,而商人及其企业、产品往往也正是人们优先借用的媒介对象,就像国人通过各类高档的化妆品建构其对巴黎"时尚之都"的印象一样。可以说,只要有了"品质杭商"的流动、杭州品质企业的扩张和品牌产品的输送,杭州"生活品质之城"的城市品牌也就得到了有效的传播。

反过来,杭州城市品牌之于杭商品牌,则可通俗概括为城市品牌是杭商品牌的出生孵化器、形象母体和成长大本营。具体言之如下。

其一,"品质之城"以其发展战略成就"品质杭商"。"生活品质之城"既是杭州经济社会发展状况的现实认定,更是杭州的未来发展战略。在这一战略目标的指导和牵引下,杭州的产业规划、政策扶持和民众需求都将导向品质生活,这也就意味着越来越多的杭商企业将因此直面更优的发展环境,获得更多的外部支持,赢得更大的市场份额,进而也就成就更多的"品质杭商"。从这个意义上说,"品质之城"可谓"品质杭商"的出生孵化器。

其二,"品质之城"以其良好形象惠及"品质杭商"。集体的形象对于其中的个体具有或正或负的外部性。"品质之城"城市品牌的确立和传播,并最终赢得广大市民及域外民众的认可,必将惠及包括杭商在内的城市系统的所有构成要素,即人们因为有了对杭州"品质之城"的良好印象,也就爱屋及乌,进而产生对杭商的良好印象。

其三,"品质之城"以其优秀人才培育"品质杭商"。"品质杭商"群体同样存在新陈代谢,需要不断增加新鲜血液和新生力量。"生活品质之城"意味着全体市民的高文化生活品质、高社会生活品质、高经济生活品质等,而市民高生活品质带来的重要结果之一就是民众的高素质,而高素质的民众又必将培育出众多优秀杭商。透过"品质之城"——市民品质生活——市民高素质——"品质杭商"这一环环相扣、彼此共生的逻辑链条,"品质之城"对于培育"品质杭商"的成长大本营的地位和作用昭然若揭。以马云为代表的杭州网商群体的成长和壮大便是对此的生动诠释。

2. 杭商品牌与行业品牌

行业是生产具有主要共同特征的产品,提供具有主要共同特征的服务的企业集合体;企业是行业的基本单元。基于行业与企业这种最基本的依存关系,可以认为,在杭州,没有众多杭商掌舵的杭州企业,就不可能存在所谓的杭州行业品牌。行业品牌的确立,不仅取决于企业的数量,还取决于企业的规模和影响力。只有当一个行业拥有若干家资产规模大、产品市场占有率高的行业领头羊，该行业才称得上是行业品牌。在杭州，正是因为有了娃哈哈、农夫山泉等行业巨头，饮料作为杭州行业品牌的地位才得以确立；正是因为青春宝、民生药业、华东医药和康莱特等一批大型药企的存在，医药的行业品牌地位才为世人所公认；正是因为有了富通集团和富春江通信集团等一批行业领军企业，杭州富阳市的"浙江光谷"才名声在外。而这些大型企业、行业巨头、领军企业正是"品质杭商"挥洒智慧和才能的舞台，是他们领导全体企业员工共同打造了一个个精品杰作。从这个意义上讲，没有"品质杭商"这一杭商品牌，也就没有杭州的行业品牌，杭商品牌是行业品牌的基本物质前提和主要构成要素。杭商品牌对于杭州行业品牌创建的第二层意义在于，杭商品牌是杭州行业品牌的创造者和设计师。在杭州，正是因为有了众多"品质杭商"的积极倡导和主动牵头，各类行业协会才得以成立，各种行业标准才得以确立，各家企业的权益才得到较好地维护和保障，进而才促成了整个行业的共同进步，实现了整个行业的有序竞争和共同繁荣。"一流企业做标准"、"一流企业搭平台"的社会共识，以及贝因美谢宏发起成立杭州市婴童行业协会、荣盛李水荣研究制订中国（国际）化纤产业总部和研发基地建设规划、正大羊少剑挺身而出化解"雪达事件"挽救富阳造纸行业等诸多杭州现实案例，都充分表明了"品质杭商"在杭州行业品牌创建过程中担当起了领跑人、创造者和设计师的角色。

行业品牌之于杭商品牌，则可通俗概括为行业品牌是杭商品牌的生长沃土和培训学校。具体言之如下。

其一，行业品牌为杭商带来了较低交易成本和较宽业务网络，促进了杭商品牌的形成。杭州行业品牌的确立，必然惠及作为个体的杭商，促进品质杭商的生长。这种施惠机制主要在于，杭州行业品牌一旦形成，也就意味着杭州某类产品大型市场的出现，由此使得其上下游企业和经销商以及银行、保险公司等各类市场服务机构纷至沓来，在杭设立分支机构，建立经销网络，进而使得其既大幅降低交易成本，又迅速打入市场。也就是说，杭州行业品牌的确立有助于杭商所经营企业扩大规模、提高效益，而这是所有"品质杭商"及其品质企业的共同特征和必备前提。

其二，行业品牌为杭商带来了先进经验和基本规范，有助于"品质杭商"的成长。行业品牌的确立，必然意味着行业领军企业的存在和行业系统规范的形成，而这些行业规范的学习，正是行业全体后来者、新成员成长的第一步，是他们约束自我、做好企业、增光行业的长期指南；行业内领军企业也正是行业新成员的学习榜样,前者为后者提供了人力资源管理、产品质量管理、企业文化建设、市场开拓等多方面的启迪和借鉴。在一个称得上是品牌的行业,同行是老师远胜于是冤家。从昔日皆事金融票号的晋商群英荟萃、业绩卓著,到今日杭州优秀网商成群、荣膺"电子商务之都"称号,都表明了行业品牌在不同程度上充当了企业品牌、个人品牌的培训师角色。

### 3. 杭商品牌与区域品牌

在杭州,由于历史的积淀、政府产业方向的选择和区域的规划等因素形成的区域品牌不在少数。近年来,在杭州城市品牌战略的指引和助推下,区域品牌创建日益被提上各级党委、政府的议事日程,区域品牌因而越来越多地冒了出来。根据纵向行政层级分,这些区域品牌有区、县(市)级的区域品牌,如上城区的"国际水准的高品质中心城区"、西湖区的"最美丽城区"区域品牌;有乡镇(街道)级的区域品牌,如萧山区所前镇的"山水所前"和桐庐分水镇的"中国制笔之乡"区域品牌等。此外,这些区域品牌又可分为跨行政区的区域品牌与不跨行政区域的区域品牌,大多数区域品牌不跨行政区域,但像文三路信息电子街等少数特色街区则可能跨越数个社区甚至街道。总的来看,这些区域品牌或是因综合性因素而得名,如以上列举的"国际水准的高品质中心城区"——上城区;或是因行业特色而闻名,如桐庐分水镇的"中国制笔之乡"、文三路信息电子街等区域品牌。由于具有综合性的品牌区域相当于城市在某个区域的具体化、浓缩化,因而此类区域品牌与杭商品牌的关系,基本可视同杭州城市品牌与杭商品牌的关系。至于以行业特色而成名的区域品牌,其与杭商品牌的关系,也基本如同行业品牌与杭商品牌的关系。也就是说,在如何认识和处理杭商品牌与区域品牌的关系上,我们可基本借鉴杭商品牌与杭州城市品牌、行业品牌的关系。

总之,杭商品牌对于区域品牌的创建同样是重要的,尽管杭州目前还比较缺乏美国华尔街这样的商人品牌与区域品牌共生共荣的例子,但这应该成为我们的目标。可以肯定,随着"品质杭商"队伍的不断壮大,随着杭州特色街区的日渐增多,特别是基于杭州块状经济历来发达这一基本市情,杭商品牌与区域品牌彼此依存、互促共荣的现象必将越来越多地出现在我们眼前。

## 三、杭商品牌发展的基本原则、基本方略和重点举措

### (一) 杭商品牌发展的基本原则

#### 1. 坚持共同繁荣的原则

要坚持杭商品牌与城市品牌的共同繁荣。杭商品牌依托于城市品牌，城市品牌离不开杭商品牌。打造杭商品牌必须紧密联系城市品牌，围绕生活品质之城的中心打造杭商产品品牌、企业品牌和行业品牌，使杭商品牌与城市品牌互为促进、共同繁荣。

#### 2. 坚持推陈出新的原则

古为今用，推陈出新。要发扬杭商优良的历史文化传统，发扬杭商儒商、爱国、奉献的精神。同时也要鼓励杭商不断创新、与时俱进，开拓新产业、新领域、新经营理念，与杭州同进步、同成长。

#### 3. 坚持品牌一致的原则

要坚持杭商企业家品牌与杭商企业品牌的一致。杭商的成长主要来自一大批杭商企业领军人物的创造、不懈的追求和过人的胆识。我们要紧紧抓住杭商企业家们的传世经验，认真总结和推广，以此催生更多的著名杭商领军人物，发展更多的杭商企业品牌。

#### 4. 坚持全面合作的原则

树立杭商品牌，需要杭州上下、各个阶层广泛参与，也需要国内外热心于杭商品牌或热心于杭州建设的各界人士全面参与，包括产品项目、经营理念、经贸合作、企业文化、城市精神等方面的加盟。

### (二) 杭商品牌发展的基本方略

#### 1. 成立杭商研究会和杭商研究中心

为实现杭商品牌的有效传播和持续发展，必须尽早成立杭商研究会和杭商研究中心。杭商研究会可采取党政界、知识界、行业界、媒体界"四界"联合互动的社会复合主体的组织架构。具体言之如下。

第一，在研究会成员构成方面，实行团体会员制和"四界"全覆盖，即研

究会由来自党政界、知识界、行业界、媒体界的单位会员共同组成。其中,党政界主要包括市发展研究中心、市发改委、市经委、市贸易局、市文化创意办公室、国内经济合作办公室、工商行政管理局、对外经济贸易局等部门,市发展研究中心是党政界的牵头单位。党政界主要发挥引导、协调作用,包括资金投入、政策发布、关系协调、项目设计等。知识界主要包括杭州市社会科学院、浙江大学、浙江工商大学、浙江财经学院、浙江理工大学、浙江工业大学、杭州师范大学、中国美术学院、浙江省社会科学院等省内高校和科研院所,其中杭州市社会科学院为知识界的牵头单位。知识界主要发挥课题研究、信息收集、接受咨询、活动策划等方面的作用。行业界的会员为杭商及其企业;行业界的团体会员的确定可实行自愿申请加入、有关部门推荐的形式和途径;自愿申请加入的团体会员,其基本门槛包括属于规模以上企业、没有违法记录等。总之,在产生行业界的会员过程中,既要考虑到杭州市所属行政辖区的大致平衡,确保每个行政区都有团体会员参与其中,又要向那些曾获得"CCTV经济年度人物"、"风云浙商"和"品质杭商"等荣誉称号的杭商企业倾斜;既要确保行业的全覆盖,即杭州各大行业门类在杭商研究会中都有其代表,又要向那些体现"生活品质"导向、具有市场优势的行业倾斜。在杭商研究会这一平台上,行业界主要发挥的是信息提供、资金支持等方面作用。媒体界应涵盖纸质、网络、平面等多类媒体,如杭州文广集团、杭州日报集团两大市属大型传媒,浙江电视台、《浙江日报》、《浙商杂志》等省属媒体,网易、杭州生活品质网等网络媒体,其中杭州文广集团、杭州日报集团为媒体界的牵头单位。媒体界的作用主要是宣传和发布。

第二,在杭商研究会内部组织结构方面,可实行"纵向四层制"组织结构,即杭商研究会会员大会——杭商研究会理事会——杭商研究会常务理事会——杭商研究会会长及副会长。杭商研究会理事、常务理事及会长均由民主选举产生。四个层面的组织各有其权利和义务,召开会议、行使职能的周期频率彼此也不同。其中,杭商研究会常务理事会下设秘书处,其职能由杭商研究中心代为行使,其成员产生方式是常务理事会提名、理事会选举通过。

第三,杭商研究会的职能定位,可主要围绕10个方面来进行。一是筹办召开每年一次的杭商大会;二是组织每年一次的"品质杭商"评选活动,包括设计评选标准和选票,组织投票和座谈,评选结果的统计和发布等;三是组织和承担各类杭商相关课题研究,并促进课题研究成果的转化和宣传;四是组织举办各类研讨会或论坛等形式的学术研讨活动,深化杭商研究,促进杭商品牌传播;五是建立杭商信息数据库,包括所有入库杭商的年龄、性别、学历、政治身份、所获荣誉、社会职务、创业历程等个人信息,以及企业创办时间、企业地点、资产规模、行业范围、获得专利、所获荣誉、企业职工所获荣誉、企业重要事件等各类企业相关信息数据;六是组建以杭州本地专家为主体同时面向全国开放的从事杭商研究的专家队伍网络;七是创办相关刊物、网站和频道,既为杭商提供研究成果和各类有价值的信息,又促进杭商品牌的传播;八是通过发布"投资风险地区排行榜"、"最值得投资地区推荐榜"等形式,引导杭商投资经营,服务杭商企业发展;九是通过倡议、宣言、组织捐赠活动等形式,引导和促进杭商积极履行企业社会责任;十是联合、借助媒体,促进杭商品牌的推广与传播。

第四,杭商研究会的运行机制,主要有三个方面:一是杭商研究会的投入机制。杭商研究会的资金投入以政府投入为主,列入政府年度财政预算,同时欢迎杭商自愿捐资。二是杭商研究会的内部人事管理机制。杭商研究会成员实行专兼职相结合。专职工作人员由杭州市人事局统一组织公开招聘,并由相关部门负责日常管理考核。其他兼职理事、常务理事和会长则依据杭商研究会章程及其他法律法规履行职责,开展工作。兼职研究员则根据杭商研究会相关规定,实行松散型管理。三是杭商研究会的监督考核机制。一方面杭商研究会必须召开会员大会,由会长代表常务理事会向会员大会报告工作,接受其监督;另一方面杭商研究会的财务管理等工作必须定期接受审计部门的审计监督;再者杭商研究会必须不定期召开企业家、媒体等有关各界代表人士座谈会、恳谈会、意见征求会,听取社会各界的意见和建议,接受社会各界的监督。

杭商研究中心定位为杭商研究会的日常办公机构及杭商理论研究的主要承担者和组织者,组织开展杭商课题研究、举办杭商论坛、建立杭商信息数据库、组建杭商研究专家网络工作。

2. 制定杭商品牌标准体系

打造和发展杭商品牌,必须建立相应的标准体系。有了科学的评价标准,杭商品牌才有社会公信力,才能促进杭商品牌的对外传播和持续发展。杭商品牌标准体系的制定,必须坚持以科学发展观为指导,遵循企业、产品和个人三要素全涵盖、客观评价与主观评价相结合、经济效益与社会效益兼顾、硬实力与软实力并重的原则。

具体而言,杭商品牌标准体系中的一级指标包括四个方面,分别为企业规模、企业创新、企业社会责任、企业家影响力。其中,构成企业规模的二级指标包括当年和上一年企业总产值、销售额和利润等三项。企业创新的二级指标应主要是研发投入、专利申请和授权数量（服务业和部分文化创意产业可由"商业模式创新程度"这一主观评价指标替代专利申请和授权数量）两项。企业社会责任的二级指标主要有纳税情况、员工就业数、企业员工平均工资与城市最低工资比例、公益捐赠四项。企业家影响力的二级指标则应包括企业家获得荣誉情况、媒体和公众评价情况,其中前者为量化客观指标,后者为主观评价指标。评价标准体系实行百分制,各项一级指标和二级指标所占权重,则有待进一步研究确定。

### 3. 制定杭商品牌评估制度

杭商品牌评估制度主要涉及评价主体、评价程序、评估周期、评估结果运用等方面内容。

杭商品牌的评价主体实行党政界、行业界、知识界、媒体界"四界"共同参与的原则。具体而言,企业规模方面的评价主要由党政界和行业界实施;企业创新方面的评价主要由知识界和行业界实施;企业社会责任方面的评价主要由党政界和媒体界实施;企业家影响力方面的评价主要由知识界和媒体界实施。

杭商品牌的评价程序大致包括以下几个环节:首先,推荐环节,即由杭商研究会制定杭商品牌的入选条件,并通过自荐、同行推荐、杭商研究会推荐和群众推荐(经由报纸、电话和网络)四种方式将符合条件的杭商品牌候选对象汇总至杭商研究会;其次,初评环节,即由上述四个层面的评价主体依据详细的评价标准分别对四大产业所有候选对象的四方面指标进行打分评价,并汇总分数产生初选名单;再次,复评环节,即由杭商研究会所有理事根据少数服从多数的原则,差额投票选举产生四大行业杭商品牌的最终入选名单,并通过每两年召开一次的杭商大会以及报纸等渠道和媒介向社会公布最终评价结果。

杭商品牌评估结果运用涵盖经济、政治、文化等多个方面:首先,凡是在杭商品牌评估中得分较高、位居前列者,均授予"品质杭商"荣誉称号,并给予相当额度的一次性物质奖励;其次,所有获得"品质杭商"的企业家都将制作人物蜡像,陈列于杭商名人蜡像馆;再次,市政府为所有获得"品质杭商"荣誉称号的企业家每年组织一次全面体检和疗养;最后,与企业家有关的杭州市各级人大代表和政协委员,以及各级劳动模范优先从"品质杭商"中提名或产生。此外,对于那些为杭商品牌建设长期作出突出贡献的杭商企业家还应授予"终身品质杭商"的荣誉称号。这一荣誉称号的授予坚持年龄和届数相结合的标准,即凡是入选"终身品质杭商"的企业家,一方面应达到一定年龄,如 60 岁;另一方面应至少获得三届以上"品质杭商"荣誉称号。对于获得"终身品质杭商"荣誉称号的企业家,则由杭州市政府发放专项津贴,并给予其一定级别的政治经济待遇。

### 4. 建立杭商品牌宣传发布机制

杭商品牌的宣传发布机制实行日常与重大时间节点的结合,实行多主体、多渠道、多媒介的并举互促。主要包括以下六个方面。

第一,组织"品质杭商"年度人物评选和发布。每年定期召开一次杭商大会,向社会发布"品质杭商"年度人物评选结果。"品质杭商"年度人物的候选人通过自荐、同行推荐、杭商研究会推荐和群众推荐(经由报纸、电话和网络)四种途径产生;评选由政府部门代表(税务、环保、经委等部门)、专家代表、行业代表(杭商理事中抽签产生)和媒体代表共同组成的评委会承担完成。"品质杭商"年度人物颁奖晚会实行多媒体现场直播,颁奖嘉宾应主要来自国内知名学者和著名企业家。总之,必须努力将"品质杭商"的评选发布过程变成具有一个广泛社会影响的杭商品牌的宣传推广过程。

第二,创办杭商研究"两刊一网"。依托杭州电视台、《杭州日报》、杭州生活品质网和市委党刊,创办相关报刊,建立相关网站,开通相关频道。

第三,出版杭商系列著作。杭商系列著作的出版,可围绕两条路径进行:一是以人物为主线的系列著作,例如马云、宗庆后、鲁冠球等著名杭商代表的经典言论、创业故事、经营管理之道等;二是以内容为主线的系列著作,例如杭商的企业社会责任、杭商的品质生活等。这些著作的整理和出版,一方面有助于打响杭商品牌,扩大杭商的知名度和社会影响力;另一方面这些著作本身就是人类思想精华的荟萃和实践经验的总结,是人类的共同思想财富,对包括工商界人士在内的各界民众都有重要的指导启迪作用和借鉴价值。

第四,创作杭商系列文艺作品。文艺作品往往以其具象、感性的形式,给人以深刻印象和心灵震撼,是重要和有效的传播手段。杭商品牌的宣传推广,必须借助文艺形式。杭商文艺作品的创作形式可以是丰富多样的,既可以是报告文学、电影、电视剧、戏剧,也可以是书法、美术、雕塑等形式。可以肯定,随着杭商系列文艺作品的陆续面世,杭商品牌的知名度和美誉度将得到显著的提升,就像电视剧《乔家大院》和《大宅门》给晋商和鲁商带来巨大声誉一样。即便是省内的台州商人,也曾经因为在中央电视台播出的电视剧《海之门》而有效地提升了其知名度和影响力。多位优秀杭商的精彩创业故事、曲折创业经历和高尚人格,完全可以成为文艺创作的极好素材。

第五,建立杭商会所。会所作为商人交流交际、开展商务活动、举办各类文化娱乐活动的专门场所,不仅服务于商人自身的事业发展和休闲生活,同时也是宣传推广杭商品牌的有效载体,特别是当许多名家名人在会所现身,许多重要事件在会所发生的时候。从这个角度考虑,为了宣传推广杭商品牌,必须建造具有一定规模同时别具特色的杭商会所。目前,杭州已有马云、郭广昌、宋卫平等多位著名企业家在西湖边建立的江南会所。由于该会所主要面向浙商群体,因而可考虑另择杭州其他地点建立杭商会所。建立会所固然主要是杭商自主之事,但政府也可在其中发挥一定的作用,其中主要是土地、场所的低价提供以及适当的运营费用支持。

第六,建立"品质杭商"蜡像馆。蜡像馆最初源于国外,现国内珠海等地亦建有一些本地名人蜡像馆,但这些陈列的名人蜡像一般是综合性的,即来自政治、文化、工商、科技等多个领域。杭州建立"品质杭商"蜡像馆,不仅本身是对杭商的极大激励,也是宣传推广杭商品牌的重要有效渠道。具体实践中,"品质杭商"蜡像馆由政府出资建造,陈列对象为所有获得"品质杭商"荣誉的著名杭商。蜡像馆免费对外开放,同时列为杭州爱国主义和乡土教育基地以及杭州旅游线路景点之一。

### (三)杭商品牌发展的重点举措

#### 1. 拓展杭商旅游品牌

一是要鼓励杭商利用合理的地缘条件,推进旅游产业政策,共同发展旅游大市场,将杭州的旅游业并入到长三角旅游圈体系内,即同其他城市互为客源地和目的地。目前已推出的上海市民游杭州公园卡优惠政策,就是杭州旅游业融入周边旅游资源的有力举措。二是要积极推动杭商多地旅游文化与地域文化的融合,加强同周边地区旅游文化产品对接合作的研究与共同开发,整合资源,进行市场合作。政府部门,特别是文化部门、行业协会、民间地域文化研究机构等要从战略高度充分重视两者的融合,并把这种重视化作实际行动,化作可操作的具体计划。还要加强与科研院校的联合,在深化地域文化和旅游文化两方面科研工作的基础上,尽快找到两者结合的切入点。三是要鼓励杭商以上海的世博会和杭州的休闲博览会等会展业和旅游节庆活动为抓手,联袂举办大型节庆会展活动,联合拓展海内外旅游市场,"手挽手"打造区域旅游品牌,全面加快与深化区域协作与联动发展。要充分把握上海"世博会"、杭州休闲博览会、杭州西湖博览会、西湖烟花大会等好机会,完善与长三角所在城市的旅游合作协调机制,加大旅游市场拓展、项目开发、基础设施建设等方面的合作力度,共建长三角旅游经济圈。

### 2. 拓展杭商创意文化品牌

鼓励杭商要以建设现代化国际创意城市为目标,大力发展以文化创意为龙头的杭商产业。

一是要把文化创意产业作为杭州国民经济发展的战略重点或者说是支柱产业之一,以此带动整个第三产业的发展。二是要大力发展新兴第三产业,包括信息产业、金融保险业、环保产业、教育与培训产业、咨询评估产业、装饰设计产业、医疗保健康复产业、国际会展产业、现代休闲娱乐产业,等等。三是要集中展示高品位的杭商文化。杭州市重点发展的八大门类现代服务业,特别是大旅游产业、商贸与物流业、社区服务业等,直接关系到人民群众的"吃住行游购娱",对于提高人民群众文化生活品质、社会生活品质意义重大。把钱江新城作为杭商文化的集中展示区,通过高水准的图书馆、博物馆、纪念馆、美术馆、歌剧院、音乐厅、文化广场以及艺术中心、体育中心、科技交流中心、国际会展中心、城市标志及城标广场等城市文化标志性设施的运行,发挥文化的集聚效应,以提高杭商文化的品位,丰富杭商文化内涵,从而扩大杭州文化的影响。

### 3. 发展杭商现代服务业品牌

杭商的现代服务业品牌追求品质至上、精益求精。从某种意义上说,一座"生活品质之城",首先应该是一座服务业高度发达的城市,一座能满足社会各个阶层不同服务需求的城市。只有服务业发展了,老百姓的生活品质才能提高,"生活品质之城"才能名副其实。

要在现有的基础上提升杭商的服务品质,就是要求推动杭商服务业进一步加快升级改造的进程,杭商新兴服务业进一步加快发展步伐和创造新的产业和领域,加快实现服务业的现代化。围绕建设服务业大市的目标,既要避免传统服务业"一窝蜂"地挤占新兴服务业的道,也要避免新兴服务业的发展迟缓,确保杭州服务业资源的高效开发利用和现代服务业的稳定有序快速推进。

杭商的传统服务业正处在向现代化转型的初级阶段,改造任务十分繁重。一是要认准发展的方向,坚定不移地去努力;二是要实事求是地部署好改造提升的规划,积极创造条件稳步实施;三是要讲究投入产出,做到高投入高产出、高科技高效率。如商贸企业的供应链管理系统建设,餐饮业技术和服务标准建设,电信业综合信息服务建设,等等。阿里巴巴为中小企业提供了一个互联网平台,使得他们有效地突破时间和空间的限制,以更低廉的成本、更快捷的方式在网上销售商品,打开市场,建立起客户渠道。

4. 提升杭商工业经济含量

杭州是长三角地区比较发达的核心地区之一。但是目前,杭州市制造业在长三角区域内与上海市及南京、苏州等城市相比,规模偏小。在长三角区域内,杭州市制造业的优势还不明显,辐射和带动能力还不是最优、最强。素有"天堂"之誉的杭州,不应只定位在农业社会和传统社会模式之下的"鱼米之乡"、旅游和休闲的"天堂"。在一个工业和信息化为主导的社会中,制造业已经成了推动一个国家和地区经济发展的主导力量。目前,世界经济结构正在进行大规模调整,制造业中心正逐步向中国等发展中国家转移,这是加快杭州经济发展的好机会,也是提升杭州国际竞争力的好机会。杭州应努力抓住这个历史性的机遇,在长三角区域经济一体化进程中,不断提高杭州制造业在长三角区域的影响力,以此为平台,接轨大上海、融入长三角,才能借长三角区域经济发展之势而使制造业乃至杭州市经济、社会得到快速发展。

5. 建立科技公共服务平台

提高产品科技含量是永葆杭商品牌生机与活力的基本前提。杭商要在科学技术日新月异的时代不落伍,成为百年品牌,就必须高度重视企业的科技研发。应该说,近年来,杭商企业普遍重视产品的科技提升,普遍加大研发投入力度,新产品不断面世,新专利不断涌现,但也存在一些实力较弱的中小型企业对科技只能远观而不能亲近的现象。为了使科技更大程度地造福更多的杭商企业,政府必须加大科技公共服务平台建设力度。科技公共服务平台的建设至少包括两类:一是政府直接出面,通过建立实验室、研究分院等途径和形式,将高校和科研院所的雄厚科技力量引入杭州;二是由杭商龙头企业牵头,与其他企业合作建立实验室、产品检测中心,开展技术联合攻关,或者通过开放杭商龙头企业的实验室、租借技术设备、提供技术咨询、培训技术人员等途径和形式,使更多的企业共享科技发展的成果。杭州块状经济发达,建设区域科技公共服务平台既有极大的正外部性,同时又不乏积极性高涨、实力较强的龙头企业。上述两种科技公共服务平台的建设既有必要性,又有可行性。对政府而言,其在建立科技公共服务平台的责任承担形式上主要有土地划拨、房屋租赁费用减免、对龙头企业的补助奖励、组织开展企业技术人员培训等。

### 6. 加大知识产权保护力度

杭商企业和产品的发明专利、外观设计、商标等知识产权是杭商品牌的标志,在一定意义上讲,两者互为表里。打造杭商品牌,提升杭商品牌的影响力和美誉度,必须高度重视杭商企业的相关知识产权保护。近年来,杭州的专利申请和知识产权保护工作取得了重大进展。2009 年,杭州市专利申请量和授权量分别达到 26077 件和 15507 件,分别比 2008 年同期增长 40.61％和 58.17％。同年,杭州还获得"国家知识产权工作示范城市"荣誉称号。考虑到杭州不仅是诸多杭商产品品牌的重要销售市场,也是全国其他诸多产品的销售目的地,因而,杭州有关职能部门不仅要积极引导本地企业保护杭商产品品牌的知识产权,加大对本地企业侵犯杭商企业知识产权的打击力度,还要与企业及国内其他地方政府合作,强力打击异地企业的侵犯杭商相关知识产权的行为。

### 7. 大力发展专业市场和电子商务

大型专业市场作为各类产品的集散地,直接起到扩大企业产品销售和提高产品知名度的作用,因而大力发展专业市场是打造杭商行业品牌和产品品牌的应有之意。此外,专业市场具有及时反馈和多方沟通信息的功能,这有助于杭商准确研判市情,及时把握商机,做大做强企业,也有助于打造杭商企业品牌、行业品牌和个人品牌。目前,杭州拥有多家涵盖丝绸服装等行业的大型专业市场,这些专业市场的存在与发展,为杭州女装业的发展和杭商丝绸服装行业品牌的培育作出了重要贡献。但是也要看到,由于土地供应、建设规划、运营成本等多方面的原因,杭州的专业市场建设也存在一些问题,或者没有大型的专业市场,或者市场过于弱、散,从长远看,这些问题最终影响到杭商品牌的持续健康发展。因而,杭州大型专业市场的建设仍需大力发展。与此同时,还应依托大型专业市场,积极发展电子商务,建设行业龙头网站,此举同样可以起到收集信息、扩大销售、提高企业和产品知名度的作用,且具有占地少、成本低的优势,像萧山的"全球花木网"就是成功的典型。

### 8. 帮助企业解决人才引进问题

人才资源是企业最宝贵的第一资源。只有拥有大量优质的人才资源,杭商企业品牌、产品品牌和个人品牌的培育和发展才有坚实的基础,杭商品牌才能长盛不衰。实事求是地说,现在大多数杭商企业尤其是知名杭商企业普遍重视企业人才队伍建设,并为此不惜重金引进人才和不拘一格利用人才。杭州的"131"和成绩突出科技工作者评选奖励等人才工程和政策,表明杭州各级党委、政府同样重视本地企业人才队伍建设,为企业吸引人才给予了有力支持。但是,这些政策具有覆盖面较小和时间比较滞后的缺陷,难以解决众多在杭商企业工作的科技和经营管理人才所亟待解决的住房安家问题。只有解决了企业人才的安居问题,才能更好地使得他们乐业,进而才能为企业发展作出更大的贡献。因此,地方党委、政府应该加大保障性住房建设力度,尤其是公共租赁房建设力度,为企业大量引进和有效利用人才扫除最大障碍。

### 9. 拓展校企合作渠道

杭州高校众多,且不乏知名高校。许多杭商企业也早已开始与高校开展多形式多层次的合作,且成效明显。今后应继续加大合作力度,尤其要拓展合作的渠道和形式。事实上,除了技术转让、技术咨询、员工培训、大学生企业实习等传统合作渠道和形式外,还有许多新的合作渠道和形式值得尝试。例如,阿里巴巴与杭州师范大学合作共建阿里巴巴商学院、西子联合控股有限公司和浙江大学合作共建浙江大学西子研究院,便为推进杭商企业持续发展和杭商品牌推广传播开辟了新路;又如,聘请业绩突出的知名杭商担任高校兼职教授、研究员,邀请知名杭商为大学生举办讲座、作报告,等等,同样是有助于杭商品牌推广发展的有效举措;再如,由高校师生深入企业考察研究,并列为研究案例,同样是促进校企合作、推广发展杭商品牌的有效渠道。总之,企校合作的渠道和形式拓展空间很大,杭商品牌也将因此受益良多。

### 10. 加大异地杭州商会组建力度

目前,除了上海等少数杭商集中的大城市已经建立杭州商会外,多数地区阙如。这一局面不仅与温州商会的建设相形见绌,也与杭商的广泛分布和强大市场影响力不相符。今后,应对杭商的国内外情况进行摸底调查,并在杭州国内经济合作办公室、杭商研究会等部门的指导和帮助下,团结依靠各地杭商,加大国内外杭商集中地区的杭州商会建设力度。杭州商会的加快建设,不仅有利于杭商的彼此交流、合作互助,也有助于杭商品牌的推广发展。

### 11. 加大杭商接班人的培训工作力度

杭商个人品牌是杭商品牌体系的重要组成部分。为了永葆杭商的持久生命力,避免杭商因企业创始人交班离去而陷入人去业衰的困境,必须高度重视杭商新一代接班人队伍建设。尽管,杭商企业出于自身利益考虑,会主动自觉地做好企业接班人的培养工作,无论其接班人是其子女还是职业经理人。但是,政府仍有必要适当介入杭商接班人的培养工作,这种介入主要是政治的引导和经营管理的培训。杭州已连续多年开展面向民营企业家相关专业的培训,今后应更多地将杭商新生代纳入培训对象,并在培训内容上加大思想政治方面的培训教育力度,在形式上也可以引入结对拜师等新形式,以取得更好的培训效果。

12. 加强企业社会责任建设

总体而言,在当今中国,企业社会责任的建设越来越受到企业家的重视,以致加强企业社会责任建设成为一种时尚。在此过程中,杭商更是先行一步,引人瞩目,创造了多个"第一"或具有示范意义的经典案例,例如王水福的《企业社会责任报告》、宗庆后连续多年的巨额捐赠、马云领导的阿里巴巴的群体造富运动,都堪为业界经典或社会楷模。但是,杭商的企业社会责任建设仍然存在一些突出的问题,有着继续改进的空间:一是企业社会责任建设并未成为全体杭商的共同自觉;二是部分企业员工工资正常增长机制不健全。对于这些问题,政府既身负重任,又不乏解决之道,其中重要者便是督促企业建立企业内部员工工资正常增长机制,以地方性法规强制规定企业建立工资集体协商制度,以及规定企业内部的资方、管理层、普通员工三者间的收入差距保持在合理范围内,同时又要通过将企业社会责任建设纳入有关企业和企业家的荣誉评价标准体系等举措,积极引导杭商企业和企业家参与社会责任建设,最终使企业社会责任建设成为所有杭商的共同文化基因和群体行动自觉。

13. 加强与世界品牌企业的合作

杭商品牌的发展离不开与全球品牌企业的合作。总体而言,全球品牌企业基本都是久经市场考验、拥有先进管理经验和特色企业文化的优秀企业,杭商企业加强与此类企业的各类合作,必将使其企业管理、企业技术等各个方面受益匪浅,进而有助于其产品品牌、企业品牌的发展,西子奥的斯、阿里巴巴、万向、杭汽轮等多家知名杭商企业都是成功合作、成效显著的典型。而且,事实上,杭商企业与世界品牌企业的携手合作,本身就为前者借助后者的广泛影响力,提高自身在业内和世界的知名度提供了极佳机会,有助于树立杭商企业在全世界的品牌形象,有助于企业的自身发展。例如,阿里巴巴近年来与雅虎、微软、索罗斯等全球知名企业及知名商人的合作,就为企业赚足了人气和名气,使得企业成为举世公认的品牌企业,阿里巴巴董事局主席马云也成为杭商企业家的代表。